Coleção Eu gosto m@is

HISTÓRIA E GEOGRAFIA

CÉLIA PASSOS & ZENEIDE SILVA

5ª edição
São Paulo
2022

IBEP

5º ANO
ENSINO FUNDAMENTAL

Coleção Eu Gosto M@is
História/Geografia 5º ano
© IBEP, 2022

Diretor superintendente	Jorge Yunes
Diretora adjunta editorial	Célia de Assis
Coordenadora editorial	Viviane Mendes
Editores	Adriane Gozzo e Soaria Willnauer
Assistente editorial	Isabella Mouzinho, Patrícia Ruiz e Stephanie Paparella
Revisores	Daniela Pita, Mauro Barros e Pamela P. Cabral da Silva
Secretaria editorial e processos	Elza Mizue Hata Fujihara
Departamento de arte	Aline Benitez e Gisele Gonçalves
Iconografia	Daniella Venerando
Ilustração	Vanessa Alexandre, José Luis Juhas, Dawidson França
	Luis Moura, Carlos Henrique da Silva e Dawidson França
Assistente de produção gráfica	Marcelo Ribeiro
Projeto gráfico e capa	Departamento de Arte - Ibep
Ilustração da capa	Gisele Libutti
Diagramação	N-Public

DADOS INTERNACIONAIS DE CATALOGAÇÃO NA PUBLICAÇÃO (CIP) DE ACORDO COM ISBD

P289e

Passos, Célia
    Eu gosto m@is: História e Geografia / Célia Passos, Zeneide Silva. – 5. ed. – São Paulo : IBEP – Instituto Brasileiro de Edições Pedagógicas, 2022.
    304 p. ; 20,5cm x 27,5cm. – (Eu gosto m@is)

    Inclui bibliografia.
    ISBN: 978-65-5696-282-5 (aluno)
    ISBN: 978-65-5696-283-2 (professor)

    1. Ensino Fundamental. 2. Livro didático. 3. História. 4. Geografia. I. Silva, Zeneide. II. Título. III. Série.

2022-2998   CDD 372.2
                               CDU 372.4

Elaborado por Vagner Rodolfo da Silva – CRB-8/9410

Índice para catálogo sistemático:
1. Ensino Fundamental : Livro didático 372.2
2. Ensino Fundamental : Livro didático 372.4

5ª edição – São Paulo – 2022
Todos os direitos reservados

IBEP

Rua Gomes de Carvalho, 1306, 11º andar, Vila Olímpia
São Paulo - SP - 04547-005 - Brasil - Tel.: (11) 2799-7799
www.editoraibep.com.br

Gráfica Impress - Outubro 2022

APRESENTAÇÃO

Querido aluno, querida aluna,

Ao elaborar esta coleção pensamos muito em vocês.

Queremos que esta obra possa acompanhá-los em seu processo de aprendizagem pelo conteúdo atualizado e estimulante que apresenta e pelas propostas de atividades interessantes e bem ilustradas.

Nosso objetivo é que as lições e as atividades possam fazer vocês ampliarem seus conhecimentos e suas habilidades nessa fase de desenvolvimento da vida escolar.

Por meio do conhecimento, podemos contribuir para a construção de uma sociedade mais justa e fraterna: esse é também nosso objetivo ao elaborar esta coleção.

Um grande abraço,

As autoras

SUMÁRIO

PÁGINA

1 **História** 5

2 **Geografia** 167

Coleção Eu gosto m@is

HISTÓRIA

CÉLIA PASSOS

Cursou Pedagogia na Faculdade de Ciências Humanas de Olinda – PE, com licenciaturas em Educação Especial e Orientação Educacional. Professora do Ensino Fundamental e Médio (Magistério) e coordenadora escolar de 1978 a 1990.

ZENEIDE SILVA

Cursou Pedagogia na Universidade Católica de Pernambuco, com licenciatura em Supervisão Escolar. Pós-graduada em Literatura Infantil. Mestra em Formação de Educador pela Universidade Isla, Vila de Nova Gaia, Portugal. Assessora Pedagógica, professora do Ensino Fundamental e supervisora escolar desde 1986.

LIZETE MERCADANTE MACHADO

Cursou História na Faculdade de Filosofia, Ciências e Letras de São José dos Campos, mestrado em História do Brasil pela Universidade de Campinas (Unicamp) e trabalhou no Magistério por mais de 15 anos, em escolas particulares e públicas da educação básica. Vem atuando na área editorial por cerca de 40 anos, como editora de obras didáticas, ficção e não ficção em diversas empresas do ramo do livro. É autora e colaboradora de obras didáticas e paradidáticas, além de editora de coleções para programas de governo e mercado privado.

5ª edição
São Paulo
2022

5º ANO ENSINO FUNDAMENTAL

IBEP

SUMÁRIO

LIÇÃO		PÁGINA

1   **O mundo de antigamente** 8
- Maneiras de conhecer o passado 8
- A contagem do tempo 17
- A contagem do tempo para povos indígenas e africanos 24

2   **Espaços de memória** 27
- Museus conservam a História 28
- Patrimônios: a memória da humanidade .. 33
- Patrimônios materiais e imateriais 35
- Panteão da Pátria e da Liberdade Tancredo Neves 43

3   **O Egito Antigo** 47
- As primeiras cidades: nas margens de grandes rios 48
- A religião e o poder dos faraós 52
- O mistério de Kherima 58

4   **Mesopotâmia** 60
- A Mesopotâmia: terra de muitos povos 61
- Como viviam os mesopotâmicos 63
- Religião, artes e ciências 68
- A importância da água no passado e no presente 73

5   **Grécia Antiga** 76
- A terra dos Jogos Olímpicos 76
- Os gregos na Antiguidade: onde viveram .. 77
- Olimpíadas diferentes 94

| LIÇÃO | PÁGINA |

6 Roma Antiga **96**
- Roma, como tudo começou 97
- O primeiro sistema de governo: monarquia (753 a.C. a 509 a.C.) 101
- A república romana (509 a.C. a 27 a.C.) ... 101
- O Império Romano (27 a.C. a 476 d.C.) 104
- A cultura romana 108
- África romana 112

7 Ser cidadão **114**
- Cidadania e democracia 114
- A ideia de cidadania veio da Grécia 116
- O cidadão em Roma 117
- Cidadania no Brasil 120
- Cidadania no Brasil colonial e independente 121
- Cidadania no Brasil republicano 122
- Ditadura, democracia, ditadura, democracia... o vai e vem da cidadania ... 126
- Os direitos e a cidadania no Brasil do século XXI 127
- Um direito das pessoas com deficiência: acessibilidade 132

8 O mundo hoje **134**
- Diversidade cultural, o que é? 135
- O que é inclusão digital 139
- Inclusão digital é mais do que ter computador 140
- Uma experiência exemplar 145

9 Datas comemorativas **154**
- Dia Internacional da Mulher 154
- Dia do Indígena 155
- Dia do Trabalhador 157
- Dia da Libertação dos Escravizados 158
- Dia do Imigrante 160
- Dia da Cultura Brasileira 162
- Dia Nacional da Consciência Negra 163

ADESIVOS **305**

LIÇÃO 1

O MUNDO DE ANTIGAMENTE

Artefatos de pedra produzidos pelo ser humano durante a Pré-História. Museu Arqueológico Nacional de Gobustan, Azerbaijão, 2018.

Criança fazendo pesquisa com auxílio de livro e computador.

Será que estas imagens têm alguma coisa em comum? O que elas nos contam sobre o passado?

Maneiras de conhecer o passado

Desde a formação dos primeiros agrupamentos, a humanidade buscou meios de sobrevivência. Para se proteger do frio, criou trajes com peles de animais e aprendeu a preservar e produzir o fogo. Para conseguir alimentos, desenvolveu a caça, a pesca, a coleta, a criação de animais e o cultivo de vegetais. Para proteger a água, a comida e mesmo o fogo, que devia ser mantido aceso, aos poucos passou a viver em grupos mais organizados. São as ferramentas produzidas por esses primeiros agrupamentos, bem como os vestígios que eles deixaram, que nos servem de pistas para conhecer a história dessas pessoas.

As pinturas rupestres, feitas em cavernas há milhares de anos, registram atividades de comunidades que viveram no local. Parque Nacional da Serra da Capivara, cidade de São Raimundo Nonato, PI, 2016.

Os seres humanos deixam muitas marcas de sua existência, desde as pinturas em paredes de cavernas, feitas há milhares de anos, até os documentos digitais que produzimos atualmente. Esses registros ajudam os historiadores a conhecer o passado e a entender como as pessoas de outras épocas viviam.

Todos os registros que permitem entender como as pessoas de outras épocas viviam são chamados **fontes históricas**.

Estas moedas de 100 réis, de 1878, fornecem informações sobre a circulação da riqueza brasileira no tempo do Império.

Tipos de fontes históricas

São fontes históricas: documentos escritos, pinturas, fotografias, esculturas, construções, utensílios domésticos, ferramentas, depoimentos de pessoas que viveram em outras épocas, ou seja, tudo aquilo que permanece no tempo e chega ao presente são fontes para o trabalho do historiador.

As fontes textuais

É todo tipo de material escrito, como livros, cartas, revistas, papiros, documentos em geral, inscrições em pedra, em argila etc.

Sua certidão de nascimento é um exemplo de fonte textual. Nela estão registradas as informações de seus primeiros momentos de vida, onde você nasceu, em que data etc.

Ela é importante para sua história pessoal e para os registros públicos sobre as pessoas que nascem no país.

Sua carteira de vacinação, seu boletim escolar, o caderno de receitas de sua avó e até uma passagem de ônibus também são fontes textuais. Elas trazem informações sobre diferentes situações na vida das pessoas.

As fontes textuais só passaram a existir depois que os seres humanos desenvolveram a escrita, o que aconteceu em diferentes épocas, em diferentes lugares, com diferentes povos.

Observe algumas fontes textuais.

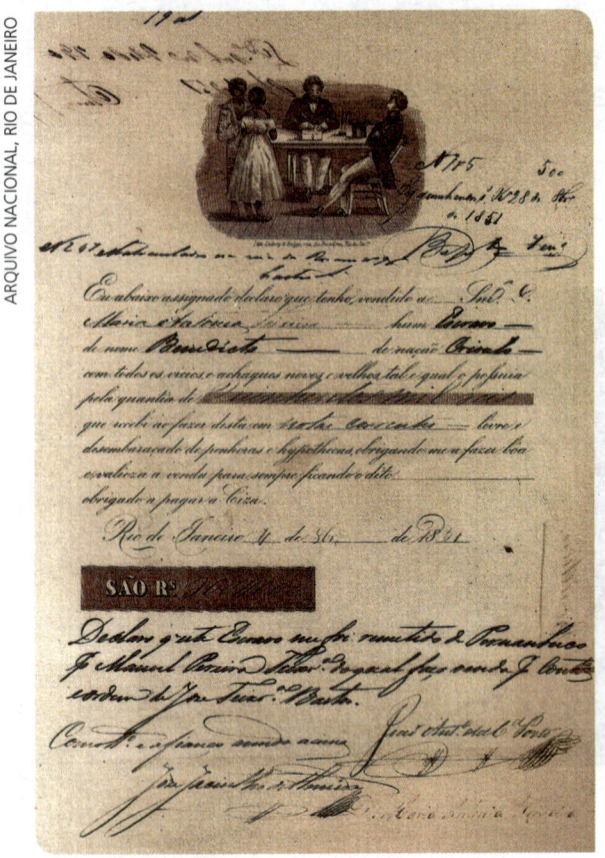

Este recibo de compra e venda de escravizado, emitido no Rio de Janeiro, em 4 de outubro de 1851, é uma fonte textual para o estudo da escravidão no Brasil.

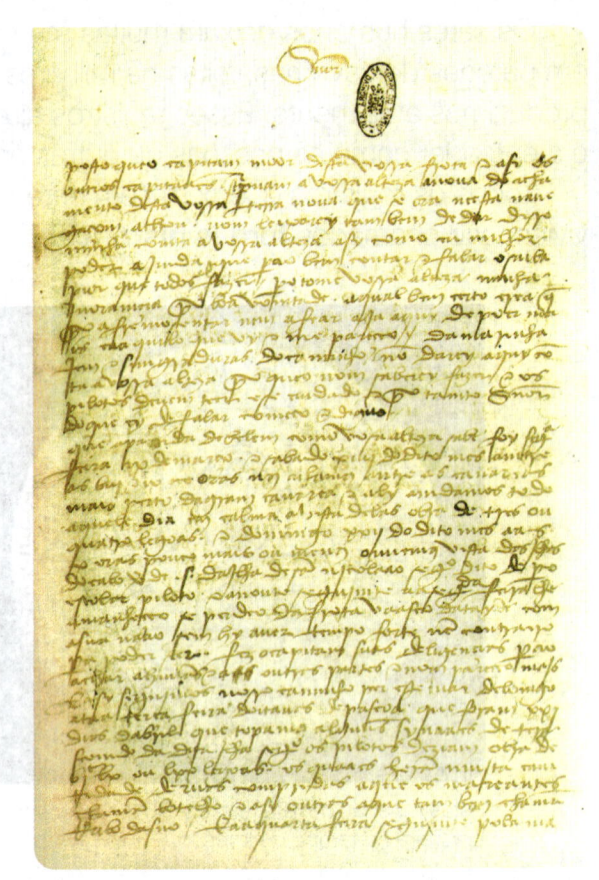

Primeira página da Carta de Pero Vaz de Caminha ao rei de Portugal, Dom Manuel I. Escrita em 1º de maio de 1500, essa fonte textual é considerada a "Certidão de Nascimento" do Brasil.

A História é a ciência que procura conhecer e entender o passado humano. O cientista que estuda a História é o historiador.

As fontes materiais

Em sua luta pela sobrevivência, as sociedades humanas construíram utensílios e ferramentas que ajudavam a encontrar, produzir e preparar alimentos, proteger-se do frio etc.

Todos os objetos criados e produzidos pelos seres humanos são fontes materiais para os estudos históricos. As construções, os utensílios usados para cozinhar, as armas de caça e os artefatos de pesca, os brinquedos das crianças, as esculturas, os monumentos, as moedas, entre outras fontes, contêm informações materiais sobre o passado.

Muitas vezes, as fontes materiais de um povo que não usava a escrita e desapareceu são seus únicos vestígios.

Cerâmica indígena do povo Maracá, de 1895.

Artesanato dos Karipuna, indígenas que vivem na fronteira do Brasil com a Guiana Francesa. Foto de 2009.

> Os grupos que não têm registro escrito são chamados de ágrafos.

A arqueologia estuda os vestígios humanos

Existem pesquisadores que investigam e trabalham com vestígios materiais produzidos por seres humanos: são os **arqueólogos**. A ciência praticada por esses estudiosos se chama **Arqueologia**.

O trabalho do arqueólogo é buscar, identificar e recuperar fontes materiais do passado humano para, com base nelas, entender como vivia uma sociedade em determinado tempo e lugar.

Além de ossos humanos, os arqueólogos estudam outros materiais que resistiram ao tempo, como objetos de cerâmica, utensílios feitos com pedras, cerâmica, bronze, ferro etc.

Pesquisador limpa artefato, estimado em pelo menos 600 anos de idade, em sítio arqueológico, na Rodovia dos Tamoios, em Paraibuna, SP, 2013.

Sítios arqueológicos

Nos locais onde são encontrados vestígios antigos de grupos humanos, o trabalho feito pelos arqueólogos precisa ser muito cuidadoso. Os objetos são desenterrados, limpos, medidos, fotografados. Depois são analisados em microscópios e outros instrumentos. Com essas informações, os pesquisadores calculam a idade dos objetos, descobrem as técnicas e os materiais usados na fabricação deles e investigam para que serviam.

Os locais onde são encontrados vestígios de grupos humanos extintos recebem o nome de **sítios arqueológicos**. Na maioria dos países existem leis protegendo os sítios arqueológicos encontrados, para que não sejam destruídos. Assim, a história de quem viveu no lugar pode ser estudada, preservada e muitas vezes visitada. Esses sítios arqueológicos são **patrimônio** de um país e da humanidade.

Sítio arqueológico em Cais do Valongo, Rio de Janeiro, RJ, 2017.

VOCABULÁRIO

patrimônio: conjunto de bens de um povo, de uma nação, que é transmitido de uma geração para outra. Esses bens podem ser materiais (objetos, monumentos, construções) ou imateriais, como ideias, crenças, danças etc.

Os registros muito antigos: fósseis

Os **fósseis** são registros arqueológicos muito importantes.

São restos de seres vivos que existiram há milhares ou milhões de anos, encontrados no solo ou subsolo. Podem ser restos de animais, de plantas, vestígios de alimentos, pegadas etc.

Esses restos, durante milhões ou até bilhões de anos, modificaram-se, e todo seu material orgânico se tornou mineral.

Existem fósseis de seres imensos, como os dinossauros, e de organismos minúsculos, como protozoários.

Os estudiosos de fósseis são os **paleontólogos**. A **Paleontologia** é a ciência especializada na busca e no estudo desses registros.

Fóssil animal. Escorpião preservado em âmbar.

Floresta petrificada mais importante do Hemisfério Sul do período Permiano. Monumento Nacional das Árvores Fossilizadas, localizado no município de Filadélfia, TO, 2018.

Quando arqueólogos, paleontólogos e historiadores querem saber a idade dos fósseis, eles usam uma técnica denominada **carbono-14**. É um método que consiste em medir a quantidade de carbono-14, urânio e chumbo existente no fóssil. Com base nessas quantidades, eles conseguem determinar a idade aproximada da descoberta.

As fontes iconográficas

Os seres humanos costumam se comunicar por meio de imagens, como desenhos, pinturas e fotografias, que trazem informações sobre o presente e o passado das pessoas. Assim, as imagens são importantes fontes para o conhecimento da história da humanidade.

Mapas, pinturas, fotografias e todas as formas de representação por meio de imagens são chamadas fontes iconográficas.

Caboclas lavadeiras na cidade do Rio de Janeiro, aquarela de Jean-Baptiste Debret, século XIX. As pinturas oferecem informações valiosas sobre o cotidiano das pessoas em tempos passados.

As fontes sonoras, visuais e digitais

O desenvolvimento da tecnologia forneceu aos historiadores outros tipos de fontes históricas.

O som e a imagem em movimento podem ser guardados, tornando-se, assim, fontes sonoras e visuais.

O cinema, os antigos discos de vinil, CDs, as gravações em vídeo, a televisão e a internet oferecem diversas fontes desse tipo.

Com os microcomputadores, os celulares, os *tablets* e outros instrumentos de armazenamento de dados, surgiu no século XX outro tipo de fonte histórica: as fontes digitais.

Os dados são convertidos em algarismos (dígitos) e guardados em discos ou em espaços virtuais gigantescos disponíveis para todo o planeta, a que os especialistas chamam de "nuvem". Os historiadores podem acessar esse tipo de dados por meio da internet, para estudá-los.

Uma gravação da TV brasileira nos anos de 1950.

Grupo de estudantes conectados em rede, utilizando computadores de uma biblioteca nos anos 2010.

As fontes orais

Em muitas sociedades mais antigas e tradicionais, pode ocorrer a transmissão de experiências por meio da linguagem oral. Isso é comum, por exemplo, em sociedades ágrafas, aquelas que não desenvolveram a escrita.

Nessas sociedades, os mais velhos transmitem as experiências e lembranças do passado para os mais jovens.

Entre diversos povos da África e em muitos grupos indígenas brasileiros, por exemplo, existem pessoas que trabalham como guardadores e contadores das histórias e memórias do grupo. Além de guardar as antigas histórias da comunidade, elas também memorizam novas histórias, garantindo sua preservação por meio de relatos orais.

Na África, artistas, dançarinos e poetas que se apresentam em suas comunidades também atuam como educadores, pois ensinam histórias do passado e transmitem costumes e valores da cultura de seus povos. Esses artistas, dançarinos e poetas são chamados de **griôs**.

Por meio de lendas e narrativas de aventuras, os griôs ensinam as tradições e os grandes acontecimentos do seu povo. Na foto, crianças quenianas ouvem histórias contadas por uma educadora griô.

ATIVIDADES

1 As pessoas possuem diferentes fontes históricas que permitem a elas conhecer a própria história. Marque um **X** nas que você possui.

☐ Certidão de nascimento.   ☐ Uniforme escolar.

☐ Brinquedos.   ☐ Cadernos escolares.

☐ Fotografias.

2 Classifique as fontes históricas citadas na atividade anterior.

Fontes materiais: _____

Fontes textuais: _____

Fontes iconográficas: _____

3 Escolha uma fonte da sua história pessoal e preencha a ficha, explicando por que ela é importante para você.

Que fonte é essa? _____

De que tipo ela é? _____

Por que ela é importante? _____

4 Identifique e escreva o tipo de fonte histórica.

a) Uma fotografia de meus avós. _____

b) Uma canção que minha mãe aprendeu com os pais dela e me ensinou, apenas cantando, sem escrever. _____

c) Uma escova de dentes do século XIX encontrada em uma escavação arqueológica. _____

d) Uma pintura feita por seres humanos há milhares de anos em uma caverna.
_____

5 Analise a foto a seguir e complete as frases com as informações que você, como historiador, poderia obter.

LEWIS HINE/POPPERFOTO/GETTY IMAGES

Crianças trabalhando em máquinas. Elas estão substituindo bobinas em fábrica de algodão na Geórgia, Estados Unidos, em 1909.

a) Essa foto mostra _____ trabalhando em uma fábrica.

b) Essas crianças, embora pequenas, operavam _____ enormes. Pela legenda da fotografia, isso acontecia no ano de _____, no país _____.

15

c) Elas precisavam _____ em apoios para poder trabalhar.

d) Então é possível concluir que, quando essa foto foi feita, o _____ não era proibido, como hoje.

6 Por meio de que tipo de fonte os historiadores puderam obter as informações sobre os povos do passado descritas a seguir? Faça a relação.

A	Fonte textual.	C	Fonte oral.
B	Fonte iconográfica.	D	Fonte material.

☐ Há cerca de 10 mil anos, os povos da Europa caçavam com lanças que tinham pontas de pedra, osso ou madeira.

☐ Sabemos, por meio de pinturas do século XIX, que o porto da cidade do Rio de Janeiro era muito movimentado.

☐ Os indígenas tupi-guarani contavam que uma jovem guerreira que queria se encontrar com a Lua (Jaci) tinha sido transformada na flor vitória-régia.

☐ Um documento do século XVI traz uma lista da carga dos navios que vinham de Portugal para o Brasil, registrando a quantidade de alimentos, de água e o número de tripulantes.

7 Os desenhos deixados por povos antigos nas paredes das cavernas são chamados pinturas rupestres. Elas são fontes históricas importantes porque revelam muito sobre esses povos.

- Observe a imagem da pintura rupestre no Piauí, no início desta Lição. Em seguida, marque com um **X** o que você descobriu sobre um dos primeiros grupos humanos do Brasil.

☐ Os seres humanos ainda não sabiam caçar.

☐ As pessoas fabricavam armas para caçar.

☐ Os seres humanos já andavam de carro.

☐ Os seres humanos já se reuniam em grupos.

☐ As pessoas usavam a escrita para registrar sua história.

8 Ao ensinar tradições de seu povo, os griôs produzem que tipo de fonte histórica?

☐ Textual.

☐ Material.

☐ Oral.

☐ Iconográfica.

A contagem do tempo

Os acontecimentos que fazem parte da história ocorrem em um determinado período, marcado em dias, meses, anos, décadas, séculos e milênios.

Para facilitar a contagem de longos períodos, é comum agrupá-los em séculos. Um século reúne acontecimentos de um período de cem anos.

Observe.

PERÍODO	COMO SE FALA	COMO SE ESCREVE
Do ano 1 ao ano 100	século um	século I
Do ano 101 ao ano 200	século dois	século II
Do ano 1401 ao ano 1500	século quinze	século XV

Para calcularmos em que século um fato ocorreu, consideramos a data inicial do século e o final dele. Assim:

O século XXI começou no dia 1º de janeiro de 2001 e terminará no dia 31 de dezembro de 2100.

É costume escrever com algarismos romanos o século em que algo aconteceu, mas também podem ser usados os algarismos arábicos. Neste livro, os séculos estão grafados com algarismos romanos.

> Eu nasci no dia 16 de fevereiro de 2013. Nasci no século XXI!

> Eu nasci em 9 de novembro de 2012. Também nasci no século XXI.

Os números romanos são representados por letras. Observe a numeração romana até o número 20.

Algarismos arábicos	1	2	3	4	5	6	7	8	9	10
Algarismos romanos	I	II	III	IV	V	VI	VII	VIII	IX	X
Algarismos arábicos	11	12	13	14	15	16	17	18	19	20
Algarismos romanos	XI	XII	XIII	XIV	XV	XVI	XVII	XVIII	XIX	XX

Os calendários

Calendários são maneiras organizadas de dividir e contar o tempo, tendo como base principal observações astronômicas dos ciclos do Sol e da Lua.

O que adotamos desde o final do século XVI é o calendário gregoriano, seguido pela maior parte da população de nosso planeta.

Mas há outros em uso por grandes parcelas da humanidade, como o calendário islâmico, o calendário judaico e o calendário chinês.

A linha do tempo

Podemos representar os acontecimentos em ordem cronológica (por uma sequência de datas), em uma linha única, que corresponde a um período.

Essa forma de representar os acontecimentos se chama **linha do tempo**.

Ela é lida da esquerda para a direita ou de cima para baixo, do acontecimento mais antigo para o mais recente.

Se colocarmos alguns fatos da História do Brasil em uma linha do tempo, ficaria assim:

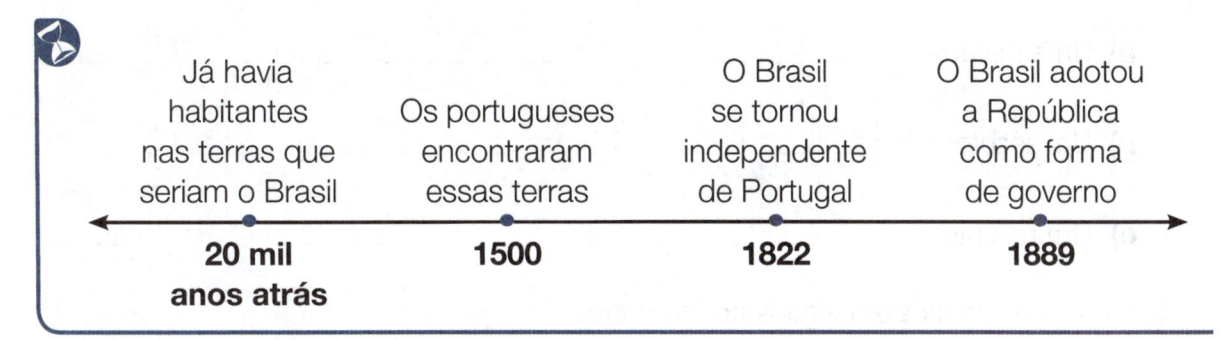

20 mil anos atrás	1500	1822	1889
Já havia habitantes nas terras que seriam o Brasil	Os portugueses encontraram essas terras	O Brasil se tornou independente de Portugal	O Brasil adotou a República como forma de governo

Por que estudar História?

Você viu que a História nos ajuda a entender muitas coisas sobre a maneira de viver dos seres humanos. Estudar o passado, seja da humanidade inteira, seja apenas a do nosso país, então, é importante para conhecermos como eram as sociedades humanas em diferentes tempos, no passado e no presente.

Estudar História é também muito importante para entendermos por que existem problemas em uma sociedade, como fome, desigualdade social, pessoas desabrigadas, crianças exploradas, que não têm seus direitos respeitados. Procurando no passado, encontraremos as origens de todos esses problemas e teremos a chance de pensar em soluções. Então, estudar História, além de nos explicar por que vivemos uma determinada situação no presente, pode ajudar a construirmos um presente e um futuro melhores para nossa geração e as que virão depois de nós.

> Por que falamos o português? Por que o Brasil tem o tamanho atual? Por que existem o samba e as brincadeiras de Carnaval? As respostas para estas perguntas são dadas pelo estudo da História do Brasil.

ATIVIDADES

1 Relacione os séculos e os anos.

A Início do século XX.

B Início do século XXI.

C Término do século XX.

D Término do século XXI.

☐ 2100.

☐ 2000.

☐ 1901.

☐ 2001.

2 Quantos anos indicam?

a) Uma década: _____

b) Um século: _____

c) Um milênio: _____

3 Escreva os séculos em algarismos romanos.

a) 21: _____

b) 19: _____

c) 16: _____

d) 18: _____

e) 20: _____

f) 17: _____

g) 15: _____

h) 8: _____

i) 13: _____

4 Em que séculos aconteceram os seguintes fatos da História do Brasil?

a) A chegada dos portugueses, em 1500.

_____

_____

b) A descoberta de ouro em Minas Gerais, em 1693.

_____

_____

c) A independência do Brasil em relação a Portugal, em 1822.

_____

_____

d) O pentacampeonato brasileiro na Copa do Mundo de futebol, em 2002.

_____

_____

5 Ordene os acontecimentos abaixo na linha do tempo.

> Chegada dos primeiros imigrantes japoneses ao Brasil, em 1908.
>
> Abolição da escravatura no Brasil, em 1888.
>
> Fundação de São Vicente, a primeira vila do Brasil, em 1532.
>
> Conquista do voto feminino no Brasil, em 1932.

EU GOSTO DE APRENDER

Leia o que você aprendeu nesta lição.

- A História é a ciência que estuda o passado dos grupos humanos para ajudar a entender o presente.
- Esse estudo é feito com base em fontes, que são todos os vestígios deixados pelos seres humanos desde que apareceram na Terra.
- As fontes podem ser pinturas, construções, roupas, brinquedos, livros, fotografias, vídeos, filmes, ferramentas, utensílios, enfim, tudo que tenha informações sobre como era a vida e a organização de uma sociedade.
- Costumamos classificar as fontes em textuais, materiais, iconográficas, visuais, sonoras, digitais e orais.
- Os seres humanos estabeleceram formas de contar o tempo, dividindo-o em períodos determinados.
- Para facilitar a contagem de períodos longos, podemos dividi-los em décadas (períodos de dez anos), séculos (períodos de cem anos) e milênios (períodos de mil anos).
- Os historiadores elaboram linhas do tempo para localizar os acontecimentos que estão estudando.

ATIVIDADES

1 Marque com um **X** a frase que corresponde à definição de História.

☐ A História estuda apenas o passado, sem nunca se preocupar com o presente.

☐ Ao estudar a História, podemos entender o que mudou e o que permaneceu igual nos nossos dias.

☐ A História é uma ciência que se preocupa apenas com datas e nomes de personagens importantes.

☐ A História estuda apenas o presente, por isso não se preocupa em entender o passado.

2 Numere os acontecimentos, organizando-os em ordem cronológica.

☐ Abolição da escravatura no Brasil, em 1888.

☐ Fundação da primeira vila no Brasil, São Vicente, em 1532.

☐ Em 1530, ocorreu o início da colonização do Brasil.

☐ Em 2010, foi a primeira vez que uma mulher foi eleita à Presidência da República.

☐ Expulsão de holandeses em Pernambuco, em 1654.

☐ Inauguração, em 1960, da cidade de Brasília.

- No caderno, distribua esses acontecimentos em uma linha do tempo. Siga o modelo.

LEIA MAIS

Mensagem para você

Ana Maria Machado. Ilustrações: Cris Eich. São Paulo: Ática, 2009.

Soninha, Zé Miguel, Mateus, Fabiana e Guilherme levam o maior susto quando alguma coisa muito esquisita começa a acontecer com relação ao trabalho de História que fizeram: estranhas mensagens chegam pelo computador, pelo celular... Mensagens que têm a ver com as fontes históricas que usaram! Quem é que está invadindo o texto deles no mundo digital?

EU GOSTO DE APRENDER MAIS

A contagem do tempo para povos indígenas e africanos

A contagem do tempo em dias, meses, anos, séculos e milênios é uma característica dos povos ocidentais, principalmente aqueles que descendem dos europeus.

Essa forma de medir a passagem do tempo, por meio do chamado calendário gregoriano, foi organizada pela Igreja Católica, com base em divisões feitas anteriormente por povos como gregos e romanos. Entretanto, nem todos os países usam esse tipo de calendário.

No passado, havia uma diversidade muito grande na forma de medir a passagem do tempo. Mas, como ponto comum, existe a observação da natureza.

Desde a sua origem, os seres humanos se basearam nos fenômenos da natureza para acompanhar os acontecimentos. Eles observavam as estações do ano, os ciclos da lua, as épocas com mais ou menos chuvas, com as enchentes e vazantes dos rios e, por isso, calculavam o ritmo das plantações, a época boa para caça e pesca, a época de construir abrigos mais quentes, porque o frio iria começar, e assim por diante. A natureza lhes ensinava tudo o que era importante para a sobrevivência.

Na América, quando chegaram os europeus, muitos povos indígenas acompanhavam o passar do tempo desse modo, observando as condições da natureza.

Esse modo de calcular a passagem do tempo também era comum entre povos africanos, especialmente entre aqueles que foram capturados por mercadores e trazidos ao Brasil como cativos, para trabalhar nas lavouras e outras atividades dos brancos. Os negros iorubas, por exemplo, conduzidos em grande quantidade para a Bahia, a partir do século XVI, pensavam no tempo como uma série de ocorrências que se repetem incessantemente, em um grande círculo, e não como algo linear, com passado, presente e futuro.

Povos ioruba da Costa do Marfim, cuja economia tinha como base a agricultura, ainda mantêm a tradição de medir o tempo pelos ciclos da natureza. Foto de 2013.

Essas sociedades, tanto as indígenas como as africanas, eram ágrafas, ou seja, não conheciam a escrita. O registro de acontecimentos era realizado apenas na memória, guardado em contos e lendas que os mais velhos contavam aos mais novos.

Atualmente, ainda existem povos indígenas no Brasil e no continente africano que contam o tempo pela natureza, mas a influência do calendário gregoriano, dos relógios e da ideia de passado, presente e futuro é muito forte e, aos poucos, vai penetrando nessas culturas. Assim, eles tanto calculam a passagem pelos ciclos da natureza como por calendários, relógios, celulares e computadores.

Entre os Kalapalo da Aldeia Aiha, as atividades coletivas seguem o ritmo da natureza em Querência, MT, 2018.

ATIVIDADES COMPLEMENTARES

1 Escreva **V** para verdadeiro e **F** para falso nas frases.

☐ Atualmente, todos os povos do mundo medem o tempo pelo calendário gregoriano.

☐ Alguns povos africanos ainda seguem a contagem do tempo em ciclos, com base na natureza.

☐ Todos os povos indígenas do Brasil já se adaptaram à contagem do tempo por calendários e relógios.

☐ Os ciclos da natureza inspiraram a contagem do tempo entre povos africanos e povos indígenas da América.

2 Entre os povos africanos trazidos para o Brasil, um deles teve grande influência cultural, principalmente na Bahia. Qual foi esse povo?

_____

3 Os povos africanos trazidos para o Brasil e os povos indígenas que aqui viviam baseavam-se em quais elementos para calcular a passagem do tempo?

☐ Nas fases da Lua.

☐ Nas estações climáticas.

☐ Nas cheias e vazantes dos rios.

☐ Todas as alternativas são corretas.

4 Alguns povos africanos e também os povos indígenas do Brasil e de outras partes do mundo não desenvolveram a escrita. Como eles transmitiam conhecimentos para as gerações mais novas?

_____

_____

5 Agora, desenhe a cena da pessoa contando o tempo como você imaginou.

2 ESPAÇOS DE MEMÓRIA

Observe as fotos. Todas elas mostram um aspecto ligado à História do Brasil.

Visita monitorada de estudantes no Museu do Café, Santos, SP, 2014.

Passistas de frevo, Recife, PE, 2016.

Monumento em homenagem a Anita Garibaldi na Praça República Juliana, Laguna, SC, 2015.

1 Você já participou de algum acontecimento semelhante ao mostrado nas fotos? Qual foi?

_____

_____

27

2 Na sua cidade existe algum museu? Você sabe qual é o nome dele?

_____

_____

3 E monumentos em lugares públicos, você já observou algum em sua cidade?

_____

4 Por que a foto de uma dança popular brasileira foi colocada com as outras? Qual é a relação dessa dança com a nossa história?

_____

_____

_____

Museus conservam a História

Momentos importantes da nossa história podem ser estudados nos museus. Os **acervos** guardados nesses locais são documentos históricos que permitem reconstruir modos de vida, leis, formas de lazer, enfim, inúmeros aspectos do passado.

Existem museus para praticamente tudo que o ser humano criou ao longo da história.

Museu do Lixo em Florianópolis, SC, 2018.

Além de guardar a memória de um povo, de uma localidade ou de uma cultura, os museus são um espaço de aprendizado e de **propagação** de cultura. Muitos artistas expõem as obras em museus, para que as pessoas da comunidade possam conhecê-las.

Os museus históricos são importantes para o estudo do passado, pois ali os historiadores encontram fontes históricas para o seu trabalho de reconstituir os acontecimentos e responder às grandes questões do tempo em que vivem.

VOCABULÁRIO

acervo: conjunto, coleção de objetos ou bens de uma instituição, galeria de arte, museu etc.
propagação: divulgação, difusão.

Museus históricos brasileiros

Sobre o período em que o Brasil foi uma monarquia, existem documentos em diversas instituições. Uma das mais importantes dessas instituições é o **Museu Imperial**, localizado na cidade de Petrópolis, no Rio de Janeiro.

No passado, chamava-se Palácio Imperial de Petrópolis e foi a residência predileta do imperador D. Pedro II. Começou a ser construído em 1845 e deu origem à cidade de Petrópolis.

A história dos africanos no Brasil está sendo documentada e preservada, entre outras instituições, no **Museu Afro Brasil**, localizado no Parque do Ibirapuera, em São Paulo, no Pavilhão Padre Manuel da Nóbrega. O edifício que o abriga integra um conjunto arquitetônico projetado por Oscar Niemeyer na década de 1950. O Museu Afro Brasil foi inaugurado em 2004.

A história dos imigrantes italianos também tem um local especial para ser guardada e estudada. É o **Memorial do Imigrante**, uma instituição pública

Museu Imperial de Petrópolis, Petrópolis, RJ, 2016.

Museu Afro Brasil no Pavilhão Padre Manoel da Nóbrega, Parque do Ibirapuera, São Paulo, SP, 2014.

localizada na sede da extinta Hospedaria dos Imigrantes, no bairro da Mooca, na cidade de São Paulo. Para esse local eram levados os imigrantes recém-chegados ao Brasil, na passagem do século XIX para o XX, para depois serem encaminhados às fazendas. Na atualidade, guardam-se no Memorial informações que permitem conhecer como era a vida dessas pessoas ao chegar ao Brasil.

Para estudar a história da República, existe uma importante instituição de preservação de documentos: o **Museu da República**, na cidade do Rio de Janeiro. Esse museu ocupa o antigo Palácio Nova Friburgo (no Império), depois Palácio do Catete (na República), que durante 63 anos foi a sede do Poder Executivo no Brasil. O Palácio do Catete tornou-se museu em 15 de novembro de 1960, após a transferência da capital para Brasília.

Museu da Imigração, Memorial do Imigrante, bairro da Mooca, São Paulo, SP, 2015.

Museus digitais

Com o advento da informática, dos computadores e da internet, um novo tipo de museu passou a existir no mundo todo: os museus digitais. Museus digitais são aqueles em que o acervo tanto é mostrado por meio de alta tecnologia computacional como pode ser visitado sem a presença física do frequentador, pois é possível acessar as exposições pela internet.

Palácio do Catete, onde funciona o Museu da República, Rio de Janeiro, RJ, 2015.

Os museus digitais facilitam a divulgação de conhecimentos e a apreciação da produção cultural e histórica da humanidade preservada em alguns locais do mundo.

Museu da Língua Portuguesa ou Estação Luz da Nossa Língua

No Brasil, um dos mais importantes museus digitais é o Museu da Língua Portuguesa ou Estação Luz da Nossa Língua, situado no bairro da Luz, na cidade de São Paulo.

Esse museu, inaugurado em 2006, ocupa um prédio histórico, a Estação da Luz, estação ferroviária construída nos anos 1850 e restaurada no início do século XXI para servir como espaço cultural.

Como Museu da Língua Portuguesa, seu objetivo é mostrar ao público aspectos ligados à nossa língua, como sua origem, influências, formação, diversidade etc. Para isso, tem diversos setores que divertem e informam ao mesmo tempo, com nomes como Mapa dos Falares, Beco das Palavras ou Jogo da Etimologia, Lanternas das Influências ou Palavras Cruzadas, Praça da Língua, Linha do Tempo ou História da Língua Portuguesa. Em cada uma dessas seções o visitante interage com os objetos expostos, realizando jogos e provocando novas apresentações por meio de vídeos, gravações, música etc.

Em 2015, um incêndio atingiu dois andares do museu, mas, por ele ser digital, com os dados guardados em provedores fora dali, foi possível recuperar todo seu acervo. Em 2018 ele ainda se encontrava em restauração, mas diversas exposições estavam programadas tanto virtualmente como em outros lugares, até mesmo fora do Brasil.

Fachada da Estação da Luz com andaimes cobrindo a fachada do Museu da Língua Portuguesa para a reforma após o incêndio, São Paulo, SP, 2017.

Imagem de arquivo da parte interna de exposição interativa do Museu da Língua Portuguesa em São Paulo, SP, 2014.

ATIVIDADES

1 Marque com um **X** os espaços destinados a guardar objetos que mostram aspectos do passado.

☐ Monumentos.

☐ Galerias de arte.

☐ Museus.

☐ Jardins públicos.

2 Marque a alternativa **INCORRETA**. Nos museus, as pessoas:

☐ aprendem sobre a história.

☐ apreciam obras de arte.

☐ apenas conhecem pessoas importantes.

☐ têm momentos de lazer.

3 A maior parte dos objetos guardados no Museu Imperial conta a história brasileira durante o período da:

☐ colônia.

☐ monarquia.

☐ república.

4 Antes de se tornar museu, o Museu Imperial foi residência de qual governante brasileiro? Em que cidade está localizado?

Governante: _____

Cidade: _____

Patrimônios: a memória da humanidade

Ao estudar o passado, os historiadores, como você já sabe, usam todo tipo de fonte que puder encontrar: documentos escritos, pinturas, vestígios, como ruínas ou fósseis, fotografias, vídeos, jornais, revistas... Entre essas fontes históricas, até mesmo cidades inteiras ou estilos de arquitetura, bem como paisagens e materiais empregados nas construções, podem ser elementos valiosos para obter informações sobre as características de épocas anteriores.

Centro Cultural Judaico de Pernambuco, antiga Sinagoga Kahal Zur Israel, Recife, PE, 2013. O cuidado com casas e ruas antigas é uma prática importante para preservar a memória histórica de uma localidade.

Por isso, e pela importância que têm, muitos elementos produzidos pelos grupos humanos podem se tornar patrimônio cultural ou histórico das sociedades.

Podemos dizer, assim, que patrimônio é o conjunto de bens de uma comunidade, como construções, monumentos, ambientes naturais e muitos outros. As práticas culturais, como danças, culinária, língua, crenças, tradições, também fazem parte desses bens e, portanto, são integrantes do patrimônio histórico e cultural.

Como surgiu a ideia de patrimônio

A palavra "patrimônio" deriva da língua grega e do latim, de *pater* (pai) e *patrimonium* (pertencente ao pai). Portanto, era tudo aquilo que passava de pai para filho. Era a herança que a pessoa recebia. Daí ter adquirido o significado atual: são todos os bens que uma sociedade herda das gerações anteriores e deve conservar, para passar às gerações futuras. São bens materiais e não materiais ou imateriais.

A ideia de que os bens da sociedade pertenciam a todos e deveriam ser preservados como um patrimônio histórico e cultural começou a ser difundida a partir da Revolução Francesa, um longo conflito que começou na França em 1789 e conquistou uma série de direitos para todos os cidadãos. Naquela época, aboliram-se privilégios dos reis e dos nobres – que eram os únicos que tinham benefícios na sociedade – e estabeleceu-se um governo baseado no princípio de que todos são iguais, portanto têm os mesmos direitos. As três palavras que constituíam o lema dos revolucionários franceses nessa época eram: Liberdade, Igualdade, Fraternidade.

Pensou-se, então, nessa época, que a história dessas pessoas deveria ser mostrada em monumentos que lembrassem as lutas grandiosas do passado e incentivassem a busca por um futuro melhor para todos. O governo francês determinou a construção desses monumentos, realizada por artistas famosos, e a instalação das obras em locais públicos.

Com o passar do tempo, a ideia de patrimônio passou a englobar muito mais que somente monumentos e, atualmente, abrange tudo aquilo que preserva a memória, a história dos seres humanos. Todos os bens que são importantes para os cidadãos de uma comunidade devem ser preservados.

A Organização das Nações Unidas para a Educação, a Ciência e a Cultura (Unesco), órgão da Organização das Nações Unidas (ONU), realizou em 1972 uma reunião de países chamada Convenção para a Proteção do Patrimônio Mundial, Cultural e Natural, que estabeleceu quais são os patrimônios históricos, culturais e naturais da humanidade. Todos os participantes, assim, se comprometeram a preservar esses bens. A Unesco periodicamente atualiza a lista de patrimônios da humanidade.

Monumento de Glória da República Francesa ou Estátua Marianne, Praça da República, Paris, França, 2011.

Nos países, são os governos, por meio de leis, que declaram quais são os patrimônios da nação. No Brasil, o órgão governamental que cuida de identificar os patrimônios, classificá-los e protegê-los é o Instituto do Patrimônio Histórico e Artístico Nacional (Iphan), ligado ao Ministério da Cultura.

O que diz a lei sobre o patrimônio cultural brasileiro

No Brasil, a Constituição Federal promulgada em 1988 – a lei máxima que rege o nosso país – estabeleceu que:

Art. 216. Constituem patrimônio cultural brasileiro os bens de natureza material e imaterial, tomados individualmente ou em conjunto, portadores de referência à identidade, à ação, à memória dos diferentes grupos formadores da sociedade brasileira, nos quais se incluem:

I – as formas de expressão;
II – os modos de criar, fazer e viver;
III – as criações científicas, artísticas e tecnológicas;
IV – as obras, objetos, documentos, edificações e demais espaços destinados às manifestações artístico-culturais;
V – os conjuntos urbanos e sítios de valor histórico, paisagístico, artístico, arqueológico, paleontológico, ecológico e científico.

§1º. O Poder Público, com a colaboração da comunidade, promoverá e protegerá o patrimônio cultural brasileiro por meio de **inventários**, registros, vigilância, **tombamento** e desapropriação, e de outras formas de acautelamento e preservação.

BRASIL. *Constituição da República Federativa do Brasil*. 37. ed. Brasília: Câmara dos Deputados/Edições Câmara, 2013. (Série Textos básicos, 73).

VOCABULÁRIO

inventário: listas de bens.
tombamento: colocar sob a guarda do Estado para conservação e preservação.

Patrimônios materiais e imateriais

Os bens de uma sociedade podem tanto ser objetos como elementos não concretos. Assim, uma classificação dos patrimônios tanto históricos como culturais é:

- **Patrimônio material**: são objetos, como construções, monumentos, paisagens naturais, ruínas de locais históricos etc.
- **Patrimônio imaterial**: são práticas, crenças, tradições, modos de executar certas atividades, modos de falar, danças, festas etc. No Brasil, há 38 elementos culturais que se tornaram patrimônios imateriais e precisam ser protegidos, para que não desapareçam. Desses, cinco foram reconhecidos pela Unesco como patrimônios culturais imateriais da humanidade: capoeira, frevo, samba de roda, na Bahia, procissão do Círio de Nazaré (em Belém, Pará), pintura corporal e arte gráfica (arte kusiwa) dos povos indígenas Wajãpi, no Amapá.

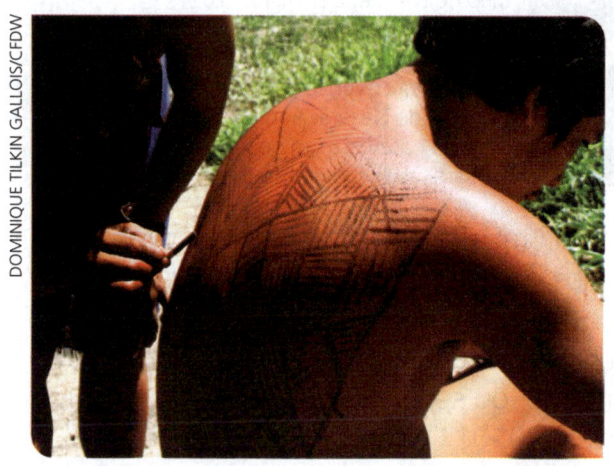

Pintura corporal. Centro de Formação e Documentação Wajãpi-CFDW, Posto Aramirã - Terra Indígena Wajãpi Pedra Branca do Amapari e Laranjal do Jari, AP, 2018.

Grupo de capoeira em festival no Rio Vermelho, Salvador, BA, 2016.

Outro modo de classificar os patrimônios

Além dessa classificação, podemos analisar os bens da sociedade usando outro critério:

- **Patrimônio histórico:** conjunto de bens que conta a história da localidade por meio de construções, arquitetura, materiais empregados, mobílias, utensílios, armas, ferramentas, meios de transportes, obras de arte, documentos. O patrimônio histórico é rico para a conservação da memória e oferece aos historiadores as mais variadas **fontes** históricas sobre o passado do lugar.

A cidade de Ouro Preto, em Minas Gerais, é considerada patrimônio histórico mundial. Foto de 2020.

- **Patrimônio cultural** é o conjunto de bens materiais e/ou imateriais, que conta a história pelos costumes, tradições, crenças, lendas, cantos, danças, linguagem, superstições, rituais, festas, culinária típica de um povo.

Círio de Nazaré, Belém, PA, 2017. Milhares de pessoas compareceram à festa, que celebra o Círio de Nazaré, em devoção a Nossa Senhora de Nazaré. A manifestação religiosa católica é um dos maiores eventos religiosos do Brasil.

- **Patrimônio ambiental** ou patrimônio natural são locais naturais que precisam ser cuidados e preservados porque deles dependem tanto seres humanos como outros animais. No Brasil, a Área de Conservação do Pantanal é considerada patrimônio ambiental da humanidade, assim como a Reserva de Mata Atlântica da Costa do Descobrimento, ou seja, da região aonde chegou a esquadra de Pedro Álvares Cabral, em 1500.

Reserva da Mata Atlântica na Costa do Descobrimento (BA), declarada Patrimônio Natural da Humanidade. Na foto, destaca-se o Monte Pascoal.

ATIVIDADES

1 Observe esta imagem para responder às questões.

Celebração de 13 de Maio, Dia da Libertação dos Escravizados na Comunidade Negra dos Arturos, Patrimônio Imaterial, Contagem, MG, 2017.

a) Descreva a imagem. O que ela mostra?

_____
_____
_____

b) Em que lugar essa atividade ocorre?

_____
_____

c) A atividade mostrada na foto é um patrimônio? De que tipo?

_____
_____
_____

2 Marque com um **X** as frases que explicam por que essa atividade é importante para a história da comunidade onde ela acontece:

☐ porque é uma tradição da comunidade.

☐ porque é uma forma de diversão como qualquer outra.

☐ porque serve de fonte histórica para compreender o passado.

☐ porque é uma característica dessa sociedade, algo que a identifica.

3 Pesquise os patrimônios culturais materiais e imateriais do lugar onde você vive. Escolha um dos patrimônios pesquisados. Nos espaços a seguir, descreva-o e desenhe-o, indicando se é um patrimônio material ou imaterial.

EU GOSTO DE APRENDER

Nesta lição, você estudou:
- A história de uma sociedade pode ser guardada em museus, nos objetos do passado que ali ficam preservados.
- Os museus também são espaços de aprendizado e de lazer.
- A história do Brasil pode ser estudada em museus que guardam objetos de várias épocas, como o Museu Imperial, o Museu da República, o Museu Afro Brasil e o Museu do Imigrante.
- Os bens coletivos de uma sociedade devem ser preservados, pois eles são patrimônio dessa sociedade.
- A ideia de patrimônio histórico surgiu na época da Revolução Francesa, quando foram abolidos privilégios da realeza e da nobreza.
- Os patrimônios históricos ou culturais podem ser materiais e imateriais.
- Patrimônio material é aquele constituído de objetos, como casas, cidades, artefatos, ferramentas, armas, móveis etc.
- Patrimônio imaterial é aquele constituído de elementos não concretos, como tradições, crenças, festas, culinárias típicas, formas de arte de grupos sociais etc.
- Outro modo de classificar os patrimônios é considerá-los patrimônios históricos, patrimônios culturais e patrimônios naturais.
- Patrimônios naturais são lugares ou paisagens da natureza importantes para seres humanos e animais, e devem ser conservados.

ATIVIDADES

1 O que são patrimônios históricos?

_____

_____

_____

2 Qual é a diferença entre patrimônio material e imaterial?

_____

_____

3 Circule a fotografia que mostra um patrimônio cultural brasileiro.

Pedestres atravessando no cruzamento da Avenida Afonso Pena com Amazonas, Belo Horizonte, MG, 2015.

Apresentação do grupo musical Cumaru de carimbó no bairro Caranazal, Alter do Chão, Santarém, PA, 2017.

4 Quais são as diferenças entre patrimônio histórico, cultural e ambiental?

_____
_____
_____

5 Com as letras **H**, **C** ou **A**, classifique como patrimônio histórico, cultural ou ambiental.

☐ Monumento a Tiradentes em uma praça.

☐ Dança do frevo em Pernambuco.

☐ Procissão do Círio de Nazaré em Belém do Pará.

☐ Procissão marítima para Nossa Senhora dos Navegantes em Porto Alegre, Rio Grande do Sul.

☐ Natureza no Pantanal, com seus rios, matas e lagos.

☐ Festas a Iemanjá no dia 31 de dezembro nas praias do Rio de Janeiro.

☐ Ruínas das Missões, construções da época colonial, no sul do Brasil.

☐ Receita de bolinho caipira de farinha de milho, conhecida no Vale do Paraíba, SP.

6 O patrimônio cultural é composto de bens de natureza material e imaterial. Cuidar do patrimônio cultural de uma cidade é cuidar de sua história. Em sua opinião, todas as cidades têm história? Se têm, como podemos descobrir essa história?

___

7 Para manter viva a memória dos povos pelos lugares onde eles deixaram seus vestígios, é necessário preservar e conservar os bens de natureza material e imaterial desse lugar. Quais ações poderiam ser os meios para conseguir isso?

___

8 Cada povo, cada localidade, tem formas próprias de patrimônio cultural. Assinale a alternativa que aponta alguns bens de natureza imaterial.

a) Festas, danças, lendas e celebrações.
b) Músicas e monumentos.
c) Construções e conhecimentos.
d) Prédios e casas.

9 Quando falamos em patrimônio cultural de natureza material, sobre o que nos referimos? Assinale a alternativa que corresponde a alguns deles.

a) Instrumentos, artefatos, monumentos e edificações.

b) Artefatos, música e comida.

c) Casas, danças e costumes.

d) Lendas e edifícios.

10 Denominamos patrimônio natural todo local cuja natureza tenha relevância para uma população e relações significativas com a sociedade. Em sua opinião, por que também é importante preservar o patrimônio natural?

___

11 Pesquise dois museus, no Brasil ou em outro país, e registre em seu caderno os seguintes dados:

a) Nome do museu.

b) Local onde fica.

c) Que tipo de objetos guarda.

EU GOSTO DE APRENDER

Panteão da Pátria e da Liberdade Tancredo Neves

Monumento, patrimônio, museu... tudo junto e muito mais!

Existe no Brasil uma obra que poderia ser classificada como museu, monumento e como um dos mais expressivos patrimônios históricos e culturais de nosso país. Localiza-se em Brasília e chama-se Panteão da Pátria e da Liberdade Tancredo Neves.

Você sabe o que é um panteão? É um monumento de homenagem a pessoas importantes da história de um lugar, já falecidas. Normalmente, um panteão guarda restos mortais dos heróis do país, mas esse não é o caso do Panteão da Pátria de Brasília.

A obra de Brasília foi realizada entre os anos de 1985 e 1986, como uma homenagem a todos os personagens da história do Brasil que, de alguma forma, lutaram pela liberdade do povo brasileiro e pela democracia.

Sua estrutura foi planejada por Oscar Niemeyer, em 1985, logo após a morte do presidente Tancredo Neves, o primeiro civil eleito após um longo período de ditadura militar. Tancredo morreu sem tomar posse, e esse fato causou comoção e tristeza muito grande. Por isso, o panteão recebeu seu nome.

A obra, localizada na Praça dos Três Poderes, tem a forma de uma gigantesca pomba, para lembrar o símbolo da paz, e três pavimentos, com obras de artistas plásticos de renome, como um vitral de Marianne Peretti e um mural de Athos Bulcão.

Panteão da Pátria e da Liberdade Tancredo Neves, Praça dos Três Poderes, Brasília, DF, 2014.

Livro de Aço ou Livro dos Heróis e Heroínas da Pátria, Brasília, DF, 2016.

Ao centro do grande Salão Principal, no terceiro pavimento, encontra-se o Livro de Aço ou Livro dos Heróis e Heroínas da Pátria. Cada página tem o nome de um herói brasileiro. Para ser considerado herói nacional, a vida do personagem histórico é avaliada pelo Congresso Nacional, observando-se um período mínimo de cinquenta anos após a morte do homenageado. É o Congresso que define a inclusão de um nome no Livro de Aço do Panteão da Pátria e da Liberdade Tancredo Neves.

Atualmente, os brasileiros homenageados como heróis nacionais são:

- Alferes Joaquim José da Silva Xavier, o Tiradentes, o primeiro nome no livro.
- Zumbi dos Palmares, líder quilombola.
- Marechal Manuel Deodoro da Fonseca, que proclamou a República.
- Sua Majestade Imperial (S.M.I.) Dom Pedro I (nome completo: Pedro de Alcântara Francisco António João Carlos Xavier de Paula Miguel Rafael Joaquim José Gonzaga Pascoal Cipriano Serafim de Bourbon e Bragança), primeiro imperador do Brasil, proclamador da independência e fundador do Império brasileiro.
- Marechal Luís Alves de Lima e Silva, o Duque de Caxias.
- Francisco Alves Mendes Filho, o "Chico Mendes", líder popular na Amazônia, que foi assassinado.
- Coronel José Plácido de Castro, que liderou uma revolução no Acre no século XIX.
- Almirante Joaquim Marques Lisboa, marquês de Tamandaré, herói da Guerra do Paraguai.
- Almirante Francisco Manuel Barroso da Silva, barão do Amazonas, herói da Guerra do Paraguai.
- Marechal do ar Alberto Santos Dumont, Pai da Aviação no Brasil.
- José Bonifácio de Andrada e Silva, o Patriarca da Independência.
- Frei Joaquim do Amor Divino Rabelo, mártir da Confederação do Equador.
- Brigadeiro Antônio de Sampaio, herói da Guerra do Paraguai.
- José Tiaraju, vulgo Sepé Tiaraju, herói guarani missioneiro rio-grandense.
- Anna Justina Ferreira Nery, mais conhecida como Anna Nery, tida como a primeira enfermeira brasileira e heroína na Guerra do Paraguai.
- Hipólito José da Costa Furtado de Mendonça, jornalista e criador do *Correio Braziliense*.
- São José de Anchieta, jesuíta que atuou na Colônia, um dos fundadores de São Paulo.
- Getúlio Dorneles Vargas, ex-presidente da República.
- Heitor Villa-Lobos, maestro.
- Mário Martins de Almeida, Euclides Bueno Miragaia, Dráusio Marcondes de Sousa e Antônio Américo Camargo de Andrade, conhecidos pela sigla MMDC (Martins-Miragaia-Dráusio-Camargo), heróis paulistas da Revolução Constitucionalista de 1932.
- Domingos José Martins, um dos líderes da Revolução Pernambucana de 1817.
- Leonel de Moura Brizola, líder político trabalhista, foi governador do Rio Grande do Sul e do Rio de Janeiro. Liderou o movimento da legalidade em 1961.
- Ana Maria de Jesus Ribeiro, vulgo Anita Garibaldi, que lutou na Revolução Farroupilha do Rio Grande do Sul, no século XIX.

- Francisco Barreto de Meneses, João Fernandes Vieira, André Vidal de Negreiros, Henrique Dias, Antônio Filipe Camarão e Antônio Dias Cardoso, heróis da Batalha dos Guararapes, na qual os holandeses foram expulsos de Pernambuco, no século XVII.
- Bárbara Pereira de Alencar, primeira presa política do Brasil. Heroína do Ceará, líder independentista, republicana e abolicionista.
- Marechal Cândido Mariano da Silva Rondon, que trabalhou pelas tribos indígenas brasileiras.
- Clara Filipa Camarão, indígena, considerada precursora do feminismo no Brasil.
- Jovita Alves Feitosa, voluntária que lutou na Guerra do Paraguai.
- Zuleika Angel Jones, ativista política que atuou na época da ditadura militar, especialmente na busca pelos desaparecidos assassinados pelo governo.
- Joaquim Maria Machado de Assis, escritor.
- Antônio Carlos Gomes, maestro.
- João Pedro Teixeira, líder camponês do Nordeste na época da ditadura militar.
- José Feliciano Fernandes Pinheiro, primeiro visconde de São Leopoldo, magistrado e um dos fundadores do Instituto Histórico e Geográfico Brasileiro.
- Primeiro-Tenente Euclides Rodrigues Pimenta da Cunha, escritor e jornalista brasileiro.
- Joaquim Francisco da Costa – Irmão Joaquim, que atuou arrecadando fundos para construção de hospitais e casas de caridade em Santa Catarina.
- Luís Gonzaga Pinto da Gama – Luiz Gama –, advogado, um dos raros intelectuais negros no Brasil, militante antiescravocrata do século XIX.

Além dos nomes inscritos, também são homenageados no Livro de Aço os Soldados da Borracha, cujos nomes não são identificados. Eles foram os seringueiros recrutados para trabalhar na coleta de látex durante a Segunda Guerra Mundial, para ajudar nos esforços de combate ao nazismo.

O Panteão foi tombado em 2007, pelo Instituto do Patrimônio Histórico e Artístico Nacional (Iphan), junto com outras 34 obras de Oscar Niemeyer, que completara cem anos naquele ano.

ATIVIDADES COMPLEMENTARES

1 Por que o Panteão da Pátria e da Liberdade recebeu o nome de Tancredo Neves?

_____

_____

2 Qual é a finalidade dessa construção?

_____

_____

3 Quais artistas têm obras nos pavimentos desse monumento?

_____

_____

4 Por que a construção tem a forma de uma pomba?

_____

_____

5 Panteão normalmente é um monumento que guarda restos mortais de heróis nacionais. Existem pessoas enterradas no Panteão de Brasília? Explique.

_____

_____

_____

6 Marque com um **X** como podemos classificar esse espaço de memória:

☐ é um monumento.

☐ é um museu.

☐ é um patrimônio histórico e cultural.

☐ todas as anteriores estão corretas.

3 O EGITO ANTIGO

Observe esta imagem, que mostra um patrimônio da humanidade construído há mais de 4 mil anos.

Panorama de Gizé, a terceira maior cidade do Egito, localizada na margem ocidental do Rio Nilo, Egito, 2018.

1 Você sabe o que são essas construções?

_____
_____
_____

2 Em que país e continente estão essas construções?

_____
_____
_____
_____
_____
_____
_____

3 Você imagina para que serviam?

_____

_____

As primeiras cidades: nas margens de grandes rios

Quando os primeiros grupos humanos descobriram a agricultura, eles puderam se fixar em determinados locais, construindo povoados e vilas, porque não precisavam mais deslocar-se de região em região em busca de alimentos. Deixaram de ser nômades e se tornaram sedentários.

Pelos estudos da Arqueologia, sabemos que os primeiros núcleos urbanos, isto é, as primeiras cidades, surgiram nas proximidades de grandes rios, porque eram as áreas mais férteis, mais favoráveis ao plantio.

Isso aconteceu em uma grande área que vai do norte/nordeste da África, onde se formou o povo egípcio, nas margens do Rio Nilo, até o Oriente Médio e parte da Ásia, onde surgiram os mesopotâmicos, isto é, os povos que viveram na Mesopotâmia, entre os rios Tigre e Eufrates. Costuma-se chamar essa área de Crescente Fértil, pois, no mapa, é possível imaginar um grande C ligando a região do Rio Nilo com a região dos rios Tigre e Eufrates. É como se fosse a forma de uma Lua crescente.

AS PRIMEIRAS CIDADES – A PARTIR DE 10 MIL ANOS

Fonte: ARRUDA, José Jobson de A. *Atlas histórico básico.* 17 ed. São Paulo: Ática, 2007. p. 6.

Um povo antigo da África: os egípcios

Na África, há cerca de 4 mil anos, começaram a surgir povoados às margens de um grande rio que nasce na região em que hoje é o país Uganda, no nordeste do continente.

Observe o mapa e a foto de satélite:

MAPA POLÍTICO DO NORDESTE DA ÁFRICA, COM OS PAÍSES ATUAIS

Imagem de satélite do Rio Nilo, Egito, 2016.

Mapa do nordeste da África, mostrando o Rio Nilo, com os países atuais.

Observe o Rio Nilo no nordeste da África. O Rio Nilo, um dos maiores do mundo, tem 6 650 km de extensão. Nasce no Lago Vitória, segue por Uganda, Sudão do Sul e Sudão. Prossegue até o Cairo, no Egito, onde forma o Delta do Nilo, que deságua no Mar Mediterrâneo.

Esse rio sofre enchentes periódicas na época das chuvas, de junho a setembro, e as inundações atingem largas porções de terra nas margens. Na vazante, ao retornar ao leito normal, as águas deixam um lodo muito rico em nutrientes, que favorece a agricultura.

Assim, para as pessoas que viviam ao longo do Nilo, havia abundância de alimentos, pois, além dos produtos agrícolas, elas podiam contar com a fartura de peixes, aves e outros animais que viviam no rio e em meio à vegetação próxima. Começaram a praticar a pecuária, criando animais para consumo e para utilizar no transporte.

Modelo de aração. Madeira pintada. Início do Império Médio, cerca de 1950 a.C. Procedência desconhecida, Museu Britânico.

Antigo papiro egípcio com o desenho de uma embarcação usada no Rio Nilo.

Para melhorar ainda mais o cultivo, abriram canais de irrigação que levavam as águas do Nilo a pontos mais distantes das plantações. Também aprenderam a construir diques. Nessa época, cultivavam cereais, oliveiras, linho, papiro, frutas e legumes variados.

O rio servia de meio de comunicação, pois nele se navegava de povoado em povoado. As técnicas de navegação, desse modo, se desenvolveram muito.

Para controlar a quantidade das colheitas, o número de cabeças de gado e outros detalhes da produção, os egípcios desenvolveram um sistema de escrita, com base em desenhos que representavam as palavras. Essa escrita evoluiu até o uso dos hieróglifos.

Até o século XIX a escrita hieroglífica era um mistério para os pesquisadores, mas finalmente ela foi decifrada por um cientista francês, Champollion, que estudou uma pedra encontrada no Egito, na cidade de Roseta, onde havia inscrições em grego, hieroglífica e demótica, que era a escrita mais popular do Egito Antigo. Por isso, essa pedra ficou conhecida como Pedra de Roseta.

Pedra de Roseta com inscrição em diferentes idiomas que ajudaram a decifrar a antiga escrita hieroglífica egípcia. Londres, Inglaterra, 2014.

Com a escrita, outros avanços ocorreram na matemática, na engenharia, na arquitetura, na medicina, à medida que a sociedade foi se tornando mais complexa.

Os povoados prosperaram, tornando-se cidades nas quais viviam artesãos, comerciantes, agricultores, funcionários públicos, sacerdotes, guerreiros. Inicialmente eram cidades independentes, chefiadas por pessoas mais velhas ou originárias das famílias mais antigas. Com o passar do tempo, essas cidades – que eram chamadas *nomos* – foram se unindo. Primeiro houve união entre os *nomos* do norte e os *nomos* do sul, formando dois reinados. Mais tarde, os *nomos* do norte e do sul uniram-se em um único império, sob o domínio de um governante que tinha o título de faraó. Assim nasceu o Império Egípcio ou Egito, que foi um dos mais poderosos na Antiguidade.

ATIVIDADES

1 Marque com um **X** o que estiver correto:

☐ as primeiras cidades surgiram próximas de florestas e montanhas.

☐ as primeiras civilizações se formaram perto de grandes rios.

☐ os grupos humanos se tornaram sedentários quando descobriram grandes rios e lagos.

☐ um dos fatores que permitiram o aparecimento de cidades foi o comércio.

2 Entendemos por Crescente Fértil uma vasta região que abrange dois continentes. Quais são esses continentes?

_____

3 Registre o nome de três rios importantes no Crescente Fértil.

_____

4 Marque com um **X** o continente no qual surgiu o povo egípcio.

☐ Ásia.

☐ Europa.

☐ África.

☐ América.

5 Complete:

a) As primeiras cidades fundadas pelo povo egípcio ficavam às margens do Rio _____ e eram chamadas de _____. Elas eram _____, isto é, cada qual tinha o próprio governo.

b) Com o desenvolvimento da _____, os grupos humanos, que antes eram nômades, fixaram-se em algumas regiões, tornando-se _____.

c) Para controlar a quantidade da produção, contar as cabeças de gado e fazer outros registros, foi necessário desenvolver um sistema de _____. No Egito, o sistema mais elaborado, que consistia em desenhos representando palavras, era o sistema de _____.

d) A escrita egípcia só foi decifrada no século _____ por um cientista francês chamado _____. Ele se baseou em três inscrições feitas na chamada _____.

A religião e o poder dos faraós

A religião egípcia era politeísta, isto é, acreditava na existência de muitos deuses. O mais importante deles era Osíris, mas havia outros, como Ísis, Anúbis, Set etc., cada um ligado a um aspecto da vida. Muitos desses deuses eram representados com formas meio humanas, meio animais. Vários animais também eram considerados seres divinos, como os gatos.

Pela religião, os egípcios explicavam muitos fenômenos da natureza e do universo. O Rio Nilo era, para eles, um rio sagrado, uma divindade, pois percebiam que toda a vida ao redor dele somente era possível graças a essas águas.

Em homenagem aos deuses, construíram templos, administrados por sacerdotes. Nesses templos, guardavam os produtos pagos como impostos; havia ali celeiros, currais com gado, depósitos de objetos artesanais etc., além de locais para oferendas aos deuses. Os sacerdotes, por esse motivo, tornaram-se uma camada muito rica e poderosa da sociedade.

Estátua da deusa Ísis no muro do Museu do Cairo, Egito, 2018.

Os faraós, no Egito Antigo, também eram considerados deuses, filhos do deus Sol, a quem chamavam de Ra. A população devia prestar-lhes homenagens, pagar impostos de tudo que produzissem e aceitar todas as suas decisões. O faraó, por intermédio de seus funcionários, fiscalizava a vida dos camponeses e dos artesãos, exigindo o trabalho e o pagamento dos impostos. Tinha o poder de açoitá-los, caso não cumprissem suas obrigações. Esse sistema de governo se chama governo teocrático, pois se baseia na religião, e o governante é visto como uma divindade.

A família do faraó, assim como as pessoas que viviam na corte, os sacerdotes e os altos funcionários constituíam a elite, a camada mais rica, que vivia com luxo e conforto. Entre eles estavam os **escribas**, que eram pessoas que aprendiam a ler e a escrever e tinham de anotar os registros e documentos do governo.

O restante da população trabalhava muito, principalmente nas grandiosas obras que o governo mandava realizar, como templos, palácios, pontes, diques, e nos túmulos, que eram as pirâmides.

A religião egípcia baseava-se no fato de que haveria reencarnação das pessoas após a morte, mas apenas para aqueles que tivessem conseguido preservar seus corpos depois do óbito.

Estátua do faraó Tutancâmon.

Por isso, tanto os faraós como os membros da elite providenciavam que seus corpos fossem mumificados após morrerem e colocados em túmulos onde coubessem muitos dos objetos e riquezas que possuíssem em vida. Foi assim que os governantes começaram a construir as pirâmides, das quais as mais famosas são as de Queóps, Quéfren e Miquerinos, localizadas na Península de Gizé, erguidas cerca de 5 mil anos atrás.

Apenas as pessoas com posses podiam encomendar pirâmides. Até a atualidade, foram descobertas cerca de 123 pirâmides da época mais antiga do Egito.

Entretanto, como havia muitos saques nessas construções, em época posterior, os faraós e membros da elite passaram a construir túmulos escondidos subterrâneos, em um grande vale, chamado Vale dos Reis.

Múmia egípcia em local com hieróglifos.

VOCABULÁRIO

mumificar: embalsamar, transformar em múmia, isto é, tratar um corpo de modo que ele não se decomponha totalmente, apenas seque, preservando as feições.

Como se dividia a sociedade egípcia

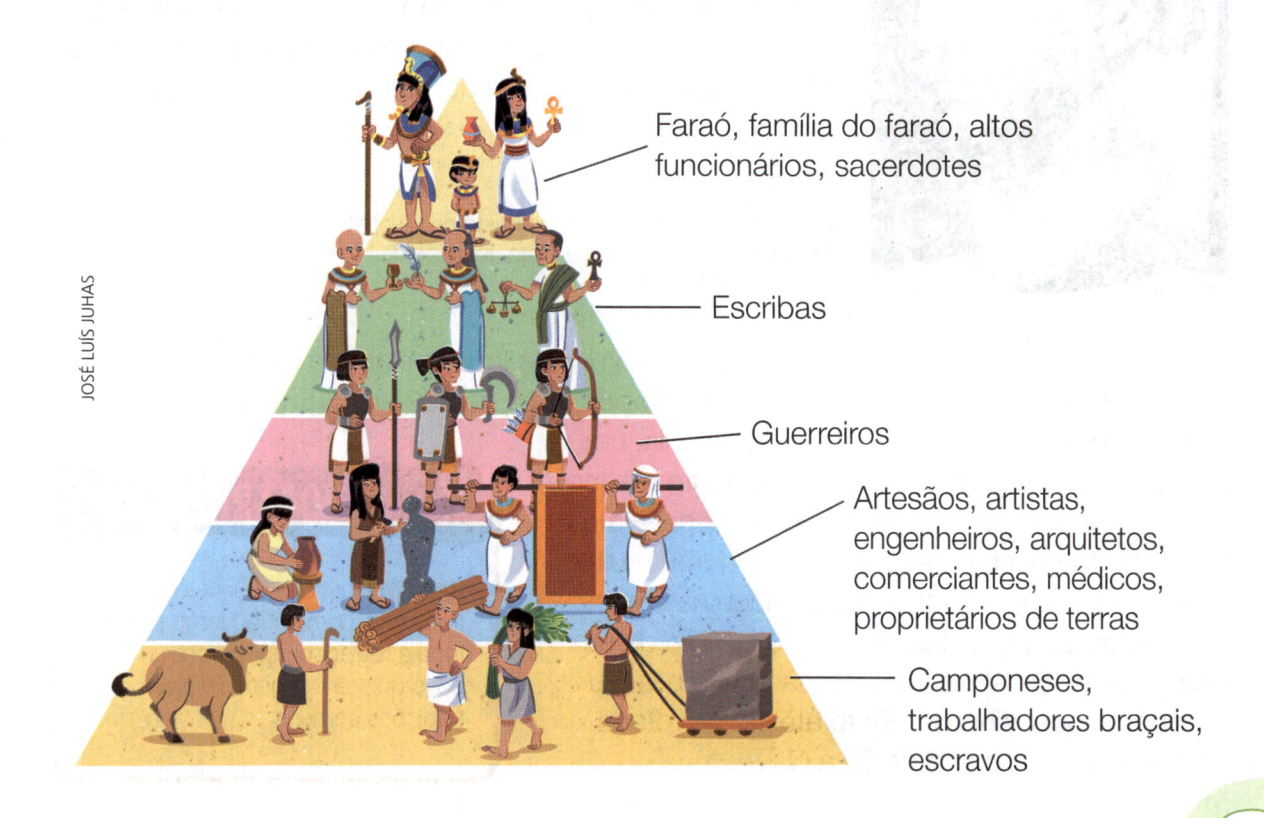

- Faraó, família do faraó, altos funcionários, sacerdotes
- Escribas
- Guerreiros
- Artesãos, artistas, engenheiros, arquitetos, comerciantes, médicos, proprietários de terras
- Camponeses, trabalhadores braçais, escravos

No topo, como camada mais poderosa e rica, estavam o faraó e a sua família, seguidos dos sacerdotes, dos altos funcionários do governo e dos escribas.

A camada intermediária era constituída de guerreiros, comerciantes, proprietários de terras, artesãos, artistas, engenheiros, arquitetos, médicos.

Na base, formada pela maioria da população, estavam os trabalhadores braçais e camponeses.

Havia poucos escravos, pessoas que haviam sido aprisionadas em guerras e eram mantidas como serviçais domésticos ou nas cidades.

Ao contrário do que se pensava, as pirâmides e as grandes obras não foram construídas por escravos, mas por artesãos, pedreiros e outros trabalhadores contratados, isto é, que recebiam um pagamento pelo serviço. Mas era um pagamento muito pequeno, que dava apenas para alimentação e moradias muito precárias nas proximidades das obras.

O Império Egípcio

A história do Egito Antigo é muito longa, abrangendo mais de 5 mil anos. Nesse período, muitas transformações ocorreram desde o aparecimento das primeiras cidades ao longo do Rio Nilo.

Um fato importante é que, pela primeira vez na História, constituiu-se ali um **Estado**.

Inicialmente, as capitais desse Estado foram as cidades de Tínis e Mênfis, mas posteriormente a sede de governo transferiu-se para Tebas.

Os faraós que se sucederam no poder foram, aos poucos, expandindo as fronteiras do império e chegaram a dominar regiões fora da África: no Oriente Próximo e na Mesopotâmia. Para isso, submeteram diversos povos ao governo egípcio.

Escultura romana representando busto de Cleópatra, feita entre 40 e 30 a.C. Museu de História Antiga de Berlim, Alemanha, 2018.

Em 525 a.C., o Egito foi conquistado pelos persas (que vinham da região em que hoje é o Irã) e permaneceu sob esse domínio por cerca de 200 anos. Em 332 a.C., toda a região foi anexada ao poder da Macedônia, um país ao norte da Grécia, cujo rei, Alexandre Magno, conquistou um enorme território que chegava até a Índia. Esse império de Alexandre não durou muito, acabou dividido, e a parte egípcia ficou nas mãos dos Ptolomeus, uma família que descendia de um dos generais de Alexandre. Nessa família nasceu Cleópatra, que reinou no Egito até ser derrotada pelos romanos, no ano de 30 a.C.

> **VOCABULÁRIO**
>
> **Estado:** território delimitado por fronteiras, com um governo para toda a região, ocupado por um povo que tem origem, língua e tradições comuns.

EU GOSTO DE APRENDER

Nesta lição, você estudou:
- As primeiras cidades e civilizações surgiram em volta de grandes rios, formando o chamado Crescente Fértil do norte da África até a Mesopotâmia, na Ásia.
- O Egito nasceu nas margens do Rio Nilo, a nordeste do continente africano. O rio fertiliza as margens na época das cheias, o que favorece a agricultura.
- A população egípcia vivia da agricultura, da pecuária, do artesanato e do comércio.
- Inicialmente as cidades egípcias, chamadas *nomos*, eram independentes; depois, a união em Alto Egito e Baixo Egito e, finalmente, formou-se um único Estado, o Egito.
- A capital do Egito na fase em que se tornou um grande império era Tebas.
- A religião egípcia era politeísta, isto é, tinha muitos deuses, representados com formas de animais ou meio humanos, meio animais.
- Os egípcios explicavam os fenômenos da natureza por meio da religião.
- O faraó, que tinha o máximo poder para governar, apresentava-se como um deus, filho do deus Sol, Ra.
- A sociedade egípcia era desigual, dividida em uma minoria rica e poderosa (faraó e sua família, sacerdotes, altos funcionários do governo e escribas) e uma maioria de trabalhadores braçais e camponeses. A camada intermediária era formada por artesãos, comerciantes, artistas, engenheiros, arquitetos etc. O número de escravos era pequeno, formado por prisioneiros de guerra.
- Os trabalhadores tinham de pagar impostos ao governo, e essa produção era guardada nos templos, administrados pelos sacerdotes, que por isso eram muito poderosos.
- A escrita egípcia, pelo sistema de hieróglifos, só foi decifrada no século XIX, por Champollion, que analisou a Pedra de Roseta.
- As pirâmides eram túmulos dos faraós e das pessoas mais ricas. Com o tempo, por causa dos saques, os faraós passaram a construir seus túmulos subterrâneos, no Vale dos Reis.
- A história do Egito Antigo durou cerca de 5 mil anos. O império terminou com a invasão de outros povos, como os persas, os macedônicos e os romanos.

ATIVIDADES

1 Quem era o governante máximo no Antigo Egito? Como ele se apresentava para a população?

___

2 Coloque **F** para falso e **V** para verdadeiro.

☐ A maioria da população egípcia trabalhava para o governo e pagava altos impostos.

☐ Os escribas eram os defensores do Egito, os soldados.

☐ Na sociedade egípcia, a camada dos escravos era pequena.

☐ As grandes obras, como pirâmides e templos, foram construídas por escravos.

3 Podemos afirmar que a sociedade egípcia era desigual? Por quê?

_____

_____

4 Por que os faraós mandaram construir pirâmides?

_____

_____

5 Que providência foi tomada mediante os saques constantes que as pirâmides sofreram?

_____

_____

6 Associe corretamente:

a) Rio Nilo   **d)** Ra   **g)** politeísmo   **j)** Tebas

b) Cleópatra   **e)** escriba   **h)** Estado

c) *Nomos*   **f)** teocracia   **i)** mumificação

☐ sistema de governo que se baseia na religião.

☐ fator que favoreceu o aparecimento das primeiras cidades egípcias.

☐ deus Sol dos egípcios.

☐ uma das capitais do Antigo Império Egípcio.

☐ pessoa que aprendia a ler e a escrever no Antigo Egito.

☐ religião que tem muitos deuses.

☐ tratamento que se dá ao cadáver para ele ressecar e ficar conservado.

☐ última rainha do Egito antes da conquista romana.

☐ território com fronteiras, um governo e uma população com língua e tradições comuns.

☐ nome que recebia a cidade independente no começo da história egípcia.

7 Faça uma pesquisa sobre o Egito atual e responda:

a) Qual é a capital?

_____

b) A população atual descende dos egípcios da Antiguidade? Explique.

_____

c) Qual é o nome de um museu egípcio no qual ficam guardados os vestígios da Antiguidade e da cidade em que se localiza?

_____

LEIA MAIS

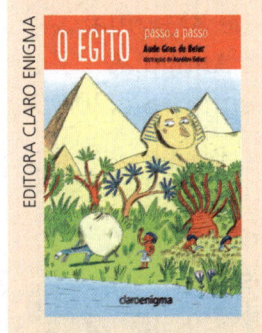

O Egito passo a passo

Aude Gros de Beler. Ilustrações: Aurélien Débat. Tradução: Julia da Rosa Simões. São Paulo: Claro Enigma, 2016. 80 p.

Um livro escrito por uma egiptóloga, com lindas e divertidas ilustrações, mostrando muitos fatos sobre o dia a dia da Terra dos Faraós.

EU GOSTO DE APRENDER MAIS

Um artigo que liga a história do Antigo Egito com a história do Brasil! Leia para ver como isso foi possível.

O mistério de Kherima

Já faz quase dois mil anos que Kherima viveu no Egito. Há pouco menos de 200, ela mora no Rio de Janeiro, mais precisamente no Museu Nacional. A múmia foi arrematada em um leilão pelo imperador Dom Pedro I, em 1827, e desde então é uma das peças mais importantes do Museu Nacional, na Quinta da Boa Vista.

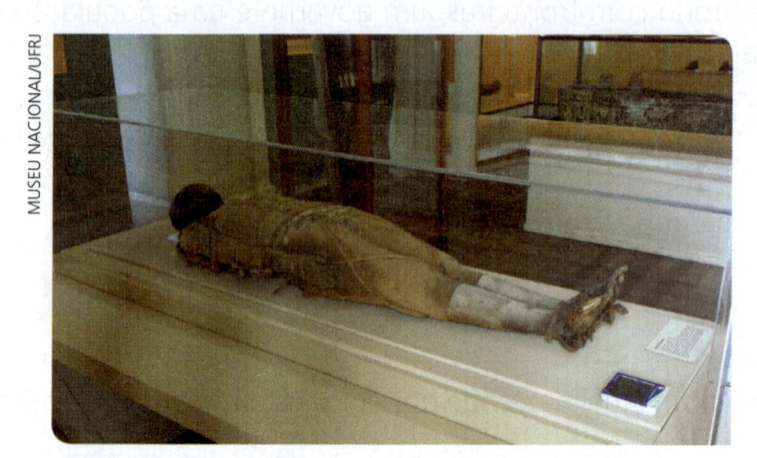

Kherima não era princesa, mas tinha origem nobre: era filha de um governador de Tebas, importante cidade do Egito Antigo. Viveu cerca de vinte anos, entre os séculos I e II. A causa da sua morte é um mistério. Múmia feminina do período romano, século I-III d.C. Museu Nacional, Rio de Janeiro, RJ, 2018.

Kherima é especial. Seu corpo está embalsamado de maneira a ressaltar a beleza feminina: os membros envolvidos separadamente, com enchimentos modelando barriga, quadril e peito – um cuidado que só foi observado em outras nove múmias no mundo, todas encontradas na mesma tumba e, provavelmente, pertencentes à mesma família.

[...]

Técnicas de tomografia permitiram verificar a origem nobre de Kherima: era filha de um governador de Tebas, importante cidade do Egito Antigo. A pesquisa confirmou também que ela era uma jovem, que viveu entre 18 e 20 anos durante o período romano no Egito [...]

Mais sobre o Egito

Além de Kherima, o Museu Nacional possui mais de 700 peças do Egito Antigo. Outras múmias estão em destaque, como Sha-amun-en-su.

Ao viajar para o Egito entre 1876 e 1877, Dom Pedro II, que herdou a paixão pelo Egito do pai, recebeu de presente um caixão. Segundo a história, a múmia que descansava ali dentro havia sido uma cantora-sacerdotisa e viveu há cerca de 2 800 anos. Sha-amun-en-su se tornou a peça favorita da coleção de Pedro II, permanecendo no gabinete do imperador, onde ficou intacta. Até hoje, o caixão é um dos únicos no mundo que nunca foi aberto.

Com as tecnologias disponíveis hoje, cientistas já conseguiram analisar o que existe dentro do caixão sem precisar violá-lo. Eles descobriram que Sha--amun-en-su tem uma proteção especial em sua garganta – uma tentativa de preservar sua voz na vida após a morte.

O mistério de Kherima. 18 fev. 2014. *Ciência Hoje das Crianças.*
Disponível em: http://chc.org.br/o-misterio-de-kherima/. Acesso em: 4 mar. 2022.

ATIVIDADES COMPLEMENTARES

1. Qual é a ligação da história do Egito Antigo com a história do Brasil mostrada pelo texto? Responda oralmente.

2. Pelo fato de a moça egípcia, Kherima, ter sido embalsamada, você pode concluir que:

    ☐ ela era de uma família de trabalhadores.

    ☐ ela era de uma família rica.

3. Qual é a outra múmia que existia no Museu Nacional? Como ela chegou ao Brasil?
_____
_____

4. Pesquise sobre o incêndio que ocorreu no Museu Nacional do Rio de Janeiro em 2018 e procure saber o que aconteceu com Kherima.
_____
_____

5. Que informação o texto fornece sobre D. Pedro II em relação ao Egito? Responda oralmente.

LIÇÃO 4 — MESOPOTÂMIA

Observe as fotografias.

Museu Nacional do Iraque, Bagdá, 2009. Cerca de 15 mil peças da coleção de artefatos da Antiguidade foram saqueadas durante a invasão de 2003 pelos norte-americanos. O museu, que reabriu em 2016, conseguiu recuperar, até agora, 8 500 peças.

Imagem da parte interna do Museu Nacional do Iraque. Sala com esculturas da Antiguidade encontradas na região. Foto de 2015.

1 Você sabe onde fica Bagdá? De qual país ela é capital?

_____

2 As fotografias mostram um museu de antiguidades. Que informação a primeira legenda dá sobre o acervo desse museu?

_____
_____

3 Que civilizações teriam existido nesse local, na Antiguidade?

_____
_____
_____
_____

A Mesopotâmia: terra de muitos povos

No Oriente Médio, onde hoje se localiza o Iraque, desenvolveu-se, por volta de 3500 a.C., a civilização mesopotâmica, contemporânea à civilização egípcia.

A denominação de "Mesopotâmia" para a região compreendida entre os rios Tigre e Eufrates foi dada pelos gregos antigos e significa "terra entre rios".

POVOS DA MESOPOTÂMIA NA ANTIGUIDADE (APROX. 3000 A.C.)

Fonte: IBGE. *Atlas geográfico escolar*. 4. ed., Rio de Janeiro, 2007.

REGIÃO DA ANTIGA MESOPOTÂMIA – ATUAL IRAQUE

Fonte: KINDER, Hermann; HILGEMANN, Werner; HERGT, Manfred. *Atlas histórico mundial*. Madri: Akal, 2007.

Planisfério com destaque para a região do atual Iraque, onde, por volta de 3500 a.C., desenvolveu-se a civilização mesopotâmica.

O território da Mesopotâmia é cortado, no sentido norte-sul, por um extenso vale no qual correm os rios Tigre e Eufrates, que nascem nas montanhas da Armênia e desembocam no Golfo Pérsico. A leste, ficam os Montes Zagros, que separam a Mesopotâmia do Irã, e a oeste encontra-se o Deserto da Arábia.

Essa situação geográfica desempenhou importante papel na história da Mesopotâmia.

Os rios Tigre e Eufrates sofrem períodos de cheias, em março, época em que o gelo das montanhas da Armênia começa a derreter. O aumento do volume das águas provoca inundações, principalmente no sul.

Quando as águas baixavam, muitas áreas se transformavam em pântanos. Os mesopotâmicos desenvolveram um complexo sistema hidráulico para dessecar os pântanos e armazenar água para o período das secas. Com essas medidas e a construção de diques e canais de irrigação, tornou-se possível o desenvolvimento da agricultura e do pastoreio.

A região da Mesopotâmia estava menos isolada do que o Egito. Consequentemente, diferentes povos atravessavam-na ou nela se instalavam como conquistadores. Por isso, nessa região, sucederam-se grandes impérios, e sua história é marcada por inúmeras guerras.

A primeira civilização a se instalar na Mesopotâmia foi a dos **sumérios**, por volta de 3000 a.C. A eles é atribuída a criação de um sistema de escrita, denominada **cuneiforme**, usado pelos outros povos que dominaram a região.

Em aproximadamente 2550 a.C., foi a vez dos **acádios**, povo vindo do deserto da Arábia que se estabeleceu no curso médio dos rios.

Por volta de 2000 a.C. os acádios foram dominados pelos **amoritas**, que fundaram um grande império, conhecido como o primeiro **Império Babilônico**.

Ao norte da Mesopotâmia viviam os **assírios**, um povo guerreiro que possuía um poderoso exército. Eles dominaram a região entre os anos de 1300 a.C. e 1200 a.C.

Por volta do ano 1100 a.C., os **caldeus** fizeram renascer o Império Babilônico e passaram a controlar a Mesopotâmia. Foi o segundo Império Babilônico.

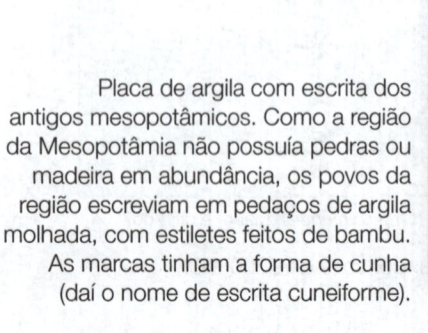

Placa de argila com escrita dos antigos mesopotâmicos. Como a região da Mesopotâmia não possuía pedras ou madeira em abundância, os povos da região escreviam em pedaços de argila molhada, com estiletes feitos de bambu. As marcas tinham a forma de cunha (daí o nome de escrita cuneiforme).

Como viviam os mesopotâmicos

Sumérios

Os povos que dominaram a Mesopotâmia conseguiram constituir grandes impérios, dominando povos vizinhos.

Os primeiros povoadores, os sumérios, estabeleceram-se ao sul da região (Baixa Mesopotâmia), onde havia pântanos e desertos, por volta do ano 3000 a.C. Organizaram-se em cidades-estados, ou seja, cidades que tinham autonomia política, econômica e religiosa. As principais foram Ur, Uruk, Lagash e Nippur, que eram governadas pelo patesi, representante do deus local, chefe religioso, militar e político.

Zigurate na cidade de Dur-Kuringalzu, atual Agar-Quf, no Iraque.

Em cada cidade havia um zigurate, uma construção em forma de pirâmide de degraus, que funcionava como centro político, administrativo e econômico. Nele eram depositadas as riquezas que a cidade acumulava. Em um zigurate havia armazéns, celeiros e oficinas, onde artesãos fabricavam pão, cerveja, tecidos, objetos de madeira, cerâmica e metal.

Também era o local onde viviam os arquitetos, responsáveis por planejar os canais de irrigação, os palácios e as residências. Viviam, ainda, os escravos, prisioneiros de guerra que eram obrigados a trabalhar para os conquistadores. No topo do zigurate havia um templo dedicado à principal divindade.

A base econômica das cidades era a agricultura. Para a irrigação da terra, eram construídos canais.

Os camponeses trabalhavam na terra e cuidavam dos diques e canais. Eram obrigados, como os camponeses egípcios, a entregar boa parte da produção para os administradores da cidade ou dos templos.

Babilônios

Os babilônios fixaram-se ao norte da Suméria e transformaram a Babilônia na capital de seu império. Para essa cidade, convergiam muitas rotas comerciais do Oriente Próximo.

Um dos mais importantes reis babilônicos foi Hamurábi (c. 1810 a.C. a 1750 a.C.), que impôs seu domínio sobre as demais cidades-estados da Mesopotâmia, originando o Império Babilônico. Desse modo, foi constituído um Estado, que, conforme estudado anteriormente, é um território delimitado por fronteiras, com um governo central, e abriga uma população com tradições, crenças e origem comuns.

Hamurábi governou de forma absoluta e elaborou o primeiro código de leis escritas que a História registra, com base na chamada pena de Talião: "Olho por olho, dente por dente". Por esse código, a penalidade deveria ser equivalente ao crime. Um ladrão, por exemplo, poderia ter as mãos cortadas. Entretanto, as pessoas que tinham posição social privilegiada recebiam tratamento diferenciado e não eram penalizadas com tanto rigor.

Com a morte de Hamurábi, seus sucessores enfrentaram diversas revoltas e invasões de outros povos e viram o império ruir. Os povos invasores só foram expulsos por volta de 1150 a.C. pelos assírios, que passaram a ter o controle da região.

Duas leis do Código de Hamurábi

53º. Se alguém é preguiçoso e não cuida do próprio dique, e em consequência se produz uma fenda no mesmo dique e os campos da aldeia são inundados d'água, aquele, em cujo dique se produziu a fenda, deverá pagar pelo trigo que ele fez perder.

54º. Se ele não pode pagar pelo prejuízo do trigo, deverá ser vendido por dinheiro juntamente com os seus bens, e os agricultores de quem o trigo foi destruído dividirão o dinheiro entre si.

Código de Hamurábi. *Portal Dhnet Direitos Humanos*. Disponível em: http://www.dhnet.org.br/direitos/anthist/hamurabi.htm. Acesso em: 5 mar. 2022. (Texto adaptado)

Assírios

Os assírios, dedicados principalmente à agricultura e ao pastoreio, viviam no norte da Mesopotâmia. Sua principal cidade era Assur, às margens do Rio Tigre.

Os reis assírios, a partir do século VIII a.C., começaram a expandir seu território, militarizando o Estado. Os exércitos assírios eram superiores aos dos demais povos – usavam armas de ferro, carros de guerra e cavalos –, e eram muito temidos.

Conquistaram várias regiões dentro e fora da Mesopotâmia, incluindo a Babilônia, a Síria, a Fenícia, o reino de Israel, o Egito e o Elam, formando um vasto império. A primeira capital foi Assur, e a segunda, Nínive.

No Império Assírio, havia uma brutal exploração dos povos vencidos, apoiada em uma política de terror. Esses povos tinham suas riquezas pilhadas pelos guerreiros assírios, sob ordem dos reis.

No reinado de Assurbanípal (c. 668 a.C. a 627 a.C.), foi construída a Biblioteca de Nínive, com mais de 22 mil tabletes de argila contendo grande parte da literatura mesopotâmica, conhecimentos de astronomia, arquitetura, engenharia, agricultura e muitos outros.

Constantes rebeliões dos povos dominados provocaram a decadência do Império Assírio. Em 612 a.C., os caldeus, provenientes do sul da Mesopotâmia, comandados por Nabopolassar, cercaram e destruíram Nínive.

Caldeus

Entre os anos de 616 a.C. e 539 a.C., a cidade da Babilônia voltou a se destacar na Mesopotâmia.

Com a derrota dos assírios, teve início o **Segundo Império Babilônico** ou **Novo Império Babilônico**, que compreendia toda a Mesopotâmia, a Síria, a Palestina e o Elam (um território que hoje faz parte do Irã). A Babilônia se tornou um importante centro comercial e cultural do Oriente Próximo.

O apogeu do Império Caldeu ocorreu durante o governo do rei Nabucodonosor (c. 632 a.C. a 562 a.C.). Nesse período, foram feitas inúmeras construções públicas, entre elas os **Jardins Suspensos**, considerados pelos gregos uma das maravilhas do mundo, pois se tratava de um gigantesco palácio sobre o qual se construíram florestas e canteiros, irrigados por um sistema hidráulico que levava baldes de água suspensos por roldanas. Também é dessa época um zigurate com 215 metros de altura. Os hebreus, ao descrever esse zigurate na Bíblia, chamaram-no de Torre de Babel.

A Torre de Babel, por Pieter Brueghel (1525-1569), século XVI. A primeira evidência do zigurate da Babilônia encontra-se em textos datados por volta de 700 a.C. O zigurate é descrito na Bíblia, 150 anos depois, como Torre de Babel.

Os caldeus, que também dominaram a Síria e o Reino de Judá, faziam os hebreus prisioneiros e os levavam como escravos para a Mesopotâmia. Esse episódio ficou conhecido como **Cativeiro da Babilônia**.

Após a morte de Nabucodonosor, lutas internas levaram ao enfraquecimento do império, que foi dominado por Ciro, rei da Pérsia, em 539 a.C.

ATIVIDADES

1 Parte do Crescente Fértil é um vale que fica entre dois grandes rios que nascem nas montanhas da Armênia.

a) Como era chamada essa região pelos gregos?

_____

b) Qual é o significado desse nome?

_____

c) Como se chamam esses rios?

_____

2 Marque com um **X** as afirmativas corretas:

☐ A Mesopotâmia, na Antiguidade, foi um território ocupado por diversos povos.

☐ Como é uma região muito seca, a base econômica da Mesopotâmia era comércio e criação de cabras.

☐ Por causa da grande disponibilidade de água, os povos mesopotâmicos desenvolveram tecnologias para construir diques e canais de irrigação.

☐ As cidades mesopotâmicas, no início, eram independentes, principalmente na época dos sumérios.

3 Associe o nome do povo com os fatos.

☐ Sumérios.   ☐ Caldeus.

☐ Babilônios.   ☐ Persas.

☐ Assírios.

a) Militaristas, temidos pelos outros povos, conquistaram toda a Mesopotâmia.

b) Primeiros habitantes, estabeleceram-se na região sul.

c) Povo que conquistou definitivamente a Mesopotâmia, ao submeter os caldeus, em 539 a.C.

d) Fundaram um grande império que chegou até a Síria e a Palestina.

e) Unificaram as cidades-estados sob um governo centralizado. O rei Hamurábi foi um de seus destaques.

4 Um grande destaque dos mesopotâmicos foi a arquitetura. Dê um exemplo de um tipo de construção que era feita tanto para servir de sede administrativa como de templo.

_____

5 Na Mesopotâmia houve grandes realizações no campo das leis, da arquitetura e, principalmente, da escrita. Registre:

a) Um código de leis: _____

b) Uma construção famosa considerada maravilha do mundo: _____

_____

c) O nome do sistema de escrita: _____

d) O nome dado pela Bíblia a um zigurate de 215 metros de altura: _____

_____

6 Entre os povos que viveram na Mesopotâmia, um deles se tornou o mais temido e chegou a formar um vasto império. Qual foi esse povo e por que ele tinha superioridade militar sobre os outros?

_____

_____

7 Circule os povos que viveram na Mesopotâmia na Antiguidade.

egípcios   babilônios   hebreus   assírios   fenícios

persas   sumérios   caldeus   chineses   gregos

8 Coloque os povos da Mesopotâmia que você circulou na atividade anterior em ordem cronológica, do mais antigo para o mais recente.

_____

_____

9 A Mesopotâmia, atualmente, é um importante país de cultura islâmica. Que país é esse e qual é sua capital?

_____

_____

Religião, artes e ciências

Os povos da Mesopotâmia eram politeístas e acreditavam que seu mundo era controlado por deuses e deusas, demônios e monstros. Eles cultuavam uma centena de deuses que seriam responsáveis por tudo no mundo, desde os rios e as árvores até a fabricação do pão e da cerâmica.

De acordo com essas crenças, cada cidade seria protegida por um deus ou deusa próprios e sua família. Grandes templos foram construídos no centro das cidades para que os sacerdotes os louvassem por meio de rituais especiais. Havia, também, pequenos templos espalhados por toda a cidade, onde as pessoas podiam fazer oferendas.

Acreditava-se que os demônios, com corpos humanos e cabeças de pássaros ou outros animais, foram criados pelos deuses e podiam ser tanto ruins como bons. Os sumérios acreditavam em deuses ligados ao universo e aos astros, como Anu (rei do céu), Enhol (rei da Terra), Ea (rei do oceano), Shamash (o Sol), Sin (a Lua) e Ishtar (o planeta Vênus).

Marduque, deus do comércio e protetor da cidade da Babilônia, quando do apogeu do Império Babilônico, foi elevado à condição de principal deus da Mesopotâmia. Enlil era o protetor da cidade de Nipur, onde reis de toda a Mesopotâmia iam prestar-lhe homenagens; era o deus responsável por guardar as "tábuas do destino", nas quais ele escrevia o destino de todos os seres da Terra.

Representação do deus Enlil, um dos mais importantes da Mesopotâmia. Esta imagem decorava uma parede na antiga Mesopotâmia, provavelmente de um templo.

Os assírios seguiram a mesma religião dos sumérios. Seus deuses eram identificados com as forças da natureza, como o Sol, a Lua, as estrelas e, também, as águas e as florestas, o trovão, os eclipses. Como os outros mesopotâmicos, os assírios foram grandes observadores do céu, contribuindo, com isso, no desenvolvimento de conhecimentos de astronomia.

Os caldeus acreditavam que a vida das pessoas era influenciada pelos astros. Por isso, os sacerdotes estudavam astrologia e elaboravam horóscopos. Essa atividade teve grande influência no desenvolvimento da astronomia, pois partia da observação dos astros e das estrelas, da posição no céu e dos fenômenos como dia e noite, ciclo da lua, do sol etc.

As artes e as ciências da Mesopotâmia foram fortemente influenciadas pela religião.

Painel representando a deusa Ishtar como uma figura feminina com asas. Essa deusa era conhecida como "Rainha da Noite".

A arte mais desenvolvida foi a arquitetura, que era grandiosa e luxuosa. Na escultura, destacaram-se os baixos-relevos assírios. Sua temática eram cenas de guerra, caça e atividades sagradas.

Baixo-relevo do palácio de Assurbanípal, em Nimrud (antiga Kalhu), norte do Iraque, de cerca de 883 a.C.-859 a.C. Retrata uma caçada a leões, esporte típico da realeza. De acordo com relatos escritos, Assurbanípal teria matado 450 leões ao longo de sua vida.

Nas ciências, os mesopotâmicos se destacaram na matemática e na astronomia. Dividiram o ano em 12 meses, a semana em 7 dias, a hora em 60 minutos e o minuto em 60 segundos. Previram eclipses, dividiram o círculo em 360 graus e descobriram muitos outros fenômenos.

EU GOSTO DE APRENDER

Nesta lição, você estudou os seguintes tópicos:
- Vários povos viveram e construíram grandes impérios na Mesopotâmia, região entre os rios Tigre e Eufrates, no Oriente Médio, onde, atualmente, é o Iraque, cuja capital é Bagdá.
- A denominação Mesopotâmia foi dada pelos gregos e significa "terra entre rios".
- Os primeiros a construir cidades na região foram os sumérios, que se fixaram no sul da Mesopotâmia. Em seguida vieram os babilônios, construindo o Primeiro Império Babilônico, e, após, os assírios, povo militarista que formou um vasto império.
- Os assírios foram derrotados pelos caldeus, que conquistaram toda a Mesopotâmia e fundaram o Segundo Império Babilônico.
- Os persas, vindos da região onde hoje é o Irã, conquistaram toda a Mesopotâmia e a anexaram ao Império Persa, em 539 a.C.
- Os mesopotâmicos dependeram das águas dos rios Tigre e Eufrates e, por isso, viveram basicamente da agricultura, construindo diques e canais de irrigação. Também desenvolveram o comércio e a pecuária.
- Os conhecimentos eram muito avançados principalmente no campo da engenharia, da arquitetura, da matemática e da astronomia.
- A religião era politeísta, com a crença em muitos deuses e deusas, assim como em demônios. Os deuses eram ligados a fenômenos do universo, aos astros e às estrelas.
- Como acreditavam na influência de astros e estrelas na vida das pessoas, esses povos desenvolveram estudos sobre horóscopos, e isso fez avançar o conhecimento em astronomia.
- Na arquitetura, construíram templos e palácios luxuosos, bem como zigurates, pirâmides que serviam de centros administrativos e de templos. Um zigurate famoso foi a Torre de Babel. Um palácio que chegou a ser considerado como uma das maravilhas do mundo antigo foi o dos Jardins Suspensos da Babilônia.

ATIVIDADES

1 Explique por que a crença em que astros e estrelas influenciavam a vida das pessoas favoreceu o desenvolvimento dos estudos em astronomia.

___

___

2 Marque com um **X** a resposta correta. A religião mesopotâmica era:

☐ politeísta, isto é, havia crença em muitos deuses.

☐ monoteísta, isto é, acreditavam em um único deus.

3 Onde os mesopotâmicos cultuavam seus deuses? O que eles construíam?

_____

4 As sociedades mesopotâmicas, de modo geral, eram divididas, isto é, as pessoas tinham níveis de vida muito desiguais. Associe as duas colunas sobre as classes sociais:

a) Governantes, com poderes absolutos.

b) Sacerdotes, administradores, família dos governantes.

c) Comerciantes, engenheiros, arquitetos, matemáticos, artesãos especializados.

d) Trabalhadores braçais e camponeses.

e) Escravos.

☐ Viviam em condições precárias, trabalhavam na agricultura e na pecuária e tinham de pagar altos impostos ao governo e aos templos.

☐ Nobreza, viviam com conforto e luxo, mas eram uma minoria.

☐ Reis, com poder de passar o governo por hereditariedade.

☐ Prisioneiros de guerra, obrigados a prestar serviço a seus conquistadores.

☐ Podiam enriquecer com o comércio ou com suas atividades especializadas, viviam com conforto, mas não eram nobres.

5 Complete: Os povos da Mesopotâmia desenvolveram muitos conhecimentos, principalmente nas áreas de _____,

_____ e _____.

6 Dê exemplos de conhecimentos dos mesopotâmicos na área da astronomia e da matemática.

_____

_____

7 No campo das leis, houve um rei babilônico, Hamurábi, que se destacou. O que ele fez?

_____

8 Explique como funcionava a lei de Talião.

_____

_____

9 Em quais campos das artes os mesopotâmicos mais se destacaram?

_____

10 Os sumérios desenvolveram pela primeira vez um sistema de registro de dados e informações. Explique como era esse registro e qual nome recebeu.

_____

LEIA MAIS

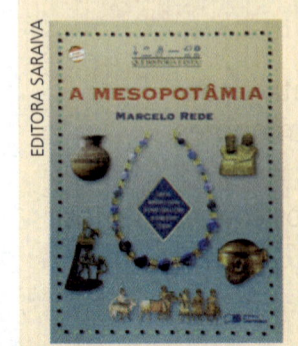

A Mesopotâmia

Marcelo Rede. São Paulo: Saraiva, 2014. 48 p. (Coleção Que História é Esta?)

Um fascinante relato sobre os primeiros povos da região banhada pelos rios Tigres e Eufrates, no Oriente Médio.

EU GOSTO DE APRENDER MAIS

A importância da água no passado e no presente

As civilizações que se desenvolveram na antiga Mesopotâmia estiveram intimamente ligadas à disponibilidade de água, oferecida em abundância pelos rios Tigre e Eufrates.

Assim como no Egito, onde as cidades se organizaram e cresceram às margens do Rio Nilo, na Mesopotâmia o desenvolvimento das cidades-estados contou com o avanço da engenharia e das técnicas de irrigação e construção de diques para o florescimento da agricultura. As sociedades ali existentes tinham consciência de como era importante cuidar de todo o sistema hídrico, pois dessa água dependia a vida das populações.

Shatt al-Arab, rio do Oriente Médio formado pela confluência dos rios Tigre e Eufrates, Iraque, 2018.

Atualmente, a água continua sendo tão importante quanto era no passado. Entretanto, uma série de problemas afeta a disponibilidade desse recurso, não só no Iraque e Oriente Médio como em todo planeta. A poluição dos rios, por falta de saneamento básico nas cidades e porque indústrias lançam dejetos na água, é um dos fatores negativos. As mudanças climáticas, agravadas pelo fenômeno chamado aquecimento global, provocam temperaturas mais elevadas, agravam as enchentes e causam devastação tanto em áreas agrícolas como em áreas urbanas. Ou, ainda, provocam secas prolongadas, afetando do mesmo modo a produção econômica.

O mesmo rio Shatt al-Arab, mostrado na foto anterior, está atualmente poluído, com sujeira se acumulando em suas águas antes límpidas e usadas em celebrações religiosas. Foto de 2013.

O Brasil é um país rico em rios e com abundância de recursos hídricos e, mesmo assim, sofre com os impactos tanto naturais como causados pelos seres humanos. A região apresenta épocas cada vez mais extensas de secas, que provocam queimadas em florestas e elevam ainda mais as temperaturas. Há problemas sérios de poluição de rios, com verdadeiras "mortes" de cursos d'água importantes, como o rio Tietê e o rio Pinheiros, ambos no estado de São Paulo. Rios que, de tão poluídos, não têm mais vida alguma e não permitem o desenvolvimento de peixes e plantas aquáticas.

A questão da água na atualidade tem levado muitas campanhas de conscientização às pessoas, para que lutem contra o desperdício, contra a poluição de rios e lagos e pela preservação dos recursos existentes.

Vista da reserva da represa Jaguari/Jacareí, no interior de São Paulo. A seca é uma decorrência de queimadas e de desflorestamento sem planejamento e sem consciência ambiental. Sistema Cantareira, Piracaia, SP, 2015.

ATIVIDADES COMPLEMENTARES

1 Assinale **F** para falso e **V** para verdadeiro nas seguintes frases:

☐ As antigas civilizações da Mesopotâmia dependiam dos rios, principalmente para praticar a agricultura.

☐ Os mesopotâmicos desenvolveram sistemas de irrigação e diques para fertilizar as terras e estocar água na época de secas.

☐ Atualmente, existe grande preocupação em não poluir os rios na Mesopotâmia, pois continuam sendo a base da vida naquela região.

☐ Os povos da Antiguidade poluíam rios e lagos, por isso entraram em decadência.

☐ No Brasil, todos os rios são muito bem cuidados e favorecem a pesca, a agricultura e o transporte.

2 A necessidade de construir diques e canais de irrigação levou ao desenvolvimento de muitos conhecimentos na antiga Mesopotâmia. Registre duas ciências que avançaram nesse campo.

_____

3 Que problemas existem na atualidade em relação à água do planeta?

_____
_____

4 Dê uma sugestão do que as pessoas poderiam fazer em relação aos cuidados com os recursos de água que existem no planeta.

_____
_____

5 Em sua cidade, existem rios? Escreva um parágrafo sobre os rios de sua cidade ou região comentando se eles são limpos ou poluídos e o que é preciso para conservá-los.

_____
_____
_____
_____
_____

LIÇÃO 5 — GRÉCIA ANTIGA

A terra dos Jogos Olímpicos

Você sabe o que são Jogos Olímpicos? Observe as fotografias relacionadas às Olimpíadas de 2016.

Levantamento de peso. Preparação para os Jogos Olímpicos 2016. Rio de Janeiro, RJ, 2016.

Rayssa Leal mostra a medalha de prata conquistada no *skate* nos Jogos Olímpicos de Tóquio 2021.

LOGO OLIMPÍADAS 2016 — RIO 2016

Logotipo oficial das Olimpíadas ou Jogos Olímpicos 2016. Essa competição foi a XXXI Olimpíada, evento multiesportivo ocorrido no segundo semestre de 2016, no Rio de Janeiro, RJ, no Brasil.

1 O que são Jogos Olímpicos ou Olimpíadas?

_____

_____

2 Onde se realizaram as Olimpíadas de 2016?

_____

_____

3 Você sabe quais são os esportes que fazem parte dos Jogos Olímpicos atualmente?

_____

4 Você sabe explicar a origem dessa competição?

_____

_____

Os gregos na Antiguidade: onde viveram

Os gregos viveram na extremidade sul da Península Balcânica, na Europa, e sua cultura se desenvolveu com a fusão das diversas populações que lá se estabeleceram nos últimos 4 mil anos. Essas populações desenvolveram características culturais comuns, como a língua, a religião, os costumes, as tradições, as práticas para sobrevivência e, por isso, podemos falar de um povo grego e de uma cultura grega.

A partir de 500 a.C., a cultura grega influenciou de tal forma o mundo mediterrâneo (ou seja, os povos que viviam ao redor do Mar Mediterrâneo) que acabou por constituir um dos mais sólidos fundamentos de toda a civilização ocidental, que é a civilização à qual pertencemos. Nossas heranças gregas estão presentes em muitos aspectos de nosso modo de ser, na nossa maneira de pensar, em formas de governo que usamos, como a democracia, e até nos esportes, como é o caso da realização dos Jogos Olímpicos.

GRÉCIA ANTIGA POR VOLTA DE 550 A.C.

Veja, no mapa, a Península Balcânica, na qual se localizavam as cidades-estados gregas.

Fonte: HAYWOOD, John. *Atlas histórico do mundo*. Colônia: Könemann, 2001, p. 43.

LOCALIZAÇÃO DA GRÉCIA ANTIGA NO MUNDO MEDITERRÂNEO

Fonte: ARRUDA, José Jobson de A. *Atlas histórico básico*. São Paulo: Ática, 2005.

Cercada a leste pelo Mar Egeu, a oeste pelo Mar Jônico e ao sul pelo Mar Mediterrâneo, a Grécia Antiga ocupava uma área com cerca de 77 000 km², na Península Balcânica, uma região do continente europeu.

Vila de Aristi, Épiro, Grécia, 2017. Aristi é uma vila acolhedora, com inúmeras paisagens bonitas. Tornou-se um local popular e turístico na Grécia.

Heraklion, ilha de Creta, Grécia, 2017.

 Por sua posição geográfica, a Grécia foi o elo entre a Europa e os povos do Oriente. Seu relevo montanhoso dificultava a comunicação interna, prejudicando a formação de um governo central e favorecendo o isolamento entre as comunidades gregas, que se estabeleceram nas planícies a partir da Pré-História. A ligação entre as cidades mais distantes, em geral, dava-se por via marítima, pois as costas recortadas e as ilhas numerosas e próximas umas das outras facilitavam a navegação.

A formação do povo grego

Aproximadamente no ano 2000 a.C., a Península Balcânica, até então habitada por grupos de pastores seminômades, começou a ser ocupada por povos indo-europeus, provenientes da Europa e da Ásia, entre eles, os aqueus, os eólios, os jônios e os dórios.

Os aqueus foram os primeiros a chegar. Concentraram-se em uma região a que chamaram Peloponeso e fundaram cidades, entre elas, Micenas. Em meados do século XV a.C., invadiram a Ilha de Creta, uma das maiores do mar Egeu, assimilando a cultura dos cretenses, surgindo, assim, a civilização creto-micênica. Expandiram-se pela Ásia Menor, invadiram e destruíram a cidade de Troia, ponto estratégico comercial entre os mares Egeu e Negro.

Ruínas do Palácio de Knossos, Creta, Grécia, 2017. O Palácio de Knossos é o maior sítio arqueológico de Creta. Foi o centro político da civilização que ali existiu.

Os eólios atingiram várias regiões; entre elas, a Tessália.

Os jônios se estabeleceram na Ática, onde mais tarde foi fundada a cidade de Atenas.

A invasão dos dórios iniciou-se por volta de 1200 a.C. Destruíram a civilização creto-micênica, provocando a dispersão de parte de sua população para o interior e para as ilhas do Mar Egeu, e para a costa da Ásia Menor.

Esse episódio é conhecido como a **Primeira Diáspora** (diáspora significa dispersão).

Como viviam as primeiras comunidades na Grécia

O estudo desse período começou a ser feito principalmente pela análise de dois poemas atribuídos a um poeta chamado Homero: a *Ilíada* (relatos sobre a expansão dos aqueus na Ásia Menor) e a *Odisseia* (narrativa sobre a volta dos heróis gregos da Guerra de Troia e a vida cotidiana). Por isso, alguns historiadores chamam essa fase, que vai de 1200 a.C. até 800 a.C., de tempos homéricos.

As comunidades viviam independentes umas das outras e eram organizadas em famílias coletivas, chamadas *genos*, que reuniam descendentes de um antepassado comum.

Cada *geno* era chefiado pelo membro mais velho, o *pater*, com autoridade militar, religiosa e política.

A economia era sustentada na agricultura e no pastoreio. A terra era propriedade coletiva. A produção destinava-se à subsistência da família. O comércio era pouco desenvolvido e feito com base nas trocas diretas. Não havia a desigualdade econômica ou social típica das sociedades que se estruturam sobre a propriedade privada da terra.

Por volta do século VIII a.C., iniciou-se o processo de desintegração das comunidades gentílicas. O crescimento populacional foi maior que o da produção, e começaram a faltar alimentos.

As terras para o cultivo também eram poucas para tantas pessoas.

O *pater* passou então a dividir as terras. Beneficiou seus parentes mais próximos, dando-lhes os melhores lotes, que foram transformados em propriedades privadas.

Passou a existir acentuada desigualdade social. Formou--se uma poderosa camada social, a aristocracia rural, que eram os proprietários de terras.

Alguns membros dos *genos* ficaram com terras menos férteis e outros passaram a se dedicar ao artesanato ou ao comércio. Mas a maioria da população dos *genos* ficou sem terra alguma e começou a abandonar o território. Dedicaram-se à navegação e foram explorar as costas do Mediterrâneo e do Mar Negro, onde fundaram colônias.

Réplica do Cavalo de Troia na cidade de Troy, região de Canakkale, na Turquia. A Guerra de Troia (560-550 a.C.) é um dos episódios narrados por Homero na *Ilíada*. Trata da derrota dos troianos pelos gregos de várias outras cidades, que usaram um cavalo gigantesco, oco, dentro do qual os soldados se esconderam, para invadir a cidade.

A expansão colonial

O século VIII a.C. foi marcado por intenso movimento de colonização, decorrente da necessidade de terras férteis por causa do aumento populacional ocorrido na época. Sem ter mais terras na Península Balcânica, os gregos iniciaram intensa navegação pelo Mar Mediterrâneo, fundando colônias em regiões como o sul da Europa, o norte do Mar Negro, as costas asiáticas e o norte da África. Essa emigração grega foi denominada **Segunda Diáspora**.

As colônias eram politicamente independentes, apesar de manterem vínculos com as cidades de origem. Consideravam-se pertencentes à comunidade helênica.

O colonialismo provocou uma expansão da agricultura, da pecuária e do artesanato, tanto nas colônias como na própria Grécia. Houve desenvolvimento comercial, como resultado da abertura de novas rotas. A Grécia importava alimentos e matérias-primas e exportava produtos elaborados (vinho, azeite, cerâmica etc.).

VOCABULÁRIO

helênico: relativo a Hélade, nome pelo qual a Grécia Antiga era conhecida.

A COLONIZAÇÃO GREGA (A PARTIR DO SÉCULO VIII A.C.)

Fonte: ARRUDA, José Jobson de A. *Atlas histórico básico*. São Paulo: Ática, 2005. p. 8.

As principais colônias gregas foram:
- no Mar Negro, Bizâncio (hoje Istambul);
- na Península Itálica (Magna Grécia), Tarento, Crotona, Siracusa;
- na Ásia Menor, Fócia, Esmirna, Éfeso e Mileto;
- na Gália, Massília (Marselha de hoje).

Formação das cidades-estados ou pólis

O período da história grega que se estendeu do século VIII a.C. até o século V a.C. caracteriza-se por transformações políticas e sociais e pela consolidação das cidades-estados.

Houve o enriquecimento da aristocracia e a desigualdade social acentuou-se. A sociedade grega foi se tornando escravista. Os escravos eram conseguidos principalmente nas guerras, além de existir o escravismo por dívidas.

As tensões sociais e as crises levaram alguns *genos* a se unirem, formando uma **fratria**. Certo número de fratrias reunidas formava uma **tribo**. Aos poucos, as tribos de dada região passaram a se agrupar, formando a **pólis**, a cidade-estado grega. As cidades gregas eram completamente independentes umas das outras, cada uma tendo o próprio governo, por isso nós as chamamos cidades-estados.

Ruínas da Acrópole de Atenas, construída em 450 a.C., é a mais conhecida e famosa do mundo. Foto de 2011.

Em geral, a pólis surgia em torno da acrópole, um conjunto de edificações em um terreno elevado, para facilitar a defesa. Inicialmente, possuía economia autossuficiente, e a forma de governo adotada era a monarquia.

Cada cidade-estado era governada por um rei, o **basileus**, assessorado por um conselho formado por representantes da aristocracia. Havia também uma assembleia popular composta pelos cidadãos, aqueles que tinham direitos políticos. A Grécia teve inúmeras cidades-estados importantes, entre as quais se destacaram Esparta e Atenas.

ATIVIDADES

1 Marque com um **X** onde a Grécia se localiza:

☐ na Península Itálica.

☐ na Península Ibérica.

☐ na Península Arábica.

☐ na Península Balcânica.

2 Por que dizemos que existiu um povo grego e uma cultura grega, se nunca houve um governo central na Grécia Antiga?

_____
_____
_____

3 Quais eram as atividades econômicas das primeiras comunidades gregas?

_____

4 O relevo da Grécia influenciou as comunicações entre as cidades gregas? Explique.

_____
_____
_____

5 Associe corretamente:

a) *genos*
b) fratria
c) tribo
d) pólis

☐ cidade-estado grega, apresentava-se no local mais elevado uma acrópole.

☐ núcleo inicial de povoamento, formado por uma família.

☐ união de diversas famílias, para mais bem enfrentar guerras e perigos.

☐ união que, em seguida, deu origem às cidades gregas.

6 Explique o significado de cidade-estado.

_____

7 Com a divisão das terras da comunidade pelo *pater*, surgiram classes sociais distintas. Como apareceu a classe dos proprietários rurais, que se tornou a mais rica e mais influente?

_____

8 Marque com um **X** a resposta correta:

As pessoas que ficaram sem terra alguma nas comunidades gregas, quando o *pater* dividiu o território:

☐ tornaram-se escravas.

☐ abandonaram a região e procuraram fundar colônias em outros lugares, ao longo do Mar Mediterrâneo e do Mar Negro.

☐ revoltaram-se e iniciaram longos períodos de guerras.

☐ abandonaram a região e foram se esconder no interior montanhoso.

9 Complete:

a) A primeira forma de governo nas cidades-estados gregas foi a _____,

   e o rei tinha o título de _____ .

b) As duas cidades-estados gregas de destaque foram: _____ e

   _____ .

Esparta: a cidade dos guerreiros

Esparta, localizada na Lacônia, na Península do Peloponeso, foi fundada pelos dórios, que conseguiram dominar os aqueus e se apossaram de suas terras. Cercada por montanhas, não tinha saída para o mar. Assim, a cidade-estado não desenvolveu o comércio e a navegação.

Ruínas do teatro na antiga Esparta, Esparti, 2015.

Segundo a tradição, a legislação que regia a vida de Esparta fora criada por Licurgo, personagem lendário que teria vivido na cidade no início de seus tempos.

A sociedade espartana estava organizada em três camadas sociais:
- **esparciatas** – essencialmente guerreiros, eram descendentes dos dórios, povo que conquistou a região. Eram a camada dominante, detentora das terras férteis, que possuía direitos políticos;
- **periecos** – os povos dominados que não resistiram aos invasores. Eram homens livres, mas sem direitos políticos. Atuavam como pequenos camponeses, artesãos e pequenos comerciantes. Durante as guerras, eram convocados para o serviço militar;
- **hilotas** – os que resistiram às conquistas e foram aprisionados. Compunham a maior parte da população. Eram servos do governo e trabalhavam nas terras dos esparciatas.

Como era o governo espartano

Politicamente, Esparta era organizada para manter os privilégios da camada dominante. Os principais órgãos políticos eram:
- **Diarquia** – formada por dois reis, com autoridade religiosa e militar;
- **Gerúsia** – também conhecida como Conselho dos Anciãos, era composta por 28 esparciatas com mais de 60 anos. Fiscalizavam a administração e decidiam sobre a maior parte dos assuntos do governo;
- **Ápela** – era a Assembleia Popular, formada pelos cidadãos com mais de 30 anos. Sua principal função era eleger os éforos;

- **Eforado** – composto por cinco éforos, com mandato de um ano. Eram os verdadeiros administradores da cidade. Fiscalizavam os reis, controlavam o sistema educacional e distribuíam a propriedade entre os esparciatas.

A educação espartana

Os cidadãos de Esparta recebiam uma rígida educação militar para atender aos interesses do Estado. As crianças que nasciam com defeitos físicos eram sacrificadas. A partir dos 7 anos de idade, as crianças do sexo masculino eram entregues ao governo para sua educação. Iam morar em alojamentos comuns, separadas por idade. Em relação à leitura e à escrita, só aprendiam o suficiente para as necessidades do dia a dia. Eram instruídas a serem obedientes, resistentes à fadiga e a vencer nos combates. Praticavam corrida, salto, luta, manejo de armas etc. Aos 17 anos, treinavam para a guerra matando os hilotas. Aos 30 anos, tinham autorização para casar, mas continuavam vivendo nos acampamentos até os 60 anos, quando ocorria sua liberação.

As mulheres espartanas praticavam exercícios físicos e deviam conceber filhos sadios para a cidade. Tinham maior independência do que as mulheres de outras cidades.

Guerreiro lutando contra um arqueiro persa, 480 a.C. A educação espartana era voltada para a formação militar.

Atenas: o berço da democracia

A cidade de Atenas, localizada na Ática, nas proximidades do Mar Egeu, formou-se com a aglutinação de tribos jônicas. No século VIII a.C., era um núcleo rural, mas começava a desenvolver o artesanato e o comércio. Em pouco tempo, essas duas atividades ganharam importância na economia da cidade.

A sociedade ateniense era formada pelas seguintes camadas:
- **eupátridas** – os "bem-nascidos", camada aristocrática que detinha os privilégios, constituída pelos grandes proprietários de terras;
- **georghois** – pequenos proprietários de terras em regiões pouco férteis;
- **thetas** – trabalhadores que recebiam pagamento e não possuíam terras;
- **demiurgos** – artesãos e comerciantes concentrados no litoral.

Os estrangeiros que moravam em Atenas, geralmente dedicando-se às atividades comerciais e ao artesanato, formavam a camada dos **metecos**. Não possuíam direitos políticos nem podiam comprar terras.

Atenas possuía um número significativo de escravos. Eram prisioneiros de guerra ou pessoas condenadas por dívidas.

As transformações sociais e políticas em Atenas

A monarquia foi a primeira forma de governo de Atenas. O poder era exercido por um rei, intitulado basileus. Gradativamente, os eupátridas passaram a limitar o poder do rei, instituindo o **arcontado**, um regime em que o governo ficava nas mãos de nove **arcontes** eleitos pelo Conselho dos eupátridas.

O movimento de colonização favoreceu o desenvolvimento do artesanato e do comércio e transformou Atenas em um importante centro comercial. Os artesãos e comerciantes enriqueceram e passaram a reivindicar participação política.

O confronto entre os grupos sociais levou a uma prolongada crise política, em que muitas formas de governo se sucederam, até que, em 509 a.C., Clístenes, um aristocrata, realizou reformas que deram origem à democracia ateniense. O direito de cidadania foi ampliado. Passaram a ser considerados cidadãos os filhos de pai ateniense. Clístenes criou a **lei do ostracismo**, que era a condenação ao exílio de Atenas, por dez anos, às pessoas consideradas perigosas pelo governo democrático ateniense.

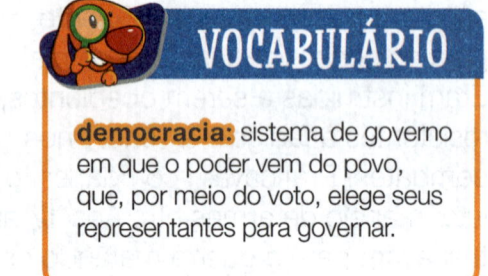

VOCABULÁRIO

democracia: sistema de governo em que o poder vem do povo, que, por meio do voto, elege seus representantes para governar.

A democracia ateniense atingiu o apogeu no século V a.C., com **Péricles**, que governou por 14 anos e promoveu Atenas tanto política como culturalmente.

O governo democrático de Atenas era constituído da seguinte forma:
- **Bulé** – assembleia formada pelos cidadãos, encarregada da elaboração das leis;
- **Eclésia** – votava as leis e escolhia os **estrategos**, encarregados de executar as leis;
- **Hileia** – tribunais de justiça.

É importante lembrar que os cidadãos de Atenas representavam a minoria da sociedade; não podiam participar da vida política as mulheres, os estrangeiros (que eram em grande número), os jovens e os escravos. Ao mesmo tempo em que se aperfeiçoavam as instituições democráticas, consolidava-se o escravismo.

Aspectos culturais da Grécia Antiga

As cidades-estados gregas enfrentaram muitas guerras, entre elas mesmas e contra impérios da Ásia e da Europa que invadiram a Península Balcânica, como os persas e os macedônicos (que vinham da Macedônia, região ao norte da península). Estes últimos, liderados por um rei chamado Felipe II e, após sua morte, por seu filho, Alexandre Magno, conquistaram definitivamente as cidades-estados e as incorporaram a seus domínios, no século IV a.C.

Entretanto, a cultura grega não desapareceu. Ao contrário, foi adotada pelos povos que conquistaram a Península Balcânica e transmitida por gerações, até se incorporar à cultura ocidental.

Algumas características da cultura grega foram:
- **Religião** – A religião grega era politeísta e antropomórfica. Os deuses eram considerados semelhantes aos homens, possuindo sentimentos bons e maus, com a única diferença de serem imortais. Segundo a crença, eles viviam no Monte Olimpo. Os principais deuses eram:
  - Zeus – deus do céu e senhor do Olimpo.
  - Héstia – deusa do lar.
  - Hades – deus do mundo subterrâneo (inferno).
  - Deméter – deusa da agricultura.
  - Hera – deusa do casamento.
  - Poseidon – deus dos mares.
  - Ares – deus da guerra.
  - Atena – deusa da inteligência e da sabedoria.
  - Afrodite – deusa do amor e da beleza.
  - Dionísio – deus do vinho, do prazer e da aventura.
  - Apolo – deus do Sol, das artes e da razão.
  - Artemis – deusa da Lua, da caça e da fecundidade animal.
  - Hefestos – deus do fogo.
  - Hermes – deus do comércio e das comunicações.
  - Asclépio – deus da Medicina.
  - Eros – deus do amor.

Os gregos também acreditavam na existência de semideuses e heróis, que seriam seres mortais, mas capazes de praticar ações próprias dos deuses, como é o caso de **Teseu**, herói ateniense que matou o Minotauro, monstro metade homem, metade touro, que vivia no palácio do rei Minos, na Ilha de Creta.

- **As artes** – A arte grega valorizava a figura humana e era voltada para os deuses, cujas representações eram feitas em gigantescas estátuas.
  - Na arquitetura, os gregos desenvolveram o estilo de construções apoiadas em colunas. Fizeram templos grandiosos, com estátuas que, naquela época, poderiam ter sido pintadas de azul ou vermelho para criar impacto.

MUSEU DO LOUVRE, PARIS, FRANÇA, S.D.

Busto de Zeus, conhecido como *Júpiter de Versalhes*. Encontrado em 1525, próximo do Portal do Povo, em Roma. Feito em mármore, no século II d.C. De acordo com as crenças gregas, o poderoso Zeus foi o rei de todos os deuses gregos e o administrador da justiça divina. Chefe dos céus (seus irmãos Poseidon e Hades mandavam no mar e no mundo dos mortos, respectivamente). Ele carregava um raio para demonstrar seu poder e associação com o tempo. Zeus viveu sempre nas montanhas do Monte Olimpo, de onde ele observava – e com frequência participava – da vida dos homens que viviam abaixo. Teve muito filhos, com sua esposa, a deusa Hera, e com muitas mulheres mortais.

- Na pintura, são famosos os vasos de cerâmica, harmoniosamente decorados, usados para o transporte e o armazenamento de líquidos e mantimentos, entre outros. Os gregos nunca faziam vasos com propósitos simplesmente decorativos. Era uma arte utilitária.
- No campo da literatura, o modelo criado pelos gregos perdura até os dias de hoje. Na poesia destacou-se Homero, com suas obras *Ilíada* e *Odisseia*. A poesia era cantada com o acompanhamento de instrumentos musicais. Destacaram-se a poetisa Safo e o poeta Píndaro.
- O teatro grego tinha a função não só de divertir, mas também de instruir. Grandes autores foram Ésquilo, que escreveu *Prometeu acorrentado*, e Sófocles, autor de *Édipo Rei* e *Antígona*, entre outras obras. Na comédia, pode-se citar Aristófanes, que escreveu inúmeras peças, entre as quais *As nuvens* e *As rãs*, criticando os políticos e a sociedade.

O Partenon, na Acrópole de Atenas, construído entre 480 a.C. e 323 a.C., representa todo o refinamento e estilo da arquitetura de Atenas nesse período. Templo da deusa Atena, foi posteriormente transformado em igreja e mesquita (templo muçulmano). Foto de 2005.

Ânfora de vinho, de 540 a.C.-530 a.C. Atenas, Grécia.

- **A filosofia e as ciências** – No campo das ideias, os gregos foram muito importantes por desenvolverem sistemas de pensamento que levaram a inúmeras descobertas científicas. Por meio do raciocínio, eles descobriram a existência de muitos fenômenos naturais.

  A palavra "filosofia" significa "amor à sabedoria". Os gregos buscavam explicar racionalmente o Universo, a vida e o homem. Mileto, colônia grega da Ásia Menor, reuniu vários filósofos que deram explicações sobre a origem do Universo. Destacaram-se Tales, Anaxímenes e Anaximandro.

  Outro importante filósofo grego foi Pitágoras, que concebia o mundo governado pelos números, aos quais atribuía qualidades mágicas.

  No final do século V a.C. surgiu a Escola Socrática, fundamentada no pensamento de Sócrates. Esse filósofo não deixou nada escrito. O que sabemos sobre seu pensamento se deve ao que seus discípulos escreveram, principalmente Platão.

  A filosofia socrática tinha como base a moral. Entre os seus preceitos filosóficos, podemos citar: "Conhece-te a ti mesmo" e "Só sei que nada sei".

Sócrates dialogava com as pessoas, mostrando a elas as contradições de seus conceitos, forçando-as a admitir a sua ignorância. Por causa das suas críticas à política ateniense, Sócrates foi condenado à morte.

Nas ciências, os gregos contribuíram para o desenvolvimento da Matemática com Tales e Pitágoras; na Medicina, com Hipócrates de Cós, que descobriu que as doenças têm causas naturais; na História, com Tucídides e Xenofonte, que registraram fatos da vida dos gregos.

- **Os esportes** – As Olimpíadas ou Jogos Olímpicos. A cada quatro anos, gregos de diferentes cidades chegavam à cidade de Olímpia para a celebração dos jogos, dos quais somente gregos livres podiam participar. Eram vetados a mulheres, escravos e estrangeiros, por não serem considerados cidadãos, isto é, por não terem direitos políticos.

Como eram frequentes os conflitos entre as cidades gregas, dez meses antes do início dos jogos, mensageiros de Olímpia percorriam a Grécia, anunciando a trégua sagrada. Os Jogos Olímpicos representavam a manifestação do orgulho de ser grego. Olímpia era considerada um espaço sagrado onde havia templos, edifícios para os atletas e poucas casas. Segundo a tradição religiosa dos gregos, foi Zeus quem celebrou a primeira corrida de carros; dessa forma, os jogos eram realizados periodicamente em sua homenagem.

O estádio onde se celebravam os Jogos Olímpicos comportava aproximadamente 45 mil pessoas. Os Jogos Olímpicos tinham a duração de sete dias. No primeiro dia, havia as oferendas aos deuses e o desfile de atletas. Do segundo ao quarto dia, realizavam-se as provas de corrida e luta, das quais os atletas participavam nus. No quinto dia, havia o pentatlo, prova de cinco exercícios. No sexto, a corrida de carros.

No último dia dos jogos, os vencedores das provas eram aclamados, coroados com ramos de oliveira e, em uma procissão solene, dirigiam-se ao Templo de Zeus.

Ânfora com pintura representando a competição de corrida, 530 a.C., Atenas, Grécia. Atribuída ao pintor grego Eufileto.

Um dos monumentos mais grandiosos de Olímpia, cujas ruínas ainda hoje podem ser vistas, foi o templo de Zeus, que teria abrigado uma estátua feita pelo famoso escultor ateniense Fídias. Foto de 2006.

EU GOSTO DE APRENDER

Nesta lição, você estudou:
- A Grécia Antiga localizava-se na Península do Peloponeso, na Europa. A região tem interior montanhoso e litoral muito recortado, características que influenciaram na comunicação entre as cidades, tornando-a mais difícil e, ao mesmo tempo, levando à navegação. A dificuldade de comunicação também favoreceu o aparecimento de cidades-estados, ou seja, independentes.
- O povo grego foi formado por muitos povoadores que vieram da Ásia e do norte da Europa e fixaram-se na região a partir de 2000 a.C. Os principais foram os aqueus, os eólicos, os jônicos e os dóricos.
- Podemos falar de povo grego porque tinham a mesma língua, as mesmas crenças, cultura e tradições, mas os gregos nunca tiveram um governo central para toda a Grécia.
- As comunidades independentes, chamadas *genos*, viviam da agricultura e do pastoreio. Eram formadas por uma família chefiada pelo membro mais velho, chamado *pater*.
- Com o tempo, os *genos* uniram-se em fratrias, para mais bem se defenderem. Várias fratrias uniram-se em tribos e, finalmente, as tribos deram origem às cidades-estados.
- As cidades-estados eram independentes, cada qual com o próprio governo.
- As terras, inicialmente, eram coletivas, mas foram divididas pelo *pater*, que favoreceu os parentes próximos. Assim surgiram classes sociais distintas: ricos proprietários de terra e os que não tinham terras e passaram a viver do comércio ou do artesanato. Muitos saíram das cidades gregas, tornaram-se navegadores e fundaram colônias ao longo do Mar Mediterrâneo e do Mar Negro.
- Com a colonização grega do Mediterrâneo, a cultura e a língua foram levadas para todo o Ocidente, integrando-se à cultura de outros povos.
- Na Grécia, duas cidades-estados de destaque foram Esparta e Atenas.
- Esparta, na região do Peloponeso, era uma cidade militarizada, e todas as suas atividades eram voltadas para a guerra. Assim, a educação tinha o objetivo de formar guerreiros. Os meninos ficavam em alojamentos desde pequenos, treinando para se tornar militares. As mulheres tinham uma educação voltada para o físico, para se tornarem fortes e saudáveis e assim terem filhos sadios.
- O governo espartano ficava nas mãos dos proprietários de terras, considerados os únicos cidadãos (esparciatas). Os periecos eram os que não tinham resistido à conquista de seu território. Não tinham nenhum

direito político e viviam do comércio e do artesanato. Havia ainda uma classe de escravos, que fazia todos os trabalhos: os hilotas. Eram pessoas que foram aprisionadas nas guerras.

- Atenas, na região da Ática, floresceu com o comércio e a navegação. Nessa cidade-estado nasceu a democracia ateniense, fundada pelas leis de Clístenes. Nesta democracia, as pessoas consideradas cidadãs votavam para eleger governantes e aprovar as leis. Clístenes também criou a Lei do Ostracismo, pela qual as pessoas indesejadas na cidade eram expulsas se a maioria dos cidadãos assim o aprovasse. Entretanto, a democracia ateniense era limitada aos homens nascidos na cidade. Não participavam os estrangeiros, as mulheres e os escravos.
- A cultura grega foi uma das mais ricas da Antiguidade e serviu de base para a nossa cultura ocidental.
- A religião grega era politeísta, com deuses representados com as paixões, os defeitos e as qualidades dos seres humanos. O principal deles era Zeus.
- O destaque nas artes gregas foi a arquitetura, com o uso de colunas em grandes templos e edifícios públicos. A Grécia também se destacou na escultura, com estátuas gigantescas, que procuravam valorizar a beleza do corpo humano. Na pintura, criaram cenas em ânforas, taças, potes e também murais.
- O teatro foi muito apreciado, com autores que criaram comédias e outras peças, como Aristófanes, Ésquilo, Sófocles. Na poesia, costumavam declamar versos acompanhados por música, e o poeta Homero foi importante nos primeiros tempos, com a *Ilíada* e a *Odisseia*.
- Na filosofia e nas ciências, os gregos ampliaram os conhecimentos científicos ao descobrir muitos fenômenos físicos por meio do raciocínio. Houve grande destaque na Matemática, na Geometria e na Medicina. Filósofos como Sócrates e Platão até hoje são estudados na nossa cultura.
- Nos esportes, os gregos criaram os Jogos Olímpicos, torneios com várias modalidades realizados em homenagem ao deus Zeus, na cidade de Olímpia, de quatro em quatro anos. Os atletas gregos eram os melhores de sua época. As Olimpíadas da atualidade são uma herança grega.

ATIVIDADES

1 Quais foram os povos que deram origem aos gregos?

_____

2 Como as características geográficas da Grécia influenciaram nas características das cidades? Marque com um **X** a resposta correta:

☐ o interior formado por planícies favoreceu as comunicações e a centralização política.

☐ o litoral recortado incentivou a navegação e o contato marítimo entre as cidades.

☐ o interior montanhoso favoreceu o aparecimento de um único governo para toda a Grécia.

☐ o litoral muito recortado impediu a navegação e incentivou a agricultura no interior.

3 Complete:

a) Cidade-estado em que nasceu a democracia: _____

b) Cidade-estado militarizada e com atividades voltadas para a guerra:

_____

c) Cidade-estado em que só os homens nascidos nela eram cidadãos:

_____

d) Cidade-estado em que foi criada a Lei do Ostracismo: _____

e) Cidade-estado em que os guerreiros matavam os escravos para treinar

combates: _____

f) Cidade-estado em que as mulheres praticavam atividades físicas para

manter a saúde e ter filhos saudáveis: _____

g) Cidade-estado em que, apesar de haver participação política de cidadãos,

havia grande número de escravos: _____

4 Por que dizemos que nossa cultura sofre grande influência da cultura grega?

_____

_____

5 Registre o nome de três deuses gregos.

_____

6 Complete: Das contribuições dos gregos para a nossa cultura, destacam-se, nos esportes, os _____, que se realizavam de _____ em _____ anos, na cidade de _____, em homenagem ao deus _____.

7 Outra contribuição grega para a nossa cultura foi na política, com a criação de um sistema de governo chamado democracia. Explique o que se entende por democracia.

_____.

8 A democracia grega era para todas as pessoas de uma cidade? Explique.

_____.

9 Faça uma pesquisa e registre quatro palavras da Língua Portuguesa que são originárias do grego.

_____

_____

LEIA MAIS

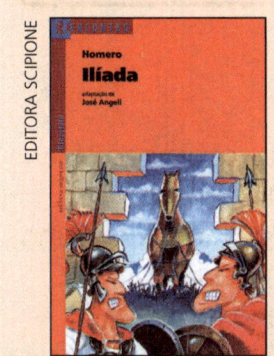

Ilíada

Homero. Ilustrações: Ivan Zigg. Adaptação: José Angeli. São Paulo: Scipione, 2002. 96 p.

É a história narrada pelo poeta Homero, da Grécia Antiga, contando como o rapto da bela rainha Helena, pelo mortal Páris, que a leva para Troia, desencadeia a famosa guerra entre gregos e troianos.

EU GOSTO DE APRENDER MAIS

Olimpíadas diferentes

Sabia que existem outros tipos de Olimpíadas na atualidade? Também envolvem várias modalidades esportivas, mas são destinadas a parcelas específicas da população: os povos indígenas e as pessoas com deficiência. São os Jogos dos Povos Indígenas e as Paralimpíadas.

Jogos dos Povos Indígenas

Realizados no Brasil, os Jogos dos Povos Indígenas têm a participação do maior número possível de etnias indígenas. Foram criados em 1996, com o objetivo de unir as tribos de diferentes povos indígenas em um evento no qual pudessem trocar experiências, conhecimentos, além de competir e se divertir.

A primeira edição ocorreu em Goiânia, com a participação de mais de 400 atletas de 25 etnias.

As modalidades esportivas são as próprias das culturas indígenas, destacando-se: arco e flecha, cabo de guerra, canoagem, atletismo (100 metros), corrida com tora, *xikunahity* (os Paresi pronunciam *zikunariti*. É um futebol de cabeça), futebol, arremesso de lança, luta corporal, natação, zarabatana, **rônkrâ**.

Indígenas na prova de corrida de 100 metros dos Jogos Mundiais dos Povos Indígenas, Palmas, TO, 2015.

VOCABULÁRIO

rônkrâ: jogo coletivo tradicional praticado pelo povo Kayapó do estado do Pará. Duas equipes de dez ou mais atletas usam uma espécie de burduna (bastão), cujo objetivo é rebater uma pequena bola (coco), que, ao ultrapassar a linha de fundo de seu oponente, marca um ponto.

Paralimpíadas

Jogos Paralímpicos ou Paralimpíadas são as competições das quais participam apenas pessoas com deficiência. Atualmente, os **paratletas** participam de 28 modalidades esportivas, como atletismo, **biatlo**, natação, judô, futebol, ciclismo, tênis em cadeira de rodas, levantamento de peso, tiro, canoagem e triatlo.

As Paralimpíadas ocorrem em conjunto com as Olimpíadas e foram implementadas logo após a Segunda Guerra Mundial. Um médico chamado Ludwig Guttmann dirigia um centro especializado em lesões na coluna, no Reino Unido, e, ali, a reabilitação esportiva acabou evoluindo para competições. O médico organizou competições de basquete em cadeiras de rodas e de arco e flecha para que 16 atletas sob seus cuidados participassem dos Jogos Olímpicos de Londres de 1948. Esses jogos estrearam como Jogos Paralímpicos na década de 1960, em Roma, na Itália. Participaram, na ocasião, 400 paratletas, de 23 países, em provas exclusivas para usuários de cadeiras de rodas.

Muitos paratletas já ficaram famosos mundialmente ao longo dos anos, como a nadadora cega Trischa Zorn, dos Estados Unidos, que entre 1980 e 2004 conquistou 55 medalhas, sendo 41 delas de ouro. No Brasil, o atleta com mais medalhas conquistadas é Daniel Dias, também da natação.

Daniel Dias, medalha de ouro na modalidade natação da Paralimpíada, Rio 2016, realizada no Estúdio Aquático Olímpico, Rio de Janeiro, RJ, 2016. Ele se aposentou na Olimpíada de Tóquio, em 2021.

VOCABULÁRIO

paratletas: atletas com deficiência, que participam das Paralimpíadas.
biatlo: competição esportiva que une dois tipos de modalidade, como corrida e tiro com rifle.

ATIVIDADES COMPLEMENTARES

1 Quais são as Olimpíadas diferentes de que fala esse texto?
_____

2 Qual foi o objetivo de se organizarem Jogos dos Povos Indígenas?
_____

3 O que são Paralimpíadas?
_____

4 Cite um paratleta de destaque.
_____

LIÇÃO 6 — ROMA ANTIGA

Você já viu outras fotografias como esta? Observe com atenção.

O Coliseu de Roma tornou-se um dos símbolos da cidade por atestar a magnificência da arte e da cultura da Roma Antiga. Foto de 2018.

1 As ruínas mostradas na fotografia se relacionam com qual cidade do mundo? Onde fica essa cidade?

_____

2 Por que essa cidade é importante para a nossa História? Será que a cultura do Brasil tem alguma coisa a ver com a cultura de uma cidade tão distante de nós?

_____
_____
_____
_____

Roma, como tudo começou

Você, certamente, já ouviu falar, ou assistiu a algum filme ou vídeo, sobre o Império Romano na Antiguidade. Os romanos, partindo de uma pequena aldeia próxima à desembocadura do Rio Tibre, na região do Lácio da Península Itálica, formaram um dos impérios mais poderosos que a humanidade já conheceu. Como os romanos conseguiram formar tão vasto império? Como viviam? Como eram governados? Houve reação dos povos dominados? Vamos estudar esse assunto nos próximos tópicos.

POVOS QUE HABITAVAM A PENÍNSULA ITÁLICA ANTES DA FUNDAÇÃO DE ROMA

Fonte: ARRUDA, José Jobson de A. *Atlas histórico básico*. São Paulo: Ática, 2005. p.10.

Origem histórica de Roma

Antes da fundação de Roma, a Península Itálica era habitada por diversos povos. Os **italiotas**, na região central, compreendia várias tribos, como a dos latinos e a dos sabinos; os **gauleses** localizavam-se ao norte; os **etruscos**, no norte; os **gregos**, ao sul.

Pelas pesquisas históricas, sabe-se que a região do Lácio era habitada por povos pastores que, para se defenderem de possíveis invasões, estabeleceram-se nas colinas próximas ao Rio Tibre. Sentindo-se ameaçados pelos etruscos e gregos, os latinos se uniram sob a liderança de uma das aldeias, Roma.

Roma foi dominando todos os povos da península e unificando a Itália sob seu poder. A partir daí, os romanos expandiram-se para fora da península.

A lenda sobre a origem de Roma

Os romanos antigos contavam a história da fundação de Roma por meio da mitologia, isto é, de mitos ou lendas envolvendo a participação de deuses e heróis. Segundo uma dessas lendas, os romanos descendiam do herói da Guerra de Troia Eneias. Uma descendente de Eneias, Reia Sílvia, ao tornar-se sacerdotisa, fez um juramento de castidade. Mas quebrou esse juramento, manteve um relacionamento amoroso com o deus da Guerra, Marte, e dele teve dois filhos gêmeos. Enraivecido, o tio de Reia Sílvia, que era rei da cidade de Alba Longa e temia perder o trono, ordenou que as crianças fossem colocadas em um cesto e atiradas no Rio Tibre, para que morressem.

O cesto, em vez de afundar, parou em uma das margens do rio, perto do Monte Palatino. Os meninos foram amamentados por uma loba, até que um pastor os encontrou e os criou.

Estátua da loba, em bronze, mede 75 cm e teria sido feita no século VIII ou IX, segundo pesquisas recentes. As esculturas dos gêmeos foram acrescentadas ao conjunto mais tarde, nos séculos XIII e XIV, representando o mito da origem de Roma. Museo Capitolini, Roma, Itália, s/d.

Já adultos, Rômulo e Remo voltaram para Alba Longa, vingaram-se do tio e, às margens do Rio Tibre, fundaram uma cidade no ano de 753 a.C. Em uma disputa, Rômulo matou Remo e se tornou o primeiro rei dessa cidade, à qual chamou Roma.

Essa lenda exalta valores como a força, a resistência e o militarismo, pelos símbolos que usa: crianças descendentes de um herói da Guerra de Troia, filhos do deus da Guerra, Marte, que foram amamentados por uma loba, um animal muito feroz. Os antigos romanos queriam divulgar essas ideias entre seus guerreiros e militares, por causa das inúmeras guerras que desencadeavam para conquistar territórios fora da Itália.

Como se dividia a sociedade romana

A sociedade romana nesse período era formada pelas seguintes camadas:

- **patrícios** – os aristocratas, os grandes proprietários de terras, os únicos que podiam ocupar cargos políticos, religiosos e militares;
- **plebeus** – homens livres, mas considerados estrangeiros; não tinham direitos políticos. Eram pequenos agricultores, pastores, comerciantes e artesãos. Alguns plebeus, para terem influência, colocavam-se sob a proteção de famílias patrícias, às quais deviam obediência: eram os **clientes**;
- **escravos** – em número reduzido, originários dos povos conquistados.

As atividades econômicas

Nos primeiros tempos de Roma, a base da economia era a agricultura.

O artesanato doméstico (como a produção de armas e utensílios) bastava para as necessidades mais imediatas e era todo destinado ao consumo local. Como havia pouco excedente, o comércio era reduzido.

Isso mudou ao longo do tempo, porque os romanos conquistaram extensos territórios tanto na Península Itálica como ao redor do Mar Mediterrâneo e na Ásia. Com a formação desse vasto império, as atividades econômicas passaram a englobar, além da agricultura, do artesanato e da pecuária, um intenso comércio com as províncias mais distantes.

Escravo romano representado em afresco do século IV. Estima-se que mais de 30% da população romana era escrava.

MUSEU NACIONAL DE NÁPOLES

ATIVIDADES

1 Onde se localizava Roma?

_____

_____

2 Quais são os povos que habitavam a Península Itálica antes da fundação de Roma?

_____

_____

3 Complete corretamente:

a) Segundo a lenda, Roma foi fundada por _____, que haviam sido amamentados por uma _____.

b) Ainda segundo a lenda, Rômulo matou Remo e se tornou o primeiro _____ de Roma.

c) De acordo com pesquisas históricas, a região do Lácio era habitada por _____ que, ameaçados por _____, uniram-se sob a liderança de _____.

4 Qual era o objetivo de contar a origem de Roma com uma lenda afirmando que os romanos eram descendentes de Marte, o deus da Guerra?
_____
_____

5 Na sociedade romana, quem eram os patrícios?
_____

6 Os plebeus, na sociedade romana, inicialmente tinham direitos iguais aos dos patrícios?
_____

7 Onde os romanos conseguiam escravos?
_____
_____

8 Quem eram os clientes na sociedade romana?
_____
_____

9 Inicialmente, quais eram as atividades econômicas na cidade de Roma?

_____

10 O comércio, nos primeiros tempos de Roma, não era muito desenvolvido. Como ele se tornou uma atividade importante?

_____

_____

O primeiro sistema de governo: monarquia (753 a.C. a 509 a.C.)

Segundo a tradição, Roma teria tido sete reis. Não eram reis com poderes absolutos nem governavam por hereditariedade. Para exercer o poder, dependiam do apoio dos donos de terras e das pessoas mais ricas. Eram escolhidos por um grupo de pessoas, a Assembleia Curial, e tinham o poder limitado pelo Senado. Os órgãos de governo nessa época eram:

- **Assembleia Curial:** formada por cidadãos em idade militar que, além de escolherem os reis, também faziam e votavam as leis.
- **Senado** ou **Conselho dos Anciãos:** um órgão consultivo que possuía o direito de aprovar ou não as leis elaboradas pelo rei.

Em 509 a.C., um conflito entre o rei e os aristocratas provocou o fim da monarquia. O rei Tarquínio, o Soberbo, de origem etrusca, foi deposto pelos patrícios, descontentes com a dominação estrangeira.

A república romana (509 a.C. a 27 a.C.)

Os patrícios implantaram o regime republicano na cidade de Roma. A ideia era evitar o surgimento de um novo rei. Para tanto, organizou-se um sistema no qual os patrícios controlavam os líderes escolhidos.

O Poder Executivo (o controle e a organização do dia a dia) era exercido pelos **magistrados**, eleitos por um ano. Havia diversos tipos de magistrados romanos, como:

- os **cônsules**, em número de dois, que comandavam o exército e eram os chefes dos demais magistrados. Em época de guerra, eram substituídos por um ditador, com mandato de seis meses;
- os **pretores** – cuidavam da justiça;
- os **censores** – faziam o censo dos cidadãos, com base na sua riqueza;
- os **questores** – encarregados das questões financeiras;
- os **edis** – responsáveis pela preservação, policiamento e abastecimento das cidades.

O **Senado** era o órgão que detinha maior poder, composto de senadores vitalícios das famílias patrícias mais ricas. Eram suas atribuições: elaborar as leis, cuidar das questões financeiras e religiosas, conduzir a política externa, administrar as províncias, participar da escolha do ditador.

Havia também três assembleias, que elegiam as pessoas para diversos cargos:
- **Curial** – examinava os assuntos de ordem religiosa;
- **Tribal** – responsável pela nomeação dos questores e edis;
- **Centurial** – composta pelas centúrias, grupos de militares encarregados de votar as leis e eleger os magistrados.

As conquistas da república romana

Durante o período republicano, Roma, com um exército bem treinado e bem armado, conquistou inúmeras regiões, iniciando a formação de um grande império. As conquistas começaram pela própria Península Itálica. Com suas legiões, os romanos, em aproximadamente 200 anos, dominaram os povos que viviam na região.

Controlada a península, ir em direção ao Mar Mediterrâneo foi o próximo passo. Limitados ao norte pelos Alpes, o controle marítimo era fundamental para a continuidade das conquistas. Para dominar o Mar Mediterrâneo, os romanos tiveram de enfrentar Cartago, antiga colônia fenícia no norte da África. Os cartagineses haviam alcançado grande prosperidade, praticavam o comércio com diversos lugares do mundo conhecido e controlavam as principais rotas de comércio do Mediterrâneo. As três guerras entre Roma e Cartago são conhecidas como **Guerras Púnicas** (palavra que vem de "púnico", nome dado pelos romanos aos cartagineses). Duraram de 264 a.C. até 146 a.C.

Nesse ano, os romanos tomaram Cartago, escravizaram cerca de 40 mil pessoas e transformaram a cidade em uma província romana.

Estatueta de legionário romano do período republicano.

Transformações de Roma após as conquistas

De pequena aldeia a capital de um império, a transformação causada pelas conquistas afetou profundamente Roma econômica, política e socialmente:
- os patrícios enriqueceram e se apossaram das terras dos pequenos proprietários, recrutados para o serviço militar;
- o número de escravos aumentou. Os prisioneiros de guerra, reduzidos à situação de escravos, substituíram o trabalhador livre. Os desempregados do campo migraram para as cidades;
- formou-se uma nova camada social, a dos **cavaleiros** ou **classe equestre**. Eram plebeus que enriqueceram, cobrando impostos e fornecendo víveres ao exército, e ganharam autorização de explorar novas terras, ricas em minérios;
- os pequenos proprietários empobreceram, pois muitos produtos das regiões dominadas chegavam a um preço muito baixo, competindo com a produção local.

IMPÉRIO ROMANO

Fonte: ARRUDA, José Jobson de A. *Atlas histórico básico*. São Paulo: Ática, 2005. p. 11.

Roma reunia sob seu domínio povos de culturas diferentes. As regiões conquistadas foram transformadas em províncias e eram obrigadas a pagar altos tributos a Roma.

A crise da república

A grande expansão trouxe profundas mudanças para a república romana. As famílias patrícias e alguns plebeus ligados ao comércio e à manutenção do exército enriqueceram muito, desequilibrando o poder no Senado. A nova riqueza aumentou o poder de Roma, mas ficou concentrada na mão de poucos. Vários plebeus perderam seus empregos, pois foram substituídos pelos escravos, que cresciam em números; sem emprego, ficaram cada vez mais dependentes do Estado romano. O exército ficava cada vez mais poderoso e os generais responsáveis pelas conquistas ganhavam destaque.

Esses e outros fatores desencadearam uma crise na república e foram responsáveis pelo seu fim.

Um dos últimos governantes da república romana foi Júlio César, que havia se destacado como militar e chefiado o exército romano em diversas guerras de conquista. Entretanto, como se tornou muito poderoso, Júlio César foi assassinado em 44 a.C. por uma conspiração do Senado. Após sua morte, a crise se prolongou, até que Otávio assumiu o poder, com vários títulos, entre eles o de imperador, César e Augusto. Iniciava-se, assim, o império Romano.

> **César... Augusto... O que significam esses títulos?**
> Após o governo de Júlio César, o nome "César" passou a designar um título, usado por todos os imperadores que o sucederam, e dava a ideia de "governante", "rei", ou até "ditador". Até hoje, o nome é associado a esse significado. Esse título de nobreza foi concedido aos primeiros imperadores romanos. "Augusto" significa "sagrado", "consagrado", que tem "caráter divino".

O Império Romano (27 a.C. a 476 d.C.)

Gradativamente, os romanos formaram um imenso império, transformando o Mar Mediterrâneo num verdadeiro "lago romano", como eles diziam, o *Mare Nostrum* (nosso mar).

Conquistar um território exigia uma enorme quantidade de recursos para alimentar e organizar as tropas. Durante sua expansão, Roma constituiu um poderoso exército cujas funções iam além da guerra. As famosas legiões romanas eram formadas por cidadãos romanos e cada uma delas tinha 5 mil soldados, divididos em unidades menores, as centúrias. As tropas romanas eram a base do controle e da burocracia do extenso império. Eram as responsáveis pela construção do impressionante sistema de estradas, com mais de 85 mil quilômetros. As estradas tornaram-se as artérias de circulação do poder de Roma, facilitando a movimentação das tropas e o poderoso comércio romano. Além das estradas, o Mar Mediterrâneo servia como via de circulação do império. Apesar da pirataria, o transporte marítimo era bem mais rápido e barato do que o terrestre.

A base da riqueza romana constituía-se na exploração das regiões anexadas. Era dos povos conquistados que Roma conseguia escravos, cobrava impostos, controlava mais terras, fazia comércio e extraía riquezas (ouro, prata e outros metais). Portanto, a guerra era o principal combustível do império.

Estrada romana de Umm Qais, no norte da Jordânia. As boas estradas garantiam o deslocamento rápido do exército romano.

O imperador detinha poderes absolutos, comandava o exército e legislava por meio de editos, decretos e mandatos. Ao Senado, restou a posição de conselheiro do imperador.

Otávio, o primeiro imperador, governou de 27 a.C. a 14 d.C. Em seu governo:
- foi criada a Guarda Pretoriana, com a função de dar proteção ao imperador e à capital;
- foi dado incentivo à agricultura, ao comércio e à indústria;
- foi organizado um novo sistema de impostos;
- ocorreram várias obras públicas, gerando empregos para os plebeus.

Para ganhar popularidade, Otávio adotou a **política do pão e circo**. Distribuía trigo para a população pobre e organizava espetáculos públicos de circo para diverti-la. Nesses espetáculos, que na cidade de Roma se realizavam no Coliseu, havia lutas entre gladiadores, enfrentamento de animais selvagens e outros números de grande violência.

Após o governo de Otávio, o Império Romano foi governado por várias dinastias que, em geral, geraram instabilidade política, econômica e social.

A crise do Império Romano

Estátua do imperador Otávio Augusto, século II.

A partir do século III, o Império Romano foi marcado por inúmeras crises, entre as quais se destaca a **crise do escravismo**: o escravo era a base da economia romana, de sua riqueza; era, ao mesmo tempo, mão de obra e mercadoria. No entanto, desde o final do século II, os romanos praticamente pararam as guerras de conquistas, o que diminuiu muito o número de escravos à venda. Assim, os escravos foram se tornando raros e caros. Essa crise afetou a agricultura e o artesanato, base da economia da região ocidental do Império, que dependiam do trabalho escravo. O ocidente romano passou, então, a gastar as riquezas acumuladas nas guerras de conquista, para pagar os produtos que importava da região oriental.

Tentando salvar o Império Romano da crise generalizada, várias medidas foram tomadas ao longo dos anos, sem que nada resultasse em mais estabilidade.

No ano de 313, o general Constantino assumiu o poder. Como a maior parte das rendas do império vinha do Oriente, Constantino reconstruiu a cidade de Bizâncio, antiga colônia grega às margens do Estreito de Bósforo, no Mar Negro, denominando-a Constantinopla, e para lá transferiu a capital, em 330.

A mudança da sede administrativa colaborou ainda mais para a decadência da região ocidental do Império.

A divisão do Império Romano

Ainda no século IV, os romanos assistiram às primeiras levas de bárbaros cruzarem as fronteiras do império à procura de terras para o cultivo e pastoreio.

Em 395, o imperador Teodósio, preocupado em melhorar a administração, dividiu o Império entre seus dois filhos.

DIVISÃO DO IMPÉRIO ROMANO

Fonte: FRANCO JÚNIOR, Hilário; ANDRADE FILHO, Ruy. *Atlas – História Geral*. São Paulo: Scipione, 2004. p. 13.

Observe, no mapa, a divisão do Império Romano entre os dois filhos do imperador Teodósio em 395:
- o Império Romano do Ocidente, com capital em Roma;
- o Império Romano do Oriente, com capital em Constantinopla.

O século V marcou a decadência definitiva da região ocidental do Império Romano. Entre os fatores que provocaram a queda, podem ser citados: deterioração da economia, "fuga" das riquezas para o Oriente, lutas internas e invasões dos bárbaros.

Finalmente, em 476, quando Rômulo Augusto era imperador, a cidade de Roma caiu nas mãos de Odoacro, rei dos hérulos. O Império Romano do Ocidente, fragmentado política e economicamente, deixou de existir.

ATIVIDADES

1 Quais regimes políticos ou formas de governo existiram entre os antigos romanos?

_____.

2 Qual regime político os patrícios instauraram em Roma depois de derrubar o rei Tarquínio, o Soberbo?

_____.

3 Complete:

Na república romana, o órgão político que detinha maior poder era o

_____, formado pelos _____,

que eram os grandes proprietários _____.

4 O que foram as Guerras Púnicas?

_____.

5 Coloque **F** para falso e **V** para verdadeiro.

☐ Com as conquistas, a classe dos patrícios fortaleceu-se ainda mais, pois aumentaram suas propriedades.

☐ O escravismo, não mais necessário, diminuiu depois da expansão de Roma.

☐ As conquistas romanas beneficiaram os cobradores de impostos e os que forneciam víveres ao exército.

☐ Os pequenos proprietários empobreceram, porque sofreram a concorrência dos produtos vindos das províncias.

☐ Aumentou o número de trabalhadores livres, porque os povos conquistados iam para a Itália em busca de emprego.

6 Cite quatro medidas tomadas por Otávio, o primeiro imperador romano.

_____

_____

_____

7 O que se entende por política do pão e circo?

_____

_____

8 Como foi dividido o Império Romano e quais foram as suas capitais?

_____

_____

A cultura romana

- **A religião**

Para os romanos, e também para os gregos, os deuses eram protetores da família e da cidade. Nas casas, havia um altar com imagens dos protetores familiares, onde eram realizados os cultos. Nos templos, havia sacerdotes e sacerdotisas, e os romanos cultuavam diversas divindades herdadas dos gregos, com outros nomes: Júpiter, Vênus, Diana, Baco, Minerva, Netuno, entre outros.

Com o estabelecimento do Império Romano, houve uma proliferação de novos cultos religiosos.

Logo depois, surgiu o cristianismo, uma nova religião em que se cultuava Jesus, que nasceu na cidade de Belém, na Judeia, região dominada pelos romanos. Sua vida e sua doutrina chegaram ao nosso conhecimento por meio dos evangelhos.

Jesus pregava a humildade, a caridade, o amor fraterno e anunciava o juízo final e a vida eterna. Ele não foi aceito pelos judeus, porque esse povo esperava um salvador que enfrentasse o poder romano militarmente.

Jesus foi perseguido pelos romanos e, após ter sido preso, ordenaram sua crucificação. Depois de sua morte, sua doutrina espalhou-se rapidamente pelo Império Romano.

O cristianismo foi difundido pelos apóstolos, discípulos de Jesus, e chegou até Roma. Um dos principais pregadores foi Paulo de Tarso, um ex-perseguidor de cristãos que se havia convertido ao cristianismo.

Inicialmente, essa nova religião ganhou adeptos entre as pessoas mais humildes e, com a crise do império, difundiu-se, porque era uma nova esperança para muitas pessoas. Os fiéis de cada comunidade, a igreja, reuniam-se para a celebração do culto.

Os cristãos foram muito perseguidos pelo Estado romano, porque se negavam a aceitar os deuses oficiais. Além disso, o cristianismo pregava a igualdade entre os homens, atraindo as camadas mais humildes da sociedade romana.

Apesar das crueldades a que foram submetidos – jogados às feras, queimados vivos, crucificados –, os cristãos continuavam se reunindo em lugares ocultos, as catacumbas.

Em 313, Constantino assinou o Édito de Milão, permitindo aos cristãos a liberdade de culto. No final do século IV, o imperador Teodósio instituiu o cristianismo como religião oficial do império.

- **O Direito Romano**

O Direito foi um dos legados mais importantes que Roma deixou para as civilizações posteriores. Sua influência chega aos dias atuais.

O Direito Romano é resultado de uma lenta evolução. Esse sistema de leis estabeleceu, por exemplo, a igualdade civil conseguida pelas duas camadas sociais, a dos patrícios e a dos plebeus. Também se destaca a introdução dos princípios do direito natural, comum a todas as pessoas.

O nosso sistema de leis, assim como o do mundo ocidental, de modo geral, se baseia no Direito Romano.

- **As artes e as ciências**

Desde os primeiros anos de sua história, Roma recebeu forte influência da cultura grega, por intermédio das cidades da Magna Grécia. Após sua expansão pelo Mediterrâneo oriental, essa influência intensificou-se à medida que os romanos entraram em contato direto com as fontes da cultura helenística.

Outro aspecto importante a ser destacado é o papel dos romanos como transmissores da cultura grega para outras partes do mundo.

Na **literatura**, destacaram-se Cícero, famoso orador romano; os poetas Horácio, Ovídio e Virgílio; e o historiador Tito Lívio, autor de *História de Roma*.

A **arquitetura** foi a arte que mais se desenvolveu, marcada pela grandiosidade das construções: muralhas, estradas, teatros, anfiteatros, templos, aquedutos, termas etc.

- **A língua**

A grande contribuição dos romanos para o mundo ocidental foi a língua latina, da qual derivaram diversas outras que vigoram atualmente, como o francês, o espanhol e a nossa língua portuguesa. Essas línguas derivadas do latim são chamadas de **neolatinas**.

Ruínas do teatro de Mérida, em Estremadura, Espanha. Esse teatro foi inaugurado entre 16 a.C. e 15 a.C. e tinha capacidade para acolher cerca de 5 500 pessoas. Mérida, Espanha, 2016.

EU GOSTO DE APRENDER

Nesta lição, foram vistos os seguintes tópicos:
- Na Antiguidade, destacou-se o povo romano, que dominou um vasto império abrangendo Europa, norte da África e parte da Ásia.
- Roma foi fundada por povos pastores na desembocadura do Rio Tibre, na região do Lácio, na Península Itálica.
- Inicialmente, a economia se baseava na agricultura e no pastoreio, mas, à medida que ocorreram as conquistas de outras regiões, desenvolveu-se um intenso comércio com províncias mais distantes.
- A sociedade romana dividia-se em patrícios (ricos proprietários de terras), plebeus (artesãos, comerciantes e pessoas livres, mas sem direitos políticos) e escravos (os derrotados nas campanhas militares).
- Como formas de governo, os romanos passaram por monarquia, república e império.
- Na fase da república, iniciaram-se as conquistas romanas fora da Península Itálica, atingindo principalmente o entorno do Mar Mediterrâneo, que foi chamado de *Mare Nostrum* (nosso mar).
- Na fase da república, os romanos derrotaram e destruíram a cidade de Cartago, que ficava no norte da África.
- A república deu lugar ao Império, com Otávio, o primeiro a receber o título de Augusto, imperador e César. Ele passou a governar com poderes absolutos.
- Durante muitos séculos, o Império Romano dominou diversas regiões, mas no século V a parte ocidental, chamada Império Romano do Ocidente, foi conquistada definitivamente pelos povos bárbaros, que viviam fora das fronteiras romanas.
- A parte oriental, chamada Império Romano do Oriente, com capital em Constantinopla, durou mais mil anos, sendo conquistada apenas no século XV pelos turcos otomanos.
- A herança romana para a cultura ocidental é muito grande, abrangendo, por exemplo, a religião (cristianismo), a língua (derivada do latim), os sistemas de leis (que vêm do Direito Romano) e as artes (arquitetura, escultura, pintura).

ATIVIDADES

1 Como era a religião dos antigos romanos?

_____

2 Qual foi a cultura anterior que influenciou profundamente a cultura romana?

_____

3 No campo das artes, qual foi o grande destaque da cultura romana?

_____

4 O que se entende por línguas neolatinas? Dê exemplo de duas línguas neolatinas.

_____

5 Quais heranças da cultura romana existem na nossa cultura ocidental?

_____

6 O Direito Romano é importante para as sociedades ocidentais na atualidade? Por quê?

_____

7 Qual religião fundada no antigo Império Romano ainda existe na atualidade, com muitos adeptos no mundo inteiro?

_____

LEIA MAIS

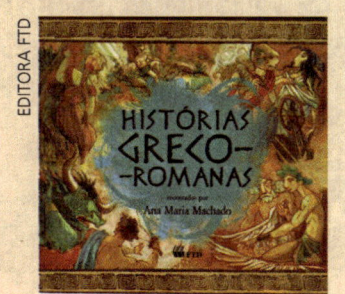

Histórias greco-romanas

Textos recontados por Ana Maria Machado. Ilustrações: Laurent Cardon. São Paulo: FTD, 2011. 56 p. (Coleção "Histórias de Outras Terras").

Narrativas dos antigos gregos e romanos, envolvendo mitos, deuses, fábulas, aventuras, que chegaram até nossos dias.

EU GOSTO DE APRENDER MAIS

África romana

Romanos africanos? Sim, existiram!

Nós costumamos pensar em romanos apenas como os habitantes da cidade de Roma, esquecendo-nos de que esse povo dominou, por mais de mil anos, enormes parcelas de territórios em três continentes: Europa, Ásia e África!

Na época da expansão militar, o Império Romano estendeu seu domínio por todo o norte da África, fundando inúmeras cidades. Essas localidades eram organizadas e tinham suas construções de acordo com os padrões impostos pelo governo romano. Assim, havia, na verdade, muitas mini-Romas por toda parte!

Observe o mapa, com a localização de muitas dessas cidades africanas.

Uma dessas cidades africanas foi Dougga, ou Tougga, ou simplesmente Duga, como dizemos em português. Suas ruínas existem ainda, em um local que hoje é parte da Tunísia. Ela é tão importante para o estudo do Império Romano que foi declarada Patrimônio da Humanidade, pela Unesco, órgão da ONU. Pela observação de suas construções, que estão

Ruínas preservadas e declaradas Patrimônio da Humanidade pela Unesco. Duga, Tunísia, 2018.

muito bem conservadas, os historiadores ficaram conhecendo como os antigos romanos organizavam as cidades, que tipo de prédios públicos frequentavam, onde se reuniam e se divertiam, e muitos outros detalhes.

Vista de Duga, uma antiga cidade romana na Tunísia, norte da África. Os romanos construíram cidades fora da Itália seguindo certos padrões.

ATIVIDADES COMPLEMENTARES

1 De acordo com o que você leu no texto anterior e observou no mapa, podemos afirmar que:

- [ ] os romanos só construíram cidades na Península Itálica.

- [ ] os romanos fundaram inúmeras cidades em todo o norte da África.

- [ ] não existem mais vestígios de cidades romanas no norte da África.

- [ ] todas as cidades romanas africanas já desapareceram.

2 Qual é a importância da cidade de Duga, no norte da África? Por que ela foi declarada Patrimônio da Humanidade?

_____
_____
_____

3 As imagens da cidade de Duga mostram vestígios de construções típicas romanas. Por que essas construções se parecem em todas as cidades do Império Romano, na Antiguidade?

_____

LIÇÃO 7

SER CIDADÃO

Você sabe o que esta imagem mostra?

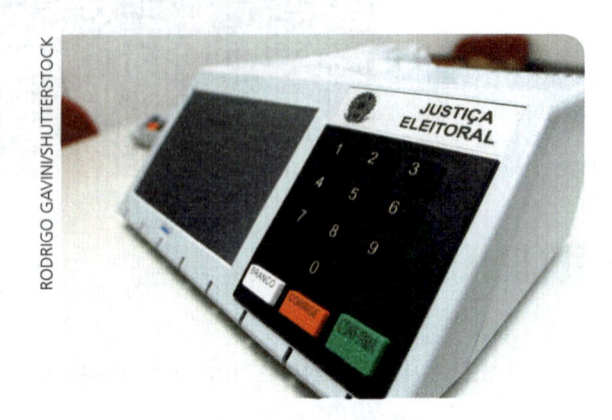

Se você respondeu que é uma urna eletrônica, acertou! Mas para que serve esse aparelho? O que uma pessoa faz com ele? E, mais importante, qual é a relação de seu uso com a cidadania? Nesta lição, vamos desenvolver essas ideias!

Cidadania e democracia

Atualmente, entendemos cidadania como o conjunto de direitos do ser humano. São eles: direitos à vida, à liberdade, à propriedade, à igualdade, ao abrigo, ao trabalho digno, à saúde, à educação, enfim, todos os direitos que as pessoas têm por serem humanas, sem distinção de posses, etnia, sexo, religião, opinião. Isso quer dizer que não importa se a pessoa é rica ou pobre, se é brasileira, estadunidense, italiana, branca, preta, oriental, se é homem, mulher, criança, idosa, se é budista, muçulmana, espírita, católica ou se não tem religião alguma... todos, absolutamente todos, têm os mesmos direitos.

É por isso que são chamados de direitos humanos ou direitos fundamentais do ser humano. Podemos classificá-los ainda em políticos, sociais ou civis.

É essa igualdade que caracteriza a democracia, um sistema de governo e também um modo de vida em que todas as pessoas da sociedade decidem em conjunto como administrar e conduzir a vida coletiva. Se todas as pessoas são iguais, todas têm, igualmente, o direito de escolher governantes e fazer leis que melhorem suas vidas.

É claro que ainda não existem no mundo sociedades totalmente democráticas. Pior do que isso, ainda existem países com governos ditatoriais, que decidem tudo sem consultar a população. E existem sociedades em que só os ricos têm acesso à educação, à saúde e à qualidade de vida. Esses regimes políticos e essas sociedades, portanto, não respeitam a cidadania nem a democracia.

Cabe a nós, enquanto membros de uma sociedade, construir a cidadania e a democracia. Isso quer dizer que nós, como cidadãos, temos de respeitar todos os direitos das pessoas e exigir que também respeitem os nossos.

O direito de manifestar é um direito político da cidadania.

O direito de se tornar motorista, desde que aprovado pelos órgãos governamentais, é um direito civil da cidadania.

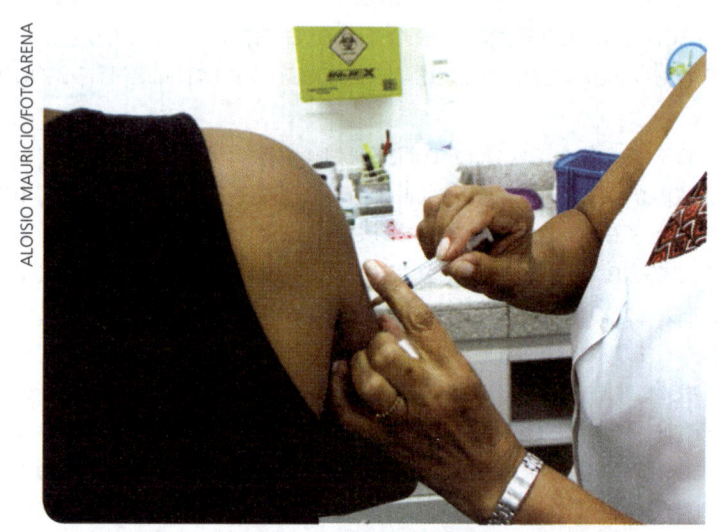

O direito à saúde é um direito da cidadania.

A compreensão do que é cidadania mudou ao longo da História, cada vez englobando mais e mais direitos. Isso foi fruto de diversas lutas, de conquistas e avanços que se tornaram leis e hoje fazem parte da maioria das Constituições do mundo.

Cidadania também engloba deveres. O cidadão tem responsabilidades enquanto parte integrante de um grande e complexo organismo que é a coletividade, a Nação, o Estado. Para que tudo isso funcione, todos têm de dar sua parcela de contribuição. Somente assim se chega ao objetivo final, coletivo: o bem comum.

VOCABULÁRIO

Constituição: sistema de leis que rege um país, lei máxima de um país, conjunto de leis votado e aprovado por representantes dos cidadãos.

bem comum: tudo que beneficia uma coletividade, um conjunto de pessoas, melhorando a vida delas.

A ideia de cidadania veio da Grécia

Você se lembra de ter estudado na Lição 5 que na Grécia, mais especificamente na cidade de Atenas, nasceu a democracia, um sistema de governo em que as pessoas consideradas cidadãs escolhiam seus governantes e representantes políticos por meio do voto.

Esse sistema foi criado por um legislador chamado Clístenes, que também introduziu na cidade a Lei do Ostracismo, pela qual pessoas indesejáveis podiam ser expulsas da cidade-estado, caso a maioria dos cidadãos assim decidisse.

Portanto, a grande contribuição dos atenienses foi criar um sistema de governo em que o conjunto dos cidadãos decidia os rumos da cidade, e não apenas um único rei ou ditador, de acordo com sua vontade.

Mas o que era ser cidadão na Grécia Antiga?

Como a palavra diz, era o habitante da cidade-estado, ou da pólis, como eram denominadas as cidades da Grécia Antiga. O cidadão ateniense tinha, portanto, direitos políticos, isto é, ele tinha o direito de participar da organização governamental de sua cidade. Fazia isso votando diretamente nas leis propostas, para aceitá-las ou rejeitá-las.

Como a cidade-estado não era muito grande, era possível reunir todos os cidadãos em uma praça pública – que se chamava *ágora* – e eles podiam votar ali mesmo, erguendo a mão para aprovar as decisões. Assim, dizemos que a democracia em Atenas era direta.

Mas eram todos os habitantes de Atenas que votavam?

Você deve se lembrar de que não! Muita gente ficava fora desse direito: as mulheres, os estrangeiros e os escravos não eram considerados cidadãos.

Portanto, a democracia ateniense era limitada a uma parcela da população, já que a cidadania não era para todos os habitantes. Somente homens, tendo nascido na cidade e sendo livres, eram cidadãos.

Esse sistema foi aplicado em outras cidades-estados da própria Grécia ou fundadas por gregos fora da Península Balcânica. Apesar de não ser para todos, a democracia foi uma das mais importantes criações da Antiguidade, porque permitiu que as pessoas passassem a ter consciência de que têm direitos que precisam ser respeitados, como o direito de escolher seus governos e decidir o destino de suas sociedades.

Cerâmica grega que mostra mulheres gregas que vestiam roupa festiva para recolher água para uma noiva da fonte Callirrhoe em 400 a.C. As mulheres gregas podiam frequentar teatros, templos religiosos e outros locais públicos, mas não podiam votar nem assumir cargos como governantes, pois não eram consideradas cidadãs e, portanto, não tinham direitos políticos.

O cidadão em Roma

Ainda na Antiguidade, outro povo que contribuiu para que o conceito de cidadania fosse ampliado foi o povo romano. Como você estudou na Lição 6, Roma passou por vários sistemas de governo: monarquia, república e império. A sociedade era dividida entre patrícios (grandes proprietários de terras), plebeus (considerados estrangeiros, comerciantes, artesãos, pequenos agricultores) e escravos (obtidos nas guerras e por dívidas). Dessas três camadas, inicialmente apenas os patrícios eram considerados cidadãos e tinham direitos políticos e civis. Por causa disso, muitas lutas ocorreram, de plebeus contra patrícios e de escravos contra seus proprietários.

As lutas dos plebeus obtiveram alguma ampliação de direitos para essa classe social. Eles conseguiram, por exemplo, acesso ao serviço militar, e, no século V, o direito de eleger representantes no Senado e nas assembleias romanas. Esses representantes eram chamados de "tribunos da plebe".

Conseguir eleger representantes políticos foi uma conquista que ocorreu quando os plebeus perceberam a importância que tinham em Roma, pois eram a maioria da população, participavam do exército como soldados e pagavam altos impostos aos patrícios. Eles então fizeram uma "greve", isto é, se retiraram para um dos montes que rodeiam a cidade e se recusaram a continuar participando da sociedade romana. Os patrícios, que precisavam dos plebeus tanto para o exército quanto pelos impostos, cederam e aceitaram o que eles exigiam. Os tribunos da plebe, a partir daí, eram eleitos para defender leis que favorecessem sua classe e, além disso, podiam vetar leis do Senado que os prejudicassem.

Os Graco (1853), escultura em bronze do artista francês Jean-Baptiste Claude Eugène Guillaume. Museu D'Orsay, Paris. Os irmãos Tibério e Caio Graco foram tribunos da plebe no século II a.C. Ao defender mais direitos para os plebeus, morreram assassinados pelos patrícios.

As rebeliões dos plebeus continuaram existindo, porque, apesar dos avanços, ainda havia desigualdade na participação política e social, ou seja, eles não tinham todos os direitos de cidadania garantidos. Uma grande conquista, por exemplo, foi que as leis romanas favoráveis à plebe fossem escritas, e não mais transmitidas oralmente, como ocorria até o século V. Foram então criadas as Leis das 12 Tábuas, registro escrito de todas as conquistas plebeias. Isso impediu que os patrícios interpretassem as leis de acordo com seus interesses.

Outras conquistas ocorreram ao longo da história romana, como o direito de casamento entre plebeus e patrícios, o direito de a plebe ter as próprias assembleias e muitas outras.

Conseguiram, por exemplo, que as autoridades romanas instituíssem uma prática de consultar os plebeus antes da aprovação de alguma lei. Essa prática, que era uma votação feita em uma reunião pública, ficou conhecida como **plebiscito**. Atualmente, uma votação feita por todos os cidadãos de um país, com o objetivo de aprovar alguma lei ou medida governamental, é um plebiscito. É uma herança que recebemos dos romanos antigos.

Muitos outros direitos conquistados naquela época passaram a fazer parte de leis que chegaram até nós e deram base para a cidadania na atualidade.

Outras lutas ocorreram após o Império Romano desaparecer, e, gradativamente, as sociedades foram incorporando a ideia de que é necessária a participação de todos, de modo igual, para a construção da justiça, da democracia e da cidadania.

ATIVIDADES

1 Dê uma definição de cidadania.

_____

_____

2 Explique por que cidadania e democracia são dois conceitos ligados.

_____

_____

3 Marque **V** para verdadeiro e **F** para falso.

☐ A cidadania está ligada apenas ao fato de alguém morar em uma cidade.

☐ A cidadania significa ter direitos e deveres em relação à sociedade em que se vive.

☐ Os direitos humanos são válidos apenas para pessoas que não praticam crimes.

☐ Apenas pessoas de muitas posses podem exigir que os direitos da cidadania sejam respeitados.

☐ Crianças não são cidadãs, por causa da pouca idade.

☐ As pessoas são diferentes e têm crenças diversas, mas todas têm direitos iguais.

4 O cidadão, além de direitos, tem muitos deveres em relação à sociedade em que vive. Marque com um **X** o que for dever de cidadania.

☐ Respeitar o direito de idosos de ter atendimento prioritário em bancos e outros lugares.

☐ Jogar o lixo apenas em local apropriado.

☐ Cuidar dos bens públicos, como jardins, parques, ruas, calçadas.

☐ Apenas votar nas eleições.

☐ Respeitar leis de trânsito.

5 Complete corretamente: A ideia de cidadania _____ ao longo da História, pois cada vez mais foram incorporados _____, que eram conquistados.

6 Marque com um **X** o que estiver correto. A ideia e a prática de cidadania nasceram:

☐ em Atenas, na Grécia. ☐ nos países da atualidade.

☐ em Roma. ☐ em Esparta, na Grécia.

7 Registre três conquistas de cidadania realizadas pelos plebeus, na Roma Antiga.

_____

8 O que podemos entender por plebiscito? De qual camada social romana se originou essa palavra?

_____

_____

9 Podemos afirmar que existe uma democracia completa no Brasil atual? Por quê?

_____

_____

Cidadania no Brasil

O Brasil é considerado um país democrático. Isso porque tem uma Constituição que garante os direitos humanos fundamentais, como liberdade de opinião, de crenças, bem como saúde, educação, qualidade de vida para todos. Os direitos das minorias são reconhecidos por lei, configurando-se como crimes o racismo, o assédio sexual e moral, a exploração infantil. Os brasileiros escolhem seus governantes e representantes legislativos por meio do voto, em eleições livres, diretas e secretas. Os trabalhadores têm assegurados direitos como jornada de trabalho, salário mínimo, férias, licença-maternidade, aposentadoria e outros.

> **VOCABULÁRIO**
>
> **minoria:** parcela da população em menor número que costuma sofrer preconceitos, discriminação e, muitas vezes, não é incluída na cidadania. Exemplo: negros, indígenas, mulheres, homossexuais etc.

Hora da merenda na Escola Estadual Maria José, no bairro da Bela Cintra, São Paulo, SP, 2017. Trata-se de um direito sendo cumprido.

Trabalhador em fábrica de baterias automotivas, Londrina, PR, 2017. Direito sendo exercido.

Pessoas em situação de rua, no centro de Curitiba, PR, 2018. Trata-se de um direito sendo violado.

Menino trabalhando como malabarista em semáforo de rua em São Paulo, SP, 2011. Trata-se de outro direito sendo violado.

Essa democracia estabelecida nas leis, pelas quais todos são considerados iguais, portanto, não corresponde à realidade social e política da nação. Todos os dias, vemos na televisão, nos jornais e na internet situações em que alguns desfrutam de amplos privilégios, enquanto outros não têm acesso à saúde, à educação, à moradia, ao trabalho.

Mas essa democracia é a que temos. Todos são considerados iguais perante as leis, mas, na realidade, o que existe é uma enorme desigualdade entre ricos e pobres, entre negros e brancos, entre indígenas e não indígenas. Então, essa democracia não vale? E ela já está pronta e acabada? Não é mais possível avançar?

Claro que vale! E é possível melhorá-la. A democracia está sempre em construção. Todos os cidadãos e cidadãs, até as crianças, podem e devem atuar para cada vez mais a democracia se tornar realmente um sistema justo, de igualdade e de fraternidade entre as pessoas, não apenas no nosso país, mas no mundo inteiro.

Para que isso aconteça, antes de tudo, precisamos entender como a cidadania e a democracia foram construídas no Brasil. Será que desde a chegada dos portugueses, há mais de 500 anos, a nossa sociedade já era como nos dias de hoje?

Cidadania no Brasil colonial e independente

O Brasil viveu mais de 300 anos como colônia portuguesa, com seu destino decidido por um Estado absolutista, isto é, um Estado em que apenas o rei mandava, sem consultar a nação. A sociedade montada aqui pelos portugueses era uma sociedade dividida em uma pequena camada de ricos proprietários de terras (os donos das extensas fazendas de cana-de-açúcar, de gado, de café) e uma enorme população constituída de trabalhadores: os africanos escravizados e seus descendentes, os indígenas e alguns poucos brancos livres, mas sem posses.

Em 1822, o Brasil separou-se de Portugal, no processo que desembocou em sua independência. Tornou-se um país livre. Entretanto manteve as velhas instituições portuguesas (por exemplo, adotando a monarquia como forma de governo). O primeiro imperador foi um príncipe português, D. Pedro. A primeira Constituição brasileira estabeleceu a divisão nos poderes Legislativo, Executivo, Judiciário – mas criou um quarto poder, o Moderador, de uso exclusivo do monarca, que assim podia interferir em praticamente todas as esferas do governo.

Volta à cidade de um proprietário de chácara (1822), de Jean-Baptiste Debret. Aquarela sobre papel, 16,2 cm × 24,5 cm. Africanos e seus descendentes eram a maioria da população brasileira nos séculos XVIII e XIX. Mas, escravizados, não tinham nenhum direito, sendo totalmente excluídos da cidadania.

Por essas leis que organizaram a nova nação, tornaram-se cidadãos apenas os que tinham terras, os "homens bons", donos de renda, de escravizados e de fazendas. Em outras palavras: apenas os grandes proprietários podiam votar e ser votados para exercer cargos governamentais. E, mesmo assim, tinham de se submeter à vontade de um imperador.

A cidadania inaugurada em 1824, data da primeira Constituição, excluía a maioria absoluta da população brasileira, composta de africanos e seus descendentes, indígenas, mulheres e homens livres sem renda. Por causa disso, ocorrem inúmeras revoltas, de vários setores sociais, todas elas lutando por conquistas próprias, mas também exigindo ser incluídos naquela sociedade que os deixava fora enquanto cidadãos. Essas revoltas, em diversas regiões do Brasil, contra o absolutismo de D. Pedro I, foram todas reprimidas com violência.

Forças imperiais atacam os revoltosos de Pernambuco, na Confederação do Equador (1824). Pernambuco liderou com outras províncias do Nordeste uma revolta para separar todas essas regiões do governo central de D. Pedro I. Esse movimento se chamou Confederação do Equador, e seu objetivo era proclamar a República. A repressão de D. Pedro I foi rápida, prendendo e executando seus principais líderes: Cipriano Barata e Frei Caneca. *Estudo para Frei Caneca* (1918), Antônio Parreiras. Óleo sobre tela, 77 cm x 96,2 cm. Museu Antônio Parreiras.

Revoltas nunca deixaram de ocorrer ao longo dos quase 70 anos de Império, além das incessantes lutas de resistência de escravos e indígenas contra a dominação branca.

Cidadania no Brasil republicano

Os primeiros anos da República

Em 1889, a República foi proclamada no Brasil pelos militares. Uma nova Constituição foi escrita, em 1891, abolindo muitas das instituições anteriores, da época do período imperial. Essas novas leis ampliaram direitos, abolindo, por exemplo, o voto censitário (de acordo com a renda) e estendendo-o a todos os homens, maiores de 18 anos. Com isso, mais pessoas foram incluídas na cidadania.

Mas... mulheres, indígenas e analfabetos ficaram fora! E, mais ainda: os ricos fazendeiros encontraram um modo de controlar as eleições e os votos das pessoas mais pobres, principalmente dos trabalhadores ligados às atividades agrícolas. O voto não era secreto, portanto, na maioria das vezes, esse trabalhador era obrigado a escolher o candidato indicado por seu patrão. Para isso ele recebia algum pagamento, como alimentos ou transporte até o local da votação. E, se desobedecesse, era punido com demissão ou até mesmo com castigos físicos. Esse tipo de eleição, que existiu nos primeiros 30 anos do século XX, foi chamado de "eleição do cabresto" ou "voto de cabresto". O conjunto de eleitores manipulados pelos fazendeiros (chamados de "coronéis") era denominado "curral eleitoral", lembrando um rebanho de gado.

Com essa estrutura, esses ricos proprietários ocupavam os principais cargos políticos e governavam o país de acordo apenas com seus interesses particulares, sem pensar em benefícios ou direitos para o conjunto da sociedade brasileira.

Afrodescendentes libertos, mas excluídos da cidadania

Outro problema que aumentava a desigualdade social no Brasil republicano era a questão dos ex-escravizados. Após muita resistência e muitas ações dos abolicionistas, isto é, as pessoas que lutaram pelo fim da escravidão no país, foi assinada a Lei Áurea, em 1888, ainda no Império. Entretanto, o governo ou os fazendeiros não se preocuparam com o destino dessas pessoas. Não lhes deram terras para cultivar, nem moradias, e também não havia empregos disponíveis, pois nessa época já estavam chegando imigrantes, estrangeiros que eram contratados para a lavoura e os trabalhos mal remunerados nas cidades. Esses imigrantes, por serem de outros países, também não tinham direitos e não participavam da cidadania.

Assim, os afrodescendentes permaneceram excluídos da sociedade, vivendo em condições precárias, de trabalhos mal remunerados. Muitos foram morar nos morros do Rio de Janeiro, onde surgiram as primeiras favelas.

Como essas pessoas não recebiam também educação, sendo na maioria analfabetas, não podiam votar, ou seja, não tinham participação política.

Revista *Careta*, Rio de Janeiro, 1927. O "voto de cabresto" era a principal arma para os grandes fazendeiros excluírem a maioria da população brasileira da cidadania.

Em 1888, os escravizados foram libertos, mas não receberam assistência do governo ou dos ex-proprietários. Eles foram excluídos da cidadania brasileira. Família de negros no Morro da Babilônia, Rio de Janeiro, RJ, 1910.

Mudanças a partir de 1930

Inúmeras rebeliões continuaram ocorrendo no país, no campo e nos centros urbanos, por motivos específicos, mas revelando a insatisfação contra as regras de uma sociedade que excluía milhares de estrangeiros, brasileiros, afrodescendentes, indígenas, mulheres, trabalhadores de baixa renda. Foram muitas e muitas lutas para ampliar a cidadania.

Em 1930, ocorreu uma mudança profunda na política, diminuindo o poder dos fazendeiros. Outra Constituição foi feita, em 1934, e essa, pela primeira vez, incorporou mulheres no direito de voto e garantiu direitos aos trabalhadores.

A luta das mulheres pelo direito de votar

O dia 24 de fevereiro é atualmente uma data comemorativa muito importante. É o Dia da Conquista do Voto Feminino no Brasil. Foi nessa data, em 1932, durante o governo Getúlio Vargas, que as mulheres passaram a poder escolher democraticamente seus governantes.

Para isso, elas precisaram se unir e fazer uma campanha nacional muito vigorosa, porque enfrentaram enorme resistência por parte dos governantes. Desde o século XIX o tema já era discutido, mas sempre os deputados negavam aprovar esse direito, alegando que as mulheres eram inferiores aos homens e não saberiam votar.

As conquistas foram ocorrendo aos poucos, a partir de 1932. No início, conseguiram que as mulheres casadas, autorizadas pelos maridos, pudessem exercer o voto, e também as viúvas e solteiras que tivessem renda própria. Apenas em 1934 essas limitações caíram por terra. Até 1964, era apenas um direito, isto é, elas votariam se quisessem. Somente a partir daquele ano o voto feminino passou também a ser obrigatório.

As mulheres fizeram campanhas, saíram às ruas e lutaram muito pelo direito de votar. Esse direito de cidadania só passou a existir em 1932. Comício feminino realizado na Esplanada do Castelo pela eleição da Dra. Natércia da Cunha Silveira como deputada. Rio de Janeiro, RJ, 1933.

ATIVIDADES

1 No período em que o Brasil pertenceu a Portugal, como colônia, toda a população brasileira tinha direitos de cidadania? Explique.

2 Quando ocorreu a independência do Brasil, qual classe social foi incluída na cidadania? Quem ficou fora?

_____

_____

_____

3 A proclamação da República brasileira ampliou a cidadania, porque as leis mudaram em relação a quem podia votar. Marque com um **X** o que passou a vigorar.

☐ Apenas pessoas de muitas posses podiam votar.

☐ Apenas analfabetos podiam votar.

☐ Votavam somente homens alfabetizados de qualquer renda.

☐ Homens, mulheres, indígenas e analfabetos podiam votar.

4 Apesar de as eleições terem se tornado mais democráticas no início da República, havia uma prática que continuava favorecendo o poder dos grandes fazendeiros. Marque com um **X** o nome que essa prática recebeu.

☐ Voto censitário.   ☐ Voto de cabresto.

☐ Plebiscito.   ☐ Diretas Já.

5 Explique como funcionava a eleição, de acordo com o que você marcou na atividade anterior.

_____

_____

6 Por que os afrodescendentes, mesmo libertos pela abolição em 1888, continuaram excluídos da cidadania?

_____

_____

7 As mulheres brasileiras sempre foram cidadãs, isto é, sempre tiveram direitos políticos? Explique.

___

___

8 Registre quatro direitos dos trabalhadores conquistados ao longo da nossa história e que até hoje vigoram.

___

Ditadura, democracia, ditadura, democracia... o vai e vem da cidadania

A Constituição de 1934, que era bastante democrática, não durou muito. Em 1937, foi substituída por outra, que implantou um governo de ditadura, liderado por Getúlio Vargas. Foram nove anos de controle absoluto do Estado sobre a sociedade civil, com suspensão total de direitos.

Em 1946, Getúlio Vargas foi deposto, os direitos constitucionais novamente se ampliaram e a liberdade voltou ao país. Os avanços democráticos tornaram-se visíveis e cresceram como resultado da mobilização dos trabalhadores por melhores salários e condições de vida.

O sonho acabou cedo, mais uma vez. Em 1964, um golpe militar estabeleceu no país, novamente, uma ditadura. Todos os direitos políticos foram suspensos, o Congresso foi fechado, as eleições diretas, extintas, e o poder ficou nas mãos dos militares. Foram 20 anos de repressão, em que a resistência foi duramente sufocada.

Em 1984, tudo começou a mudar. A população se mobilizou pelas Diretas Já, ou seja, para votar para presidente da República e derrubar a ditadura.

A ditadura imposta ao Brasil em 1964 foi derrubada com a mobilização de milhares e milhares de brasileiros que saíram às ruas exigindo a volta da democracia e o respeito aos seus direitos de cidadania, como votar para presidente da República. Foto de 1984.

A democracia ressuscitou, mais forte, na Constituição de 1988, e o espaço da cidadania, resultado de um acúmulo de lutas e avanços, ampliou-se como nunca antes ocorrera. Essa Constituição, que atualmente está em vigor, é considerada a mais democrática que já tivemos e por isso foi chamada de Constituição Cidadã. Por ela, o direito de voto estendeu-se inclusive aos analfabetos e aos jovens de 16 anos, bem como aos povos indígenas. Os poderes se fortaleceram, a liberdade de fundar partidos e defender ideias políticas foi garantida. E, o mais importante, a discussão ganhou as ruas, as opiniões começaram a ser expostas na mídia e o debate político tornou-se realmente público.

Os direitos e a cidadania no Brasil do século XXI

O Brasil entrou no século XXI como uma democracia consolidada nas leis e que vem sendo construída aos poucos pelos brasileiros de todos os lugares que começam a conhecer os próprios direitos e a se posicionar para garanti-los no dia a dia. A corrupção política, velha herança dos tempos coloniais, agora é exposta na televisão, pela internet, na imprensa, gerando indignação e impulsionando movimentos que acabam ecoando e resultando em mudanças. A luta por saúde, educação e qualidade de vida não fica mais apenas nas letras da lei, é uma luta de todo brasileiro, de qualquer idade e de toda parte do país.

A democracia brasileira do século XXI é ainda imperfeita, mas, ao contrário de períodos anteriores, fortalece-se conforme cada um caminha mais um passo na conquista do espaço da cidadania para todos, sem distinção de raça, credo, opinião política, origem ou sexo.

ATIVIDADE

1 Associe as duas correntes políticas com as afirmações de modo correto:

a) Democracia

☐ O governante decide as leis de acordo com sua vontade ou do grupo que o apoia.

☐ Há uma votação ampla, secreta e direta para decidir quem serão os governantes e representantes da sociedade que farão as leis.

☐ Existe a possibilidade de consultar os cidadãos, pelo meio do voto, sobre alguma lei ou decisão do governo.

b) Ditadura

☐ Todos os direitos de cidadania são suspensos, como o direito de votar, de emitir opiniões, de fundar partidos políticos etc.

☐ Apesar de apenas as pessoas ricas terem acesso à educação, à saúde e a outros direitos, existe igualdade perante as leis e cidadania.

EU GOSTO DE APRENDER

Nesta lição, foram abordados os seguintes tópicos:
- Cidadania é o conjunto de direitos fundamentais do ser humano, como direito à vida, à liberdade, à educação, à saúde, a crenças e opiniões etc.
- Os direitos humanos devem ser respeitados independentemente de raça, credo, sexo, posses ou qualquer outra característica.
- A democracia é o sistema de governo em que todas as pessoas têm o direito de decidir sobre a própria vida, o governo e as leis. Quanto mais direitos são respeitados, mais amplas são a democracia e a cidadania.
- Nem sempre a cidadania incluiu todas as pessoas. Ela foi sendo construída ao longo da História, por meio de muitas lutas.
- A cidadania nasceu em Atenas, na Grécia Antiga, mas não abrangia mulheres, escravos e estrangeiros.
- Em Roma, a ideia de cidadania se ampliou, com a luta de plebeus, que conquistaram muitos direitos, e de escravos contra seus proprietários. Muitas conquistas dos romanos tornaram-se leis e chegaram até a atualidade, por exemplo, a prática do plebiscito.
- No Brasil, a cidadania e a democracia tiveram avanços e recuos ao longo da História.
- No Brasil colonial, não havia direitos políticos, pois o governo estava sob o poder de um rei absolutista, isto é, que governava de acordo com a vontade dele.
- Só os grandes proprietários rurais tinham direitos, ficando fora mulheres, brancos livres pobres, africanos escravizados e seus descendentes e indígenas.
- Com a independência do Brasil, manteve-se a mesma estrutura, ficando o poder nas mãos do imperador, e os direitos políticos, de votar e ser votado, apenas para os grandes proprietários. O voto era só para quem tinha renda.
- Com a República, acabou o voto por renda, mas instituiu-se o voto aberto, não secreto. Com isso, os eleitores eram controlados pelos grandes fazendeiros, dando origem ao voto de cabresto e ao curral eleitoral.
- Os afrodescendentes, apesar de libertos, foram excluídos da cidadania porque não tiveram meios de sobreviver com dignidade: não tinham empregos, moradias decentes, assistência etc. Como eram analfabetos, não podiam votar.
- As mulheres foram excluídas da cidadania até 1932, quando, pela primeira vez, instituiu-se o voto feminino no país, que só se tornou obrigatório em 1964. A conquista desse direito político foi em decorrência de muita luta e mobilização das mulheres, desde o século XIX.
- Após diversas mudanças no sistema de governo, com ditadura alternando com democracia, chegamos ao Brasil atual, em que, pela Constituição de

1988, a cidadania foi estendida a indígenas, analfabetos e inclui negros, mulheres, homens, sem distinção. É a mais democrática Constituição do país, sendo chamada de Constituição Cidadã.

- Apesar de vivermos em uma democracia, a injustiça social, a desigualdade e graves problemas de saúde, educação e outros ainda existem. A democracia está sendo construída, e cabe a todos os cidadãos trabalhar para alcançar o bem comum.

ATIVIDADES

1 Preencha o quadro com as formas de governo pelas quais o Brasil já passou e como era o direito de voto. Use as palavras e as expressões a seguir.

- Mulheres começam a votar.
- República.
- Democracia.
- Não houve eleições, direitos suspensos.
- Ditadura.
- Homens, mulheres, analfabetos, indígenas e jovens votam.
- Voto de cabresto.
- Mulheres podem votar, mas não é obrigatório.
- Não houve eleições diretas.

	1889	1932	1937-1945	1945-1964	1964-1988	1988-atual
Governo						
Voto						

2 Qual é a Constituição mais democrática do Brasil? Como ela é chamada?

_____
_____

3 Escreva três vantagens de vivermos em uma democracia.

_____
_____
_____
_____
_____

4 Na atualidade, o debate sobre os direitos humanos é de extrema importância. Quais são, em sua opinião, os direitos essenciais para a vida e para a dignidade dos seres humanos?

_____
_____
_____
_____

5 Na vida cotidiana, respeitar os direitos humanos significa:
a) Agir sem se importar com os direitos de todos.
b) Agir desconsiderando seus deveres.
c) Agir sempre de forma solidária e participar ativamente dos grupos aos quais pertence.
d) Agir de forma individual sem se preocupar com os grupos que compõem sua comunidade.

6 Aponte a seguir algumas ações que você entende como solidárias.

_____

_____

_____

7 Um dos artigos da Declaração Universal dos Direitos Humanos diz: "Toda pessoa tem capacidade para gozar os direitos e as liberdades estabelecidos, sem distinção de qualquer espécie [...]." O que significa respeitar os direitos das pessoas "sem distinção de qualquer espécie"?

_____

_____

8 Para participar das eleições no Brasil na atualidade é necessário atender a algumas regras. Assinale a alternativa que corresponde a uma dessas regras.

a) O voto é obrigatório para todos os cidadãos com mais de 18 anos.

b) O voto não é obrigatório.

c) Entre 16 e 18 anos, o voto é obrigatório.

d) O voto é obrigatório até os 80 anos.

LEIA MAIS

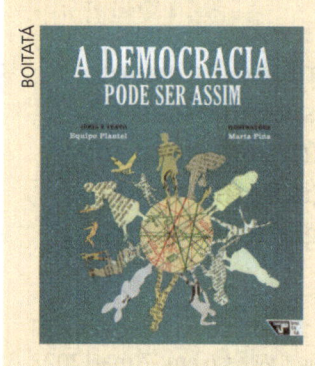

A democracia pode ser assim

Equipo Plantel. Ilustração: Marta Pina. São Paulo: Boitatá, 2015. 48 p. (Coleção "Livros para o Amanhã").

Descubra mais sobre o que é democracia e como ampliar os direitos de cidadania.

EU GOSTO DE APRENDER MAIS

Um direito das pessoas com deficiência: acessibilidade

Quando pensamos em cidadania, pensamos em igualdade entre todas as pessoas em uma coletividade. Entre elas estão as pessoas com deficiência: cadeirantes, cegos, surdos e outros. Na nossa democracia, há muitos anos que se luta para ampliar os direitos desses indivíduos e incluí-los na sociedade sem fazer nenhuma distinção. Isso significa, por exemplo, garantir acessibilidade. Mas o que é isso? Leia o trecho a seguir para compreender melhor esse importante direito.

Como definir "acessibilidade"?

O dicionário nos diz que "acessibilidade" é um substantivo que denota a qualidade de ser acessível; "acessível", por sua vez, é um adjetivo que indica aquilo a que se pode chegar facilmente; que fica ao alcance. Na área da Deficiência, quando esse termo começou a ser utilizado, estava restrito ao ambiente construído e designava a eliminação de barreiras arquitetônicas. Na verdade, a expressão mais frequentemente usada era "eliminação de barreiras", pois ficava subentendido que a pessoa se referia às barreiras arquitetônicas.

[...]

O significado do termo "acessibilidade" foi ampliado. Percebemos que acessibilidade era mais do que construir rampas – embora rampas sejam, sempre, fundamentais. Mas representam, literalmente, apenas o primeiro passo. Rampas precisam levar a escolas, centros de saúde, teatros, cinemas, museus, *shows* de *rock*... Esse novo sentido foi aplicado a outras esferas do fazer humano; passamos, então, a refletir sobre a acessibilidade (e o acesso a) na Educação, no Trabalho, [no] Lazer, [na] Cultura, [nos] Esportes, [na] Informação e [na] Internet.

[...]

A sociedade acessível garante qualidade de vida para todos; portanto, é um compromisso que deve ser assumido por todos nós, em nossas respectivas esferas de ação e influência. Como diz um *site* português sobre acessibilidade: **"Para a maioria das pessoas, a tecnologia torna a vida mais fácil. Para as pessoas com deficiência, a tecnologia torna a vida possível."**

GIL, Marta. *Acessibilidade, inclusão social e desenho universal*: Tudo a ver. 22 out. 2006. Bengala Legal. Disponível em: www.bengalalegal.com/martagil. Acesso em: 7 mar. 2022.

ATIVIDADES COMPLEMENTARES

1 O que você entendeu por acessibilidade? Marque com um **X**:

☐ é o direito de acesso a todos os lugares.

☐ é um direito das pessoas com deficiência.

☐ significa mais do que eliminar barreiras, pois também deve haver acesso a outros direitos, como trabalho, saúde, educação, lazer.

☐ refere-se apenas a barreiras físicas, como muros e escadas.

☐ com acessibilidade, pessoas com deficiência ampliam a cidadania.

2 Analise as fotografias a seguir:

A
JELENA DANILOVIC/SHUTTERSTOCK

B
FIRMA V/SHUTTERSTOCK

a) Em qual das imagens um direito de cidadania está sendo respeitado? Explique.
_____
_____

b) Por que na outra imagem um direito de cidadania foi desrespeitado?
_____
_____

LIÇÃO 8

O MUNDO HOJE

Observe estas fotos. O que será que elas têm em comum?

Pratos da culinária árabe.

Cavalhada durante a Festa de São Benedito, Poconé, MT, 2016.

Dança Xote, Santa Maria, RS, 2017.

Roda de capoeira, Salvador, BA, 2016.

Desfile das escolas de samba no sambódromo do Rio de Janeiro, RJ, 2018.

Procissão de São Pedro, em Ubatuba, litoral de São Paulo, 2018.

1. O que mostram as fotografias? Responda oralmente.

2. Observando as imagens, você diria que nossa cultura tem influência de outros povos? Justifique a resposta com exemplos.

_____

_____

3. Marque com um **X** o que podemos afirmar sobre a cultura brasileira:

☐ é homogênea, ou seja, temos apenas uma língua, uma única tradição de festas, seguimos só uma religião etc.

☐ é uma cultura diversificada, pois tem muitos aspectos diferentes na culinária, nas crenças, nas tradições, na língua, nas danças, na música, nas festas etc.

Diversidade cultural, o que é?

Ter uma cultura diversificada significa que as características de um povo são variadas, diferentes umas das outras, por terem incorporado influências ao longo de sua história. Uma cultura diversificada é aquela que apresenta, por exemplo, uma culinária com pratos e receitas vindos de todos os povos com que a sociedade entrou em contato. Também tem pluralidade religiosa, isto é, é um povo que pratica muitas e diversas religiões. A língua falada nesse território igualmente tem incorporações de termos e expressões de diversos outros povos.

O Brasil, por sua extensão territorial e porque, ao longo da História, entrou em contato com muitos outros povos (portugueses, indígenas, afrodescendentes, europeus imigrantes, asiáticos imigrantes etc.), tem uma cultura riquíssima, muito diversificada.

Em algumas regiões predomina maior influência indígena, como é o caso do Norte, Centro-Oeste e Nordeste. Em outras regiões, como Sul e Sudeste, além de um enorme legado das culturas africanas, são visíveis as influências europeias, que vieram tanto dos portugueses colonizadores como dos imigrantes italianos, alemães, poloneses, suíços, espanhóis. E há, também, em diversos pontos do país, forte herança cultural asiática, principalmente dos japoneses, bem como dos povos do Oriente Médio, como libaneses, sírios, árabes e outros.

Com tanta mistura, podemos afirmar que o Brasil é um lugar em que todas as diversidades encontram espaço e igualdade para construir a nossa cultura!

As tradições indígenas precisam ser preservadas, pois fazem parte da diversidade cultural de nosso país. Dança tradicional São João da Roça liderada pela cacique dos indígenas Tupinambá da Aldeia Cabeceira do Amorim, Santarém, PA, 2017.

Faz parte da diversidade cultural brasileira a herança dos africanos e seus descendentes, como a crença nos orixás. Festa de Iemanjá, Festival Afro-Brasileiro, Rio Vermelho, Salvador, BA, 2016.

Na atualidade, a maioria dos povos apresenta essa grande mistura de influências, resultado de muitos contatos ao longo dos séculos. É por isso que, em 2001, a Unesco, órgão da ONU, publicou um documento chamado Declaração Universal sobre a Diversidade Cultural, para proteger essa diversidade e incentivar ações que preservem culturas de origem indígena, africana e qualquer outra ameaçada de extinção. Nesse documento, afirma-se que a diversidade cultural é patrimônio comum da humanidade e que os direitos culturais são parte integrante dos direitos humanos.

Diversidade cultural e comunicação

Você já viu que as pessoas vivem em grupos desde que a humanidade apareceu. Também viu que, com isso, se desenvolveram modos de se comunicar. Primeiro, nasceu a linguagem oral; em seguida, a comunicação visual, por meio de desenhos, símbolos e, finalmente, a escrita. A comunicação sempre esteve ligada à necessidade de registrar acontecimentos e aspectos da realidade. E é pela comunicação que a diversidade cultural dos povos se amplia, pois há troca de experiências e relatos entre eles.

As sociedades ágrafas desenvolveram a tradição da comunicação oral. Os conhecimentos foram transmitidos de geração a geração por meio de relatos orais dos mais velhos aos mais jovens.

E como essas sociedades do passado distante se comunicavam com outras que estivessem longe?

De várias maneiras. Poderiam simplesmente enviar um mensageiro, ou, então, como faziam os nativos da América do Norte, usar sinais de fumaça: acendiam uma fogueira e, com uma coberta, iam produzindo rolos de fumaça a certos intervalos. As pessoas da outra localidade viam a fumaça e "traduziam" o significado dela.

Crianças indígenas tocando chocalho e tambor e cantando. Tribo indígena Sateré-Mawé, Manaus, AM, 2014.

Carruagem utilizada no trajeto de Lisboa até o Porto, em Portugal, para envio de correspondência.

O telégrafo foi considerado um incrível avanço nas comunicações.

No nosso território, diversos povos indígenas até hoje usam sons para se comunicar a distância: eles imitam pássaros ou mamíferos, por exemplo. Também produzem sons batendo nas árvores ou em tambores.

Quando a escrita foi inventada, a comunicação se tornou mais fácil. Além de poder registrar os acontecimentos, as leis, a literatura, enfim, tudo que quisessem guardar, as sociedades letradas puderam enviar cartas, recados e bilhetes escritos.

Nas sociedades antigas, esse correio chegava ao seu destino levado por mensageiros ou por pombos-correios. O uso dessas aves ainda existe atualmente. Na Índia, por exemplo, até 2002, a polícia ainda recorria a elas para enviar e receber mensagens.

Os primeiros registros de um correio oficial, isto é, organizado pelo governo, são da Antiguidade: no Egito, já havia um serviço que levava mensagens do faraó para todo o território. No Império Persa, sociedade que existiu onde hoje é o Irã, havia um serviço de mensageiros que viajavam a cavalo. Para que percorressem as distâncias mais rapidamente, foram construídas muitas estradas ligando as cidades e as províncias persas.

Os correios também utilizavam carruagens e outros veículos puxados por animais. Para as longas distâncias entre os continentes, recorriam-se aos navios. Imagine que uma carta vinda da Europa para o Brasil por esse sistema, no período colonial ou mesmo imperial... levava semanas!

Com o progresso da tecnologia, no século XIX foi inventado um sistema que fez as comunicações avançarem espetacularmente: o telégrafo, baseado em um código chamado Código Morse, em que os sinais eram emitidos eletricamente de um posto a outro e decodificados pelos funcionários.

No século XX, outra grande invenção inaugurou uma nova era nas comunicações: a internet, ou seja, a ligação entre computadores por meio de satélites.

Com a internet, é possível transmitir mensagens em tempo real, ou seja, você escreve e uma pessoa do outro lado do mundo já lê, segundos depois, o que você envia. Além de enviar mensagens, por celular ou por computadores, é possível enviar pela internet fotografias, vídeos, músicas e falar com alguém distante.

Escola Municipal do município de Rio Fortuna ganha nova Sala de Informática. Com a internet, é possível acessar músicas, vídeos, obras de arte, livros etc. Rio Fortuna, SC, 2018.

Diversidade cultural e internet

No século XXI, praticamente deixaram de existir povos isolados no planeta. Não apenas as comunicações muito avançadas permitiram isso. Também a economia mundial e o modo de se produzir e comercializar produtos uniram os mercados. Se antigamente se fabricava um produto inteiro em um único local, ou mesmo em um único país, da matéria-prima ao acabamento, hoje em dia é possível produzir um bem em várias etapas que ocorrem em vários pontos do mundo. Um fabricante de tênis, por exemplo, pode ter sua indústria espalhada por países como China, Vietnã, Estados Unidos, Brasil... Em um país se cortam os moldes, em outro se faz a montagem, em outro, ainda, embalam os pares e preparam os contêineres que levarão os calçados para os pontos de distribuição.

A carta que enviamos pelo computador chama-se *e-mail*.

Trabalho feminino em uma fábrica de tecidos na província de Anhui, China, 2015. Muitos produtos vendidos no Brasil são fabricados na China.

Esse mundo em que não existe mais separação entre o comércio e a indústria é chamado pelos estudiosos de "mundo globalizado" ou "aldeia global". E o contato permanente entre todas as regiões da Terra, principalmente no aspecto econômico, é chamado de "globalização".

Nesse mundo globalizado, é claro que a cultura dos diversos povos que estão em contato se transforma também. Há uma intensa troca de conhecimentos, de informações e dados, de modos de falar e de se comportar... E a maioria desses contatos se dá pela internet. Graças à rede mundial e às chamadas redes sociais, em que as pessoas se conectam umas às outras em tempo real, a troca cultural mais e mais se intensifica. Costumes e tradições de um povo passam a fazer parte de outras culturas que os adotam.

O que é inclusão digital

Você certamente já ouviu a palavra "digital", não é? Atualmente, ela é usada para tudo que se relaciona com a tecnologia dos computadores, da internet e dos celulares. Fala-se muito em "arquivo digital", "fotografia digital", "som digital"... Isso porque a tecnologia dos computadores foi desenvolvida com base em dígitos, isto é, números.

Mas o que será "inclusão digital"? Vamos conversar sobre isso?

Para começar sua reflexão, analise estas duas fotos.

1 Matugga, Uganda, 2016.

2 Johannesburgo, África do Sul, 2015.

1 Qual é a principal semelhança entre as situações representadas nas fotos?
_____

2 Qual é a principal diferença entre as duas situações?
_____

3 Podemos definir a palavra inclusão como "integração", "fazer parte de". O contrário é "exclusão", que quer dizer "ficar fora". Então, em sua opinião, qual das fotos mostra uma situação de "inclusão digital"?
_____

> A ciência que trata da transmissão de informações por computadores é a Informática!

Inclusão digital é mais do que ter computador

O avanço nas comunicações foi um feito extraordinário na vida dos seres humanos. A internet, trazendo a possibilidade de ligar pessoas no mundo inteiro em instantes, foi uma das maiores descobertas do século XX.

Mas será que todas as pessoas têm condições iguais de participar dessa inovação? Será que todas as pessoas podem comprar um computador ou um celular, para partilhar informações e fazer parte dessa comunidade global?

Você com certeza responderá que não. Muitas e muitas sociedades ainda estão excluídas da vida digital. Muitas e muitas pessoas, que vivem em situação de pobreza, não conseguem acesso ao mundo da informática.

Por causa disso, em muitos países – e também no Brasil – existem movimentos em que as pessoas reivindicam a democratização dos meios de comunicação e da tecnologia digital.

Democratizar os meios de comunicação quer dizer criar condições para que todos tenham o mesmo direito de usar computadores, celulares e internet. Para isso, os governos devem levar esses recursos às escolas e às comunidades mais carentes, com campanhas, por exemplo, para fornecer computadores e internet baratos ou mesmo gratuitos.

Tecnologia para melhorar a vida dos seres humanos

Não basta saber usar os recursos tecnológicos. As pessoas precisam usá-los para melhorar a qualidade de vida e a sua experiência no mundo. Por exemplo: pessoas com deficiência, que não podem andar, poderiam ter equipamentos digitais que facilitassem sua locomoção, como cadeiras de rodas motorizadas e movidas por computador. Alunos em escolas muito isoladas, que não têm acesso a jornais e revistas impressos, poderiam estudar e ter acesso a essas mesmas publicações pelo computador e pela internet. Pessoas com deficiência de visão poderiam ter acesso a livros impressos em braille, bastando acionar um programa no computador. Os exemplos são muitos.

O uso da tecnologia pode aumentar a qualidade de vida. Alunas na Sala Multifuncional para alunos com necessidades especiais. Sobral, CE, 2013.

VOCABULÁRIO

braille: sistema de leitura para cegos, baseado em sinais em relevo numa página. A pessoa faz a leitura com os dedos. Esse código foi inventado por um francês, Louis Braille, em 1824.

São muitos os benefícios da tecnologia, se ela realmente for distribuída a todos de modo igualitário.

EU GOSTO DE APRENDER

Nesta lição, você estudou:
- Diversidade cultural é a variedade de aspectos culturais de um povo, que herda muitas tradições, práticas, crenças etc. de outros povos com quem mantém ou manteve contato.
- A diversidade cultural deve ser respeitada, e devem-se também preservar culturas em risco de extinção, como indígenas e africanas.
- A comunicação entre os seres humanos é uma das grandes responsáveis pelo enriquecimento cultural das diversas sociedades.
- Os meios de comunicação se desenvolveram desde a Pré-História. Dos sinais de fumaça e tambores a humanidade chegou aos correios, ao telégrafo, ao telefone e, no século XX, à internet.
- No século XX, surgiu a internet – rede de computadores ligados mundialmente, permitindo a transmissão de dados e informações em tempo real e possibilitando que pessoas do mundo inteiro se conectassem.
- O desenvolvimento da tecnologia nas comunicações tem inúmeros pontos positivos, pois aumenta a qualidade de vida dos seres humanos.
- Nem todos, porém, têm acesso à tecnologia, sendo excluídos dos benefícios desse progresso. Por isso, é necessário que governos e cidadãos atuem para haver inclusão digital de todos os seres humanos.
- Inclusão digital significa a democratização da tecnologia, isto é, que todas as pessoas tenham acesso e direito de usar computadores, internet, celulares etc.

ATIVIDADES

1 Assinale as afirmações corretas sobre a comunicação entre os primeiros grupos humanos.

☐ A linguagem oral surgiu porque os seres humanos viviam sozinhos, isolados.

☐ Os seres humanos passaram a se comunicar apenas quando descobriram a escrita.

☐ Embora não soubessem escrever, os primeiros humanos se comunicavam com desenhos.

☐ Grupos distantes podiam se comunicar com sinais de fumaça ou soando tambores.

☐ Ainda hoje há grupos indígenas no Brasil que se comunicam como os ancestrais.

2 Copie a(s) frase(s) incorreta(s) da atividade 1, alterando-a(s) para que se torne(m) verdadeira(s).

_____

_____

_____

3 Associe corretamente:

a) celular
b) tambores e sinais de fumaça
c) *tablet*
d) telégrafo
e) cartas
f) correio eletrônico

☐ Comunicação feita por meio de sinais transmitidos por rede elétrica.

☐ Aparelho que permite tanto o uso da internet como a comunicação por telefone entre as pessoas.

☐ Um tipo mais simples de computador, com acesso à internet.

☐ Modo de comunicação entre algumas sociedades indígenas.

☐ Nome que também podemos dar aos *e-mails*.

☐ Uma das formas de comunicação que usa papel e envelope.

4 Analise os meios de comunicação listados na atividade 3 e responda:

a) Qual deles você já usou ou gostaria de usar?

_____

_____

_____

b) Qual dos aparelhos da lista tem internet?

_____

5 Pesquise em que ano estas três tecnologias da comunicação foram inventadas e por quem: telégrafo, telefone e computador.

_____

_____

_____

_____

_____

6 Explique o que é inclusão digital.

_____

_____

_____

_____

7 Dê dois exemplos de situações em que precisa haver maior inclusão digital.

_____

_____

8 Você estudou nesta lição que o desenvolvimento da tecnologia nas comunicações tem inúmeros pontos positivos, pois aumenta a qualidade de vida dos seres humanos. Agora, vamos refletir sobre os cuidados necessários para usufruir desse desenvolvimento de forma segura.

a) Em sua opinião, os meios de comunicação facilitam a vida das pessoas? Justifique sua resposta.

_____

_____

_____

b) Todas as pessoas têm acesso aos mesmos meios de comunicação que a inovação tecnológica proporcionou nos últimos anos?

_____

_____

_____

c) Todas as informações às quais a população tem acesso atualmente, em especial na internet, são confiáveis? Navegar na internet é seguro?

_____

_____

_____

_____

d) O que você pensa sobre as pessoas que passam uma informação sabendo que é falsa? Você acha que o compartilhamento de notícias falsas pode prejudicar as pessoas?

_____

_____

_____

EU GOSTO DE APRENDER MAIS

Uma experiência exemplar

Leia o relato a seguir, sobre uma ação cujo objetivo foi provar que todas as pessoas têm a capacidade de aprender e de usufruir da tecnologia. Esse fato aconteceu no final do século XX, quando a "era dos computadores" ainda estava começando.

Crianças no comando

Em 1999, Sugata Mitra era cientista-chefe de uma empresa em Nova Deli [Índia] que treinava desenvolvedores de **software**. Seu escritório ficava à beira de uma favela, e, um dia, ele decidiu colocar um computador em uma parede que separava seu edifício da favela. Ele estava curioso para ver o que as crianças fariam, especialmente se ele não dissesse nada. Para sua surpresa, as crianças rapidamente descobriram como usar a máquina.

Ao longo dos anos, Mitra tem sido mais ambicioso. Em um estudo publicado em 2010, ele conta que colocou um computador com materiais de biologia molecular em Kalikuppam, uma vila no sul da Índia. Ele selecionou um pequeno grupo de crianças de 10 a 14 anos e disse-lhes que havia algumas coisas interessantes no computador, e que elas poderiam dar uma olhada. Em seguida, aplicou seu novo método pedagógico: foi embora.

Nos próximos 75 dias, as crianças entenderam como usar o computador e começaram a aprender. Quando Mitra voltou, ele administrou um teste escrito sobre biologia molecular. As crianças responderam cerca de uma em cada quatro perguntas corretamente. [...]

ROMANZOTI, Natasha. Como um método de ensino radical pode criar muitos gênios. *HS Hypescience*, 2. jan. 2014. Disponível em: https://hypescience.com/como-um-metodo-de-ensino-radical-pode-criar-muitos-genios/. Acesso em: 8 mar. 2022.

VOCABULÁRIO

software: programa ou dados do computador; toda a parte que não é física.

ATIVIDADES COMPLEMENTARES

1 Qual foi a experiência feita pelo cientista nas duas ocasiões?

_____

2 Na opinião de vocês, usar computadores e internet ajuda ou atrapalha o aprendizado? Justifiquem a resposta.

_____
_____
_____

3 Pensem em um cartaz que defenda a inclusão digital nas escolas e criem frases falando do tema.

_____
_____
_____
_____

4 Se vocês pudessem usar a internet neste momento, o que gostariam de fazer? Expliquem por quê.

_____
_____
_____
_____
_____
_____
_____

Que tal fazer uma revisão de tudo o que você estudou até agora neste livro? Para isso, sob a orientação do professor, realize as atividades a seguir.

1 Escreva a palavra que corresponde a cada frase.

a) Especialista que investiga e trabalha com vestígios materiais de grupos humanos.

_____

b) Ciência que estuda a vida e a cultura dos povos antigos por meio da escavação e análise de objetos deixados por eles.

_____

c) Grupos humanos que não têm registro escrito.

_____

2 Responda às questões sobre você.

a) Em que século você nasceu?

_____

_____

b) Em que século nasceram seus avós?

_____

_____

c) Em que século estamos?

_____

3 Se uma pessoa estivesse totalmente isolada em meio à natureza, sem nenhum relógio ou calendário, como poderia contar a passagem do tempo? Escreva uma hipótese.

_____

_____

_____

4 Assinale com um **X** uma definição correta de museu.

☐ Lugar onde estão guardados apenas objetos velhos e sem uso.

☐ Lugar de aprendizado e de divulgação da cultura e da história de um povo.

☐ Lugar onde ficam os monumentos de um país.

☐ Lugar onde se guardam apenas itens relacionados à história do povo.

5 Escreva o nome de três museus brasileiros ligados à nossa história e as cidades onde se localizam.

_____

_____

6 No Brasil, existe um importante museu digital. Complete as informações sobre ele.

Nome: Museu da Língua Portuguesa ou Estação Luz da Nossa Língua.

Cidade: _____

Por que é considerado digital: _____

Por que foi fechado ao público em 2015? _____

_____

_____

7 Pesquise em jornais, revistas ou na internet imagens que representem patrimônios culturais do Brasil. Podem ser materiais ou imateriais. Faça um trabalho de colagem com essas imagens, montando um pequeno painel, para expor no mural da classe. Lembre-se de escrever legendas sob as imagens, explicando o que está sendo mostrado.

8 Não só monumentos, praças e museus guardam a história de uma cidade. Você considera que a memória das pessoas também é importante? Explique por quê.

_____
_____
_____
_____

9 Sobre o Egito Antigo, assinale **V** para verdadeiro ou **F** para falso nas frases a seguir.

☐ O Egito surgiu na Ásia.

☐ A região é banhada pelo Rio Nilo.

☐ Os egípcios não desenvolveram um sistema de escrita.

☐ O Egito fazia parte de uma vasta região a que chamamos de Crescente Fértil.

- Agora, corrija as frases que você marcou como falsas.

_____
_____
_____

10 Explique como a maioria das sociedades humanas se tornou sedentária.

_____
_____
_____
_____

11 Registre dois acontecimentos do início da humanidade que foram verdadeiras revoluções no modo de viver dos seres humanos.

_____

12 Marque com um **X** o que for correto sobre a religião dos egípcios e dos mesopotâmicos.

☐ Eram religiões politeístas, isto é, com a crença em muitos deuses.

☐ Eram religiões que acreditavam que havia deuses com forma de animais.

☐ Eram religiões que adoravam um único deus, ou seja, monoteístas.

☐ Nenhuma dessas religiões acreditava em vida após a morte.

13 Complete: Na sociedade egípcia,

a) as pessoas que escreviam e liam eram os _____.

b) os governantes eram adorados como _____.

c) quem administrava os templos e cobrava taxas religiosas eram os _____.

d) os construtores de grandes monumentos, pirâmides, templos e palácios eram os _____.

e) quem cuidava das plantações e da criação de gado, produzindo alimentos, eram os _____.

14 Uma das práticas mais famosas dos antigos egípcios foi a mumificação. Explique o era isso.

_____

15 Todos os egípcios, sem distinção, podiam ser mumificados? Explique.

_____

16 Complete as frases sobre a antiga Mesopotâmia.

a) É a denominação de uma região do Oriente Médio onde hoje fica o país _____.

b) A palavra Mesopotâmia vem da língua grega e significa _____.

c) Vários povos viveram na região, na Antiguidade, entre eles _____
_____.

d) Os mesopotâmicos construíram torres que eram chamadas de _____.

e) Essas torres serviam a ritos religiosos e também para observar os _____.

f) Uma das ciências que nasceram na antiga Mesopotâmia, graças à observação dos astros, foi a _____.

17 Os rios Nilo, Tigre e Eufrates, ligados às antigas civilizações, ainda estão limpos e preservados? Faça uma pesquisa sobre a situação atual desses rios e dê sua opinião sobre o que descobrir.

_____

_____

_____

18 Explique a relação entre Jogos Olímpicos e Grécia Antiga.

_____

19 Sobre os antigos gregos, é correto afirmar que:

☐ tiveram um governo unificado para toda a Grécia.

☐ foram derrotados pelos mesopotâmicos e desapareceram.

☐ viviam em cidades independentes umas das outras, as cidades-estados.

☐ nunca saíram da Península Balcânica, onde viviam, para colonizar outras regiões.

20 Complete: Duas importantes cidades gregas da Antiguidade foram _____ e _____ .

21 Registre uma diferença entre as duas cidades que você mencionou na atividade anterior.

_____
_____
_____

22 Liste três influências dos antigos gregos na nossa vida atual.

_____
_____

23 A democracia na cidade de Atenas, na Antiguidade, era para todas as pessoas? Explique.

_____
_____
_____

24 Sobre Roma na Antiguidade, é correto afirmar que a sociedade se dividia nas seguintes camadas:

☐ faraós, sacerdotes, trabalhadores braçais e camponeses.

☐ patrícios, plebeus, trabalhadores livres, escravos.

☐ eupátridas, georghois, thetas, demiurgos.

☐ esparciatas, periecos, ilotas.

25 Na Roma Antiga, havia uma prática denominada "pão e circo". Explique o que era e qual era a sua finalidade.

_____

_____

_____

26 Registre três influências da cultura romana antiga na nossa vida atual.

_____

27 O que você entendeu por cidadania?

_____

_____

28 Podemos afirmar que no Brasil a cidadania sempre foi para toda a população? Por quê?

_____

_____

_____

29 Registre três direitos dos cidadãos em nosso país.

_____

30 O que é inclusão digital? Podemos afirmar que todas as pessoas no Brasil e no mundo desfrutam desse direito?

_____

_____

LIÇÃO 9

DATAS COMEMORATIVAS

Dia Internacional da Mulher

Ao longo do século XIX e no início do século XX, muitas mulheres, em diferentes partes do mundo, organizaram-se para conquistar direitos que, até então, eram apenas dos homens. Mulheres não decidiam com quem iriam se casar: seus futuros maridos eram escolhidos pelos pais. Apenas os homens tinham direito a votar nas eleições. Apesar de as mulheres trabalharem muitas horas por dia nas fábricas, elas recebiam salários menores que os dos homens para exercer as mesmas funções.

Para lutar contra essas desigualdades, elas se organizaram e lutaram bastante, fazendo greves, manifestações e campanhas em busca de seus direitos.

Embora hoje homens e mulheres em nossa sociedade sejam considerados iguais em direitos e deveres, algumas desigualdades permanecem. Para lembrar as lutas e conquistas das mulheres, foi instituído, em 1921, o Dia Internacional da Mulher, comemorado em 8 de março. Por exemplo, em muitas partes do mundo, além de as mulheres receberem salários menores que os dos homens, ainda sofrem inúmeros preconceitos. Ainda há muito por conquistar!

ATIVIDADE

Há muito tempo, as mulheres vêm se destacando nas mais diversas áreas. A primeira mulher a viajar para o espaço foi a astronauta russa Valentina Tereshkova, em 1963. Vamos ajudá-la a cumprir sua missão?

Dia do Indígena

O Dia do Indígena foi criado em 1943 por Getúlio Vargas, presidente do Brasil na época. A ideia dele era homenagear em 19 de abril os primeiros habitantes do território em que vivemos.

Até o ano de 1500, existiam vários grupos indígenas por aqui. Cada um possuía cultura e hábitos diferentes dos demais. O contato com povos, vindos primeiro da Europa e da África, e depois de outros continentes, modificou profundamente a maneira de viver dos indígenas brasileiros.

Cada etnia tem a própria cultura, língua e tradições. Na imagem, crianças indígenas da etnia Tupinambás da aldeia Pajurá, instalados na comunidade ribeirinha de Cabeceira do Amorim, em dia de festa. Santarém, PA, 2017.

ATIVIDADES

1. Recorte de jornais, revistas ou imprima da internet fotos que mostrem algumas de nossas heranças culturais indígenas. Organize um painel em papel *kraft*, fazendo uma colagem, com legendas identificando a herança.

2. Vamos jogar "Trilha indígena" e conhecer um pouco mais da história dos primeiros habitantes do Brasil?
   - Para jogar, você vai precisar de um dado e de marcadores coloridos.
   - Lance o dado, mova o seu marcador e siga as orientações das casas.
   - Vence o jogador quem primeiro levar o marcador até a chegada.
   - Se quiser, você pode colorir a "Trilha indígena" para deixá-la com o seu jeito.

Jogo: A história dos indígenas no Brasil

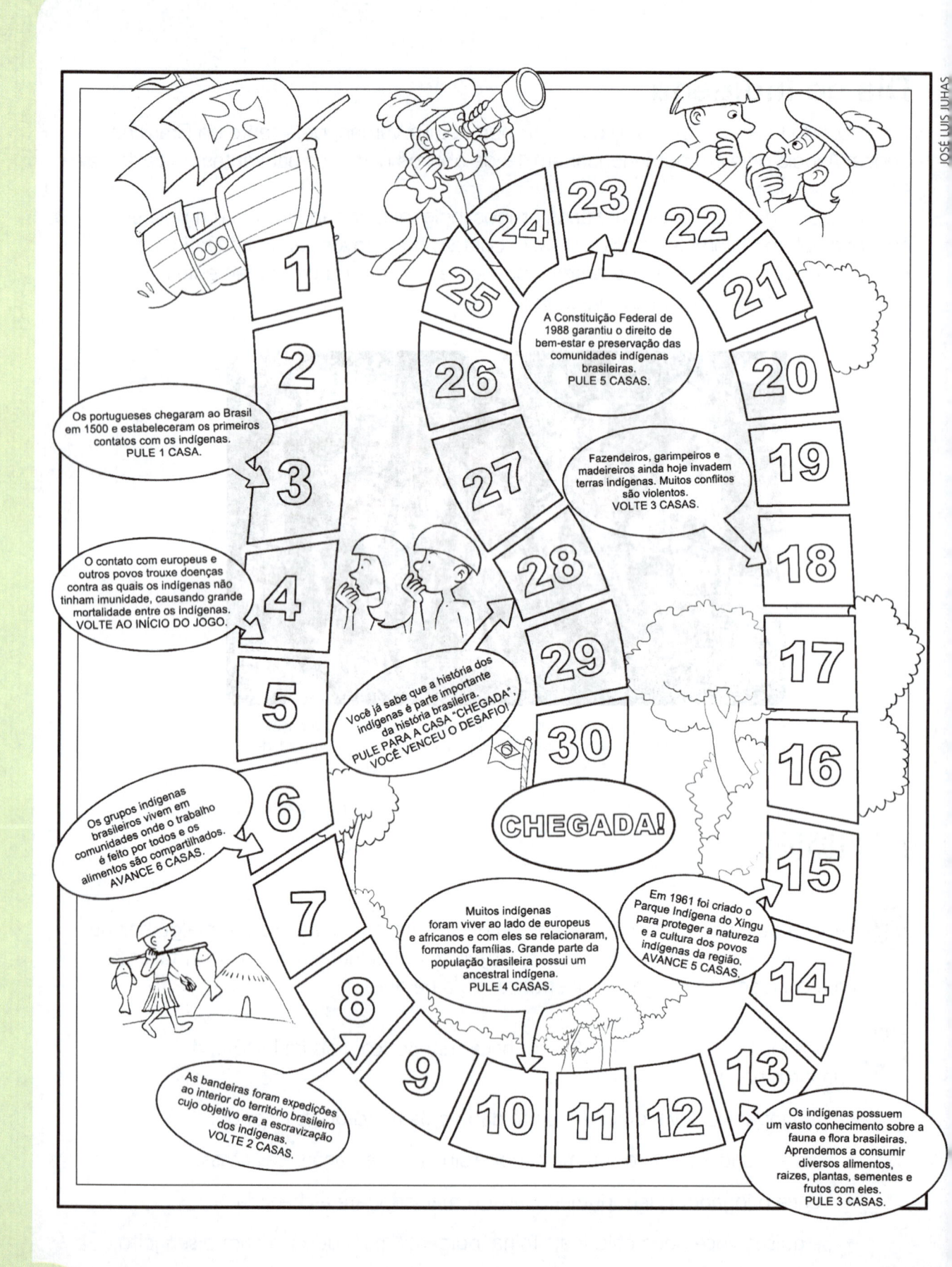

1 →

2 — Os portugueses chegaram ao Brasil em 1500 e estabeleceram os primeiros contatos com os indígenas. PULE 1 CASA.

3

4 — O contato com europeus e outros povos trouxe doenças contra as quais os indígenas não tinham imunidade, causando grande mortalidade entre os indígenas. VOLTE AO INÍCIO DO JOGO.

5

6 — Os grupos indígenas brasileiros vivem em comunidades onde o trabalho é feito por todos e os alimentos são compartilhados. AVANCE 6 CASAS.

7

8 — As bandeiras foram expedições ao interior do território brasileiro cujo objetivo era a escravização dos indígenas. VOLTE 2 CASAS.

9, **10**, **11**, **12**

13 — Os indígenas possuem um vasto conhecimento sobre a fauna e flora brasileiras. Aprendemos a consumir diversos alimentos, raízes, plantas, sementes e frutos com eles. PULE 3 CASAS.

14

15 — Em 1961 foi criado o Parque Indígena do Xingu para proteger a natureza e a cultura dos povos indígenas da região. AVANCE 5 CASAS.

16, **17**

18 — Fazendeiros, garimpeiros e madeireiros ainda hoje invadem terras indígenas. Muitos conflitos são violentos. VOLTE 3 CASAS.

19, **20**, **21**, **22**

23 — A Constituição Federal de 1988 garantiu o direito de bem-estar e preservação das comunidades indígenas brasileiras. PULE 5 CASAS.

24, **25**, **26**, **27**

28 — Muitos indígenas foram viver ao lado de europeus e africanos e com eles se relacionaram, formando famílias. Grande parte da população brasileira possui um ancestral indígena. PULE 4 CASAS.

29 — Você já sabe que a história dos indígenas é parte importante da história brasileira. PULE PARA A CASA "CHEGADA", VOCÊ VENCEU O DESAFIO!

30 — CHEGADA!

156

Dia do Trabalhador

Em todos os anos, 1º de maio é o Dia do Trabalhador. A data foi escolhida porque, em 1º de maio de 1886, milhares de trabalhadores saíram em manifestação nas ruas da cidade de Chicago, nos Estados Unidos. Eles queriam melhores condições de trabalho.

A polícia foi chamada para impedir a manifestação, e muitos trabalhadores foram feridos ou mortos. Nos dias atuais, em muitos países, o 1º de maio tornou-se feriado nacional, como ocorre no Brasil.

ATIVIDADE

As frases abaixo foram ditas por diferentes trabalhadores. Descubra o nome das profissões e complete os diagramas. Depois, pinte os trabalhadores.

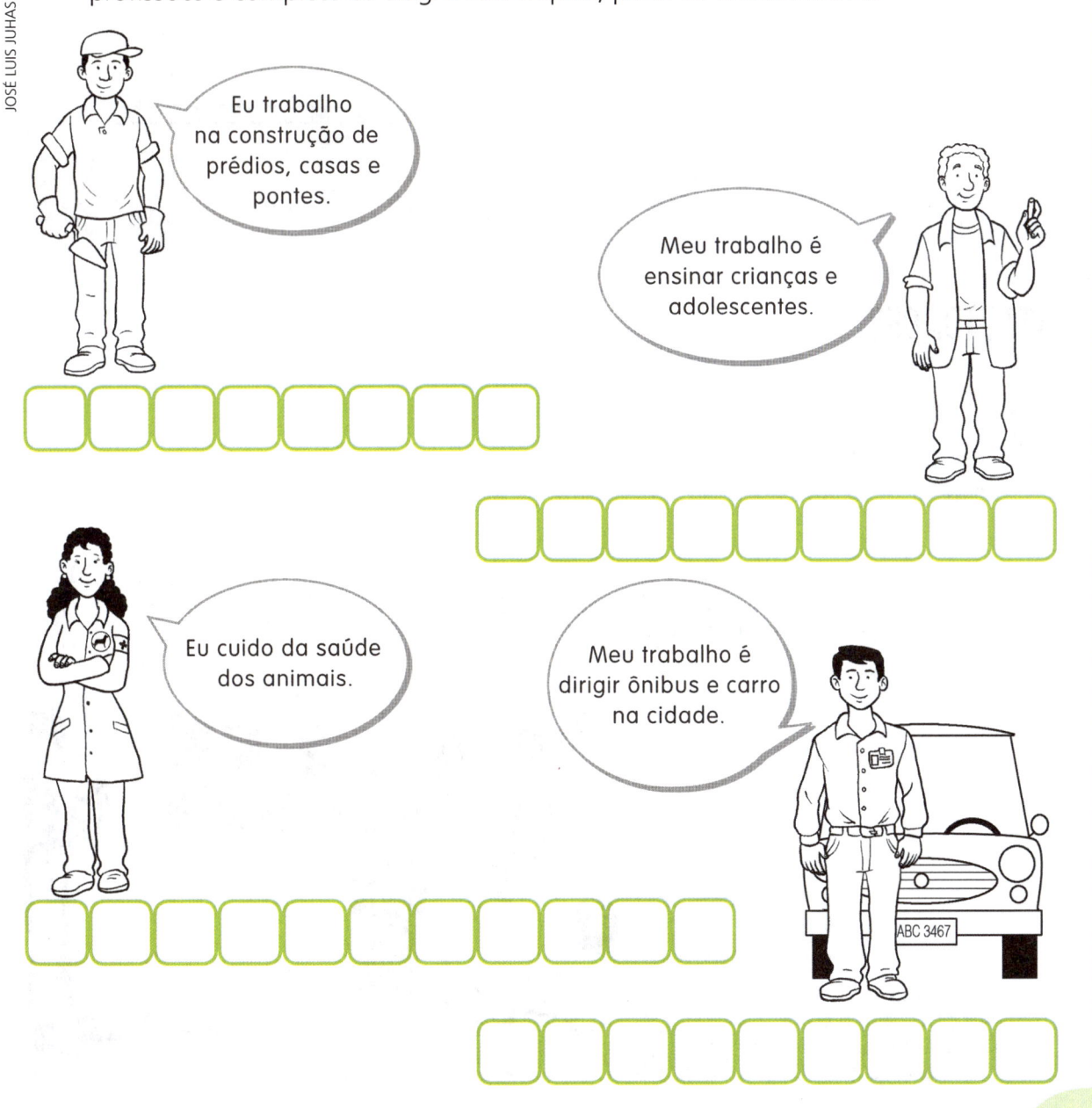

Eu trabalho na construção de prédios, casas e pontes.

Meu trabalho é ensinar crianças e adolescentes.

Eu cuido da saúde dos animais.

Meu trabalho é dirigir ônibus e carro na cidade.

Dia da Libertação dos Escravizados

No dia 13 de maio de 1888, a princesa Isabel, filha do imperador Dom Pedro II, assinou a Lei Áurea, que extinguiu a escravidão no Brasil. A partir dessa data todas as pessoas escravizadas que viviam no Brasil foram consideradas livres.

O fim da escravidão foi uma conquista importante e contou com a luta de muitas pessoas desde o período colonial. Homens e mulheres, escravizados ou livres, resistiram à escravidão de diferentes formas.

A Lei Áurea, assinada pela princesa Isabel em 13 de maio de 1888, decretou o fim da escravidão no Brasil.

ATIVIDADES

1. Observe com atenção a cena representada pelo francês Jean-Baptiste Debret, em sua visita ao Brasil, de um casamento de pessoas escravizadas.

    Depois, encontre e circule na imagem os elementos a seguir.

    - Um padre
    - Quatro chapéus
    - Três brincos

Casamento de negros pertencentes a uma família rica (1826), aquarela sobre papel de Jean-Baptiste Debret.

2 Leia os textos da linha do tempo e descubra momentos importantes da história da escravidão no Brasil.

Depois, use os adesivos, localizados no final do livro, e cole a imagem adequada a cada momento.

Teve início o envio de africanos escravizados para o Brasil, nos chamados navios negreiros.

As fugas e rebeliões eram constantes. Formou-se o Quilombo de Palmares, no atual estado de Alagoas. No dia 20 de novembro, após 17 anos de luta pela defesa de Palmares, o líder Zumbi foi morto.

Século XVI
1530

Século XVII
1695

Mas os escravizados não aceitavam passivamente a escravidão. A capoeira era uma das formas de resistência.

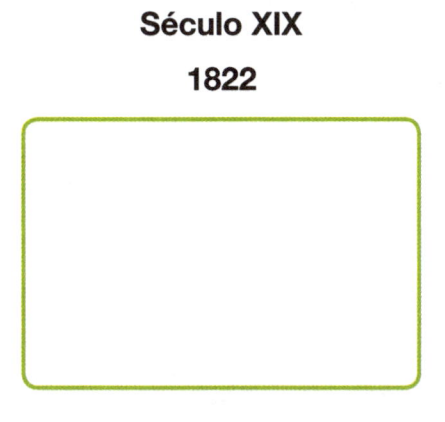

Século XIX
1822

159

Dia do Imigrante

O Brasil foi formado com base na mistura de três grandes grupos: os habitantes originais desse território, que passaram a ser conhecidos como indígenas; os africanos, trazidos para trabalhar como escravizados; e pessoas que vieram de outros países.

No dia 25 de junho, homenageamos esse último grupo, que chamamos **imigrantes**.

Desde 1500, quando os primeiros viajantes europeus chegaram à terra que posteriormente denominaram Brasil, muitas outras pessoas nascidas em lugares distantes optaram por morar aqui.

A imigração foi mais marcante na formação do nosso país na segunda metade do século XIX, com a proibição do comércio internacional de africanos escravizados em 1850 e do fim da escravidão, em 1888.

Para garantir mais trabalhadores, o governo brasileiro, fazendeiros e donos de indústrias começaram a estimular a vinda de europeus, principalmente portugueses, espanhóis e italianos.

Depois, o Brasil recebeu grande número de alemães, sírios, libaneses, japoneses e outros imigrantes. Cada povo contribuiu à sua maneira com o desenvolvimento do nosso país, acrescentando novos elementos à nossa riqueza cultural.

ATIVIDADES

1. Os alemães constituem, no Brasil, a segunda maior comunidade alemã fora da Alemanha, com 300 mil imigrantes. Os primeiros grupos chegaram ao Brasil em 1824, em uma viagem difícil pelo mar, dentro do navio *Argus*.

   Que tal ajudá-los nessa travessia pelo Oceano Atlântico?

JOSÉ LUIS JUHAS

2 Escolha e destaque um dos adesivos, localizados no final do livro, das nacionalidades que vieram para nosso país.

- Cole o adesivo escolhido no espaço a seguir e preencha a ficha.

Este é o povo: _____.

Uma característica dele é: _____.

Outra característica: _____.

Dia da Cultura Brasileira

O Dia da Cultura Brasileira é comemorado em 5 de novembro.

A cultura brasileira é muito rica, pois recebeu influências valiosas de diversos povos que contribuíram com o desenvolvimento do nosso país.

As regiões brasileiras possuem diversas manifestações culturais e conhecê-las nos ajuda a compreender melhor o passado e o presente do Brasil.

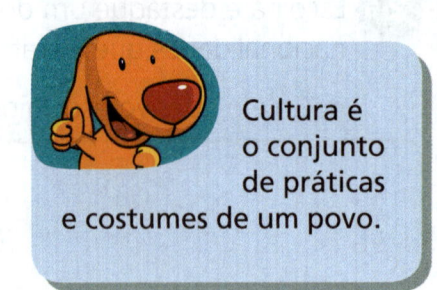

Cultura é o conjunto de práticas e costumes de um povo.

ATIVIDADE

Monte um cartão-postal!

- Nas páginas 134 e 136 você encontra fotos de manifestações culturais do Brasil.
- Leia com atenção as legendas das fotos, que indicam a qual região do Brasil elas pertencem.
- Escolha a imagem que mais lhe agradar, recorte-a e cole-a no espaço a seguir.
- Imagine que você está de férias e quer contar a um amigo ou amiga como são as manifestações culturais desse lugar.
- O que você contaria nesse cartão-postal? Escreva no espaço a seguir.

Dia Nacional da Consciência Negra

Desde 1978, comemora-se no dia 20 de novembro o Dia da Consciência Negra. A data é uma homenagem ao Movimento Negro brasileiro: homens e mulheres descendentes de escravizados que reivindicaram a data para lembrar e celebrar a luta dos africanos e seus descendentes no Brasil contra as injustiças a que foram submetidos no período escravista.

20 de novembro de 1695 é a data da morte de Zumbi dos Palmares, um dos símbolos da resistência contra a escravidão!

ATIVIDADE

Vamos conhecer pessoas que lutaram e lutam pelos direitos dos afrodescendentes brasileiros?

- Observe as imagens da página a seguir. Depois, identifique as imagens, completando a ficha.

☐ Retrato de Zumbi, último líder do Quilombo de Palmares.

☐ Representação da jovem Anastácia, uma escravizada, feita por Jacques Etienne Arago em 1839.

☐ Manifestação em São José dos Campos, no Dia Nacional da Consciência Negra, em 2021.

☐ Filósofa Lélia Gonzales, defensora da igualdade entre homens e mulheres.

☐ *Retrato de André Rebouças*, óleo sobre tela de Rodolfo Bernardelli, s/d.

☐ Desenho de Luís Gama produzido por Ângelo Agostini em 1882.

1

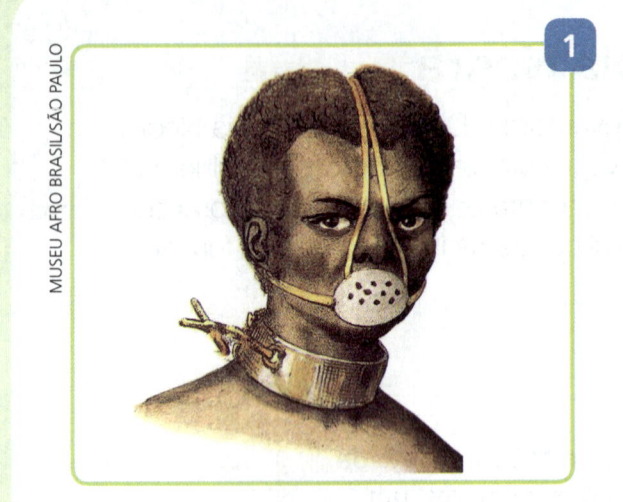

MUSEU AFRO BRASIL/SÃO PAULO

2

MUSEU HISTÓRICO NACIONAL

3

MINISTÉRIO DA CULTURA, FUNDAÇÃO CULTURAL PALMARES, BRASÍLIA, DF

4

COLEÇÃO PARTICULAR

5

CEZAR LOUREIRO

6

LUCAS LACAZ RUIZ/FOTOARENA

164

EU GOSTO DE APRENDER

Revise os tópicos estudados nas datas comemorativas.
- Dia Internacional da Mulher.
- Dia do Indígena.
- Dia do Trabalhador.
- Dia da Libertação dos Escravizados.
- Dia do Imigrante.
- Dia da Cultura Brasileira.
- Dia Nacional da Consciência Negra.

ATIVIDADES

1 Por que é justo existir um dia de homenagens às mulheres, aos indígenas, aos trabalhadores, aos afrodescendentes e aos imigrantes? Marque com um **X** as razões:

☐ Porque são todos brasileiros.

☐ Porque são grupos que construíram o Brasil e foram discriminados socialmente.

☐ Porque precisamos sempre pensar nos direitos desses grupos sociais, que não são respeitados.

☐ Porque são grupos que lutam por igualdade e por respeito em nossa sociedade.

☐ Porque são ocasiões para podermos descansar e passear.

2 Identifique a data comemorativa representada nas fotografias e registre.

São Paulo, SP, 2016.

São Paulo, SP, 2017.

São Paulo, SP, 2014.

Rio de Janeiro, RJ, 2017.

Coleção Eu gosto m@is

GEOGRAFIA

CÉLIA PASSOS

Cursou Pedagogia na Faculdade de Ciências Humanas de Olinda – PE, com licenciaturas em Educação Especial e Orientação Educacional. Professora do Ensino Fundamental e Médio (Magistério) e coordenadora escolar de 1978 a 1990.

ZENEIDE SILVA

Cursou Pedagogia na Universidade Católica de Pernambuco, com licenciatura em Supervisão Escolar. Pós-graduada em Literatura Infantil. Mestra em Formação de Educador pela Universidade Isla, Vila de Nova Gaia, Portugal. Assessora Pedagógica, professora do Ensino Fundamental e supervisora escolar desde 1986.

5ª edição
São Paulo
2022

5.º ANO
ENSINO FUNDAMENTAL

IBEP

SUMÁRIO

LIÇÃO		PÁGINA

1   **Brasil: o nosso país** 170
- O Brasil na América do Sul 173
- Divisões do Brasil 177

2   **A população do Brasil** 181
- A vinda de imigrantes 183
- Os fluxos de população 185
- A população atual do Brasil 188
- Imigrações atuais no Brasil 192

3   **Brasil: aspectos econômicos** 194
- A agricultura 195
- A pecuária 196
- A tecnologia no campo 200
- A indústria 201
- A agroindústria 202
- Indústrias de transformação 204
- O comércio 206
- Os serviços 209
- Interação campo e cidade 210

4   **Brasil: Região Norte** 214
- Divisão política da Região Norte 214
- Aspectos físicos 218
- Aspectos econômicos 222
- Aspectos humanos 227
- A comunidade ribeirinha 228
- Aspectos culturais 229

LIÇÃO		PÁGINA
5	**Brasil: Região Nordeste**	**234**
	• Divisão política	235
	• Aspectos físicos	238
	• Aspectos econômicos	243
	• Aspectos humanos e culturais	247
6	**Brasil: Região Centro-Oeste**	**252**
	• Divisão política	253
	• Aspectos físicos	255
	• Aspectos econômicos	259
	• Aspectos humanos	264
	• Aspectos culturais	264
	• Povos indígenas	265
7	**Brasil: Região Sudeste**	**270**
	• Divisão política	270
	• Aspectos físicos	272
	• Aspectos econômicos	276
	• Aspectos humanos	280
	• Aspectos culturais	280
	• A cultura caiçara	283
8	**Brasil: Região Sul**	**288**
	• Divisão política	289
	• Aspectos físicos	291
	• Aspectos econômicos	294
	• Aspectos humanos	297
	• Aspectos culturais	298

LIÇÃO 1

BRASIL: O NOSSO PAÍS

O Brasil tem uma extensa área territorial. De acordo com o Instituto Brasileiro de Geografia e Estatística (IBGE), essa área corresponde a 8 514 876 km², que equivalem a 1,7% das **terras emersas** do planeta. Por causa disso, costuma-se dizer que o Brasil é um país de dimensões continentais, ou seja, é tão extenso que ocupa quase um continente inteiro.

> **VOCABULÁRIO**
>
> **terra emersa:** terra que não está coberta pelas águas de rios, lagos e oceanos, ou seja, que está acima das águas.

Também segundo o IBGE, em relação aos outros países, o Brasil ocupa o 5º lugar do mundo em extensão territorial. Ele fica atrás apenas de Rússia (17 098 240 km²), Canadá (9 984 670 km²), Estados Unidos (9 632 030 km²) e China (9 598 089 km²), sendo que na área total dos Estados Unidos estão incluídos o Alasca (localizado mais ao norte, junto ao Canadá) e as ilhas do Havaí.

Veja a localização desses países no mapa a seguir.

PAÍSES MAIS EXTENSOS DO MUNDO

Rússia	17 098 240 km²
Canadá	9 984 670 km²
China	9 598 089 km²
Estados Unidos	9 632 030 km²
Brasil	8 514 876 km²

Fonte: Atlas geográfico escolar. 6. ed. Rio de Janeiro: IBGE, 2012. p. 34.

É possível localizar o Brasil em uma representação da Terra por meio de diversas referências. Por exemplo, pode-se dizer que nosso país está localizado no Hemisfério Ocidental, ou seja, a oeste do Meridiano de Greenwich.

Outra referência é o fato de que o Brasil é o maior país da América do Sul, ocupando 47% de sua área total.

Ainda é possível indicar que cerca de 93% do território brasileiro está localizado no Hemisfério Sul e cerca de 7% dele está no Hemisfério Norte. Essa localização é estabelecida pela linha imaginária do Equador, o principal paralelo terrestre. Ele atravessa o território do Brasil, cortando os estados do Amazonas, do Pará, do Amapá e de Roraima.

Além da Linha do Equador, o Brasil também é cortado por outro paralelo importante: o Trópico de Capricórnio, que atravessa os estados do Mato Grosso do Sul, do Paraná e de São Paulo. Esse fato configura outra característica quanto à localização do Brasil: a maior parte de seu território está situada na Zona Tropical (cerca de 92%); e o restante (por volta de 8%) localiza-se na Zona Temperada do Sul.

Essas características de localização do território brasileiro resultam em uma grande variedade de climas, vegetações, formas de relevo e diferentes fusos horários.

Pontos extremos do Brasil

Considerando os pontos cardeais, podemos afirmar que o território brasileiro apresenta quatro pontos extremos. São eles:
- Ao Norte – nascente do Rio Ailã, no Monte Caburaí, estado de Roraima;
- Ao Sul – Arroio Chuí, no estado do Rio Grande do Sul;
- A Leste – Ponta do Seixas, no estado da Paraíba;
- A Oeste – nascente do Rio Moa, na Serra Contamana, estado do Acre.

BRASIL: PONTOS EXTREMOS

Fonte: *Atlas geográfico escolar*. 6. ed. Rio de Janeiro: IBGE, 2012. p. 91.

A distância entre os pontos extremos de norte ao sul é de cerca de 4 394 km, enquanto a distância entre os extremos de leste a oeste é de cerca de 4 319 km. Observe cada um desses pontos no mapa acima.

ATIVIDADES

1 Marque um **X** na posição que o Brasil ocupa no mundo em relação a sua extensão territorial.

☐ 1º lugar ☐ 4º lugar

☐ 2º lugar ☐ 5º lugar

☐ 3º lugar

2 Quais países são mais extensos que o Brasil?

_____

3 Imagine que você encontrou um turista que lhe pediu informações sobre características da localização do Brasil. O que você diria a ele?

_____

_____

4 Escreva **C** para as frases corretas e **E** para as frases erradas. Depois, corrija as frases erradas e reescreva-as corretamente no caderno.

☐ A grande variedade de climas, vegetações e diferenças de fusos horários em nosso país deve-se à sua extensão e às características de sua localização.

☐ Por estar localizado em sua maior parte no Hemisfério Sul, o Brasil não apresenta variedade de clima nem de vegetação.

☐ O Brasil não pode ser chamado de país continental, pois suas dimensões são muito pequenas para isso.

☐ Por terem territórios menos extensos que o do Brasil, Rússia e Estados Unidos caberiam dentro do nosso país.

5 Observe novamente o mapa da página anterior. Qual dos pontos extremos do território brasileiro está mais próximo de onde você vive?

_____

O Brasil na América do Sul

O continente americano pode ser dividido de diferentes maneiras. Uma dessas divisões o organiza em América do Norte, América Central e América do Sul, como você pode observar no mapa ao lado.

Olhando novamente o mapa desta página, você perceberá que o Brasil está localizado na América do Sul.

A América do Sul possui uma área de 17 819 100 km². Sua população é de aproximadamente 414 milhões de habitantes, em grande parte composta de descendentes de grupos indígenas e imigrantes europeus e africanos.

Os países que formam a América do Sul são: Argentina, Bolívia, Brasil, Chile, Colômbia, Equador, Guiana, Guiana Francesa, Paraguai, Peru, Suriname, Uruguai e Venezuela.

AMÉRICA: DIVISÃO POLÍTICA

Fonte: Atlas geográfico escolar. 6. ed. Rio de Janeiro: IBGE, 2012. p. 34.

Na porção sul da América, assim como em outros continentes, há locais que abrigam um grande número de pessoas, configurando áreas muito populosas. Entre essas áreas estão São Paulo, Lima, Bogotá, Rio de Janeiro, Santiago, Brasília, Salvador, Buenos Aires.

Mas há também diversos locais do território nos quais o número de habitantes é muito pequeno. São, por exemplo, as áreas da Floresta Amazônica (que se localiza, em sua maior parte, no Brasil), do Deserto do Atacama (no Chile) e da Patagônia (localizada, em sua maior parte, na Argentina).

Área pouco populosa na região amazônica em 2021.

Área pouco populosa na Patagônia. Chile, 2021.

O território brasileiro faz **fronteira** com a maioria dos países da América do Sul. Observe:

- Norte (N) – Venezuela, Guiana, Suriname, Guiana Francesa;
- Noroeste (NO) – Colômbia;
- Oeste (O) – Peru e Bolívia;
- Sudoeste (SO) – Paraguai e Argentina;
- Sul (S) – Uruguai.

Observando novamente o mapa da página anterior, você notará que, na América do Sul, o Brasil só não faz fronteira com Chile e Equador.

VOCABULÁRIO

fronteira: faixa territorial entre duas unidades administrativas, por exemplo, dois países.

ATIVIDADES

1 Analise o mapa **América: divisão política**. Com base nas informações do texto e na leitura do mapa, complete as frases.

a) O continente americano pode ser dividido politicamente em três partes:

_____, _____ e _____.

b) O Brasil localiza-se na _____.

c) A população da América do Sul é descendente, em sua maioria, de

_____, _____ e _____.

2 Com base na leitura do mapa, nomeie:

a) Os países com os quais o Brasil não faz fronteira.
_____

b) Um país ao norte do Brasil.
_____

c) O oceano a leste do Brasil.
_____

d) Um país a oeste do Brasil.
_____

3 Brasil e Venezuela possuem fronteiras entre si. Que outros países da América do Sul fazem fronteira com o nosso?
_____
_____

4 Em relação à população, todas as áreas da América do Sul possuem um número muito parecido de pessoas? Justifique.
_____
_____

175

5. Observe a imagem a seguir e depois responda.

a) Compare esta imagem com o mapa **América: divisão política**, você consegue identificar a Brasil nesta imagem?

_____
_____
_____
_____
_____

b) Que outros elementos você identifica na imagem?

_____
_____
_____
_____
_____

Imagem da América do Sul, elaborada a partir de fotos de satélite obtidas pela Nasa.

6. Reúna-se com um colega e escolham um país da América do Sul. Vocês vão pesquisar informações sobre ele, como:

- localização;
- bandeira e idioma;
- extensão territorial;
- nome das principais cidades;
- nome de sua capital;
- cidades que fazem fronteira com o Brasil, se houver, e quais os nomes delas.

Para realizar a pesquisa, vocês poderão usar a internet ou consultar livros da biblioteca de sua escola. Enriqueçam a pesquisa com fotos do país pesquisado.

Em sala, relatem suas descobertas para os colegas e ouçam as descobertas deles. Com a ajuda do professor, organizem um mural com o material pesquisado e deixem-no em exposição na escola.

176

Divisões do Brasil

Você já deve ter visto, ouvido ou lido no noticiário algo como: "No **estado** do Piauí, governador eleito assume o cargo" ou "As chuvas na **Região** Centro-Oeste ficaram abaixo do esperado".

O que significam estado e região do território brasileiro? Quais as diferenças existentes entre eles? É o que veremos a seguir.

Divisão política

Os limites internacionais atuais do Brasil foram definidos nos primeiros anos do século XX. Porém, internamente, observamos mudanças muito mais recentes.

Nosso país é dividido em unidades administrativas, chamadas **estados**, como você pode observar no mapa a seguir.

BRASIL: DIVISÃO POLÍTICA

Fonte: *Atlas geográfico escolar*. 6. ed. Rio de Janeiro: IBGE, 2012. p. 90.

O Brasil é formado por 27 Unidades Federativas, sendo 26 estados e 1 Distrito Federal, onde se localiza a capital do país: Brasília. Nela está a sede do governo federal, onde trabalham o presidente da República e seus ministros, além dos senadores e dos deputados federais, que formam o Congresso Nacional.

Cada um dos estados pertencentes ao Brasil também tem seus administradores locais, que são o governador e os deputados estaduais.

Atualmente, em nosso país, o presidente da República, os senadores, os deputados federais, os governadores e os deputados estaduais são eleitos pela população por meio do voto, que é secreto.

A divisão do país em Unidades Federativas permite uma melhor administração do território brasileiro.

Prédio da Assembleia Legislativa do Estado de Santa Catarina.

Divisão regional

Além da divisão em estados e Distrito Federal, as Unidades Federativas do Brasil podem ser agrupadas em grandes regiões, cada uma com características internas semelhantes, mas externamente diferentes umas das outras. Para esse agrupamento leva-se em consideração características como clima, relevo, vegetação, hidrografia, economia e população.

Com isso, o IBGE classificou as cinco grandes regiões (também chamadas macrorregiões) brasileiras, que são: Região Norte, Região Nordeste, Região Centro-Oeste, Região Sudeste e Região Sul.

Veja no mapa ao lado os estados que compõem cada macrorregião.

Em qual macrorregião do Brasil você vive?

Fonte: Atlas geográfico escolar. 6. ed. Rio de Janeiro: IBGE, 2012. p. 94.

ATIVIDADES

1 Observe o mapa da página anterior. Escreva o nome dos estados que são banhados pelo Oceano Atlântico.

_____

_____

_____

_____

2 Observe novamente o mapa da página anterior. Escreva agora o nome dos estados que fazem limite com o estado onde você vive.

_____

3 Escreva **C** para as frases corretas e **E** para as frases erradas. Depois, corrija as frases erradas e reescreva-as corretamente no caderno.

☐ No Brasil, os governadores dos estados são escolhidos pelo presidente da República.

☐ Brasília, a capital de nosso país, está localizada no Distrito Federal.

☐ As 27 Unidades Federativas que existem no Brasil são compostas de 26 estados e 1 Distrito Federal.

☐ As atuais fronteiras internacionais do Brasil foram definidas desde a chegada dos primeiros portugueses.

4 Quais são as Unidades Federativas e as respectivas capitais dos estados que compõem a macrorregião onde você mora?

_____

_____

_____

_____

EU GOSTO DE APRENDER

Relembre o que você estudou nesta lição.

- O Brasil é o quinto maior país do mundo em extensão territorial. É considerado um país de dimensões continentais e tem a maior parte de seu território no Hemisfério Sul.
- É um país ocidental, pois está localizado a oeste do Meridiano de Greenwich.
- É o maior país da América do Sul, fazendo fronteira com os demais países, exceto Chile e Equador. É banhado pelo Oceano Atlântico.
- Os pontos extremos do Brasil são: ao norte, a nascente do Rio Ailã; ao sul, o Arroio Chuí; a leste, a Ponta do Seixas; a oeste, a nascente do Rio Moa.
- Nosso país é uma república federativa presidencialista. É composto de 26 estados e 1 Distrito Federal, formando uma federação. Essa federação é governada por um presidente da República, eleito pelo voto popular, que é secreto.
- Os geógrafos costumam dividir o Brasil em regiões para estudar melhor as características de cada parte do nosso território. As regiões brasileiras são: Região Norte, Região Nordeste, Região Centro-Oeste, Região Sudeste e Região Sul.

ATIVIDADES

1 Volte ao mapa das macrorregiões brasileiras e complete o quadro abaixo com os nomes das regiões brasileiras e dos estados que as compõem.

Região	Estados

180

A POPULAÇÃO DO BRASIL

Veja as imagens de uma festa folclórica muito popular no Brasil.

Festa do bumba meu boi, em São Luís (MA), 2022.

Brincantes da festa do bumba meu boi em São Luís (MA), 2018.

As imagens mostram cenas da festa folclórica do bumba meu boi, que acontece todos os anos em vários lugares do Brasil. Ela é realizada desde o século XVIII e começou na Região Nordeste. Com o tempo, foi se modificando e hoje existem desde grupos pequenos, formados por famílias que mantêm a tradição, até grupos enormes, que mobilizam a cidade toda nas festas.

A lenda do bumba meu boi gira em torno do desejo de comer língua de boi de Mãe Catirina. Seu marido, Pai Francisco, escravo de um rico fazendeiro, com medo de que sua mulher perdesse o filho por causa do desejo não satisfeito, mata o boi mais querido de seu senhor para fazer o prato que Mãe Catirina tanto desejava.

Quando o senhor percebe que seu boi havia desaparecido, ordena que um de seus vaqueiros investigue o sumiço do animal. Tão logo o vaqueiro descobre o que havia acontecido com o boi, conta ao seu senhor. O fazendeiro então sai à procura de Pai Francisco, com o objetivo de castigá-lo.

Com medo da fúria do fazendeiro, Pai Francisco procura um pajé para que ressuscite o animal. No final, tudo termina bem: o pajé ressuscita o boi; o fazendeiro, sabendo da boa intenção de Pai Francisco, o perdoa; e todos celebram a ressurreição do boi com uma grande festa.

A festa do bumba meu boi tem um significado especial quando se fala em cultura brasileira, pois ela une tradições de diferentes povos: indígenas, portugueses e negros.

Os indígenas eram os habitantes do Brasil quando os portugueses aqui chegaram. Os negros, por mais de 300 anos, foram trazidos da África como mão de obra escravizada para serem vendidos como mercadoria e trabalharem para os colonos portugueses em seus engenhos de produção de açúcar, criação de gado e todas as tarefas necessárias para a geração de riqueza do Brasil daquele período. Da convivência e da mistura desses três povos resultou o povo brasileiro.

Os traços dessa mistura são perceptíveis em vários aspectos de nossa cultura, como o idioma, herdado dos portugueses; o hábito de comer mandioca e milho, de dormir na rede e tomar banho todos os dias, herdado dos indígenas; comer angu, jogar capoeira, dançar ao ritmo do maracatu, herdados dos povos africanos.

ATIVIDADES

1 Você já tinha ouvido falar dessa festa?
_____

2 Na sua região ocorre a festa do bumba meu boi?
_____

3 Quem são os personagens principais da festa folclórica?
_____

4 Na sua região ocorre alguma festa folclórica? Qual é a origem dessa festa?

_____

5 Você percebe no seu dia a dia traços dos três povos que deram origem ao brasileiro?

_____

A vinda de imigrantes

Quando o Brasil se tornou independente de Portugal, começaram a chegar imigrantes de outros países em um processo que se intensificou depois da abolição da escravatura, em 1889, como forma de substituição da mão de obra dos escravizados.. Para cá vieram alemães, italianos, espanhóis, portugueses, poloneses, povos árabes e japoneses, entre outros.

As difíceis condições de vida na Europa na segunda metade do século XIX incentivaram muitos europeus a buscarem novas oportunidades em outros locais. O governo brasileiro incentivava a vinda de imigrantes porque precisava de mão de obra para as lavouras em substituição ao trabalho dos negros escravizados.

Os imigrantes, como os alemães e depois os italianos, vieram para colonizar terras cedidas pelo governo e para suprir a mão de obra dos negros escravizados nas plantações, especialmente de café, no estado de São Paulo. Seus descendentes, em alguns casos, guardam as tradições de origem dos seus antepassados, em especial no Sul do Brasil.

Os emigrantes (1910), de Antônio Rocco. Óleo sobre tela, 231 cm × 202 cm. Nessa obra, o pintor italiano retratou uma família italiana partindo para o Brasil.

Foto de imigrantes italianos em plantação de café.

A partir de 1824 chegaram os primeiros imigrantes estrangeiros ao Brasil. Inicialmente, vieram os alemães, depois os italianos e outros povos. Família de origem alemã, Blumenau (SC), no final do século XIX.

183

Muitos imigrantes, por conta das condições ruins de trabalho oferecidas pelos fazendeiros de café ou por suas terras serem distantes dos centros comerciais, onde poderiam vender o que produziam, acabaram deixando o campo e vindo para as cidades.

São Paulo, por exemplo, era a cidade que crescia com a riqueza do café e via surgir diversas indústrias. Muitos imigrantes italianos e espanhóis traziam na bagagem conhecimento profissional e acabaram formando grande parte da mão de obra do começo da industrialização brasileira. Muitos, inclusive, criaram empresas para a produção de tijolos, metalurgia, alimentos, entre outros.

Vista do bairro do Brás, São Paulo (SP), c. 1910. A maioria das indústrias paulistas localizava-se nesse bairro.

ATIVIDADES

1 Por que o governo brasileiro incentivou a vinda de imigrantes europeus para o Brasil?

_____

2 Os imigrantes chegaram em quais regiões brasileiras?

_____

3 Todos os imigrantes se fixaram nas terras oferecidas pelo governo ou nas áreas de plantações de café? Justifique sua resposta.

_____

_____

4 Por que os imigrantes que foram para as cidades conseguiram trabalhar na indústria?

_____

Os fluxos de população

Diversos fatores fazem que as pessoas se desloquem de um lugar para outro, no processo chamado fluxo migratório.

As pessoas que vêm de outros municípios ou de outros estados são chamadas migrantes.

Alguns motivos da vinda de migrantes são:
- falta de terra para plantar e criar animais;
- falta de trabalho;
- substituição da mão de obra do ser humano pelas máquinas;
- secas e pragas que destroem as plantações e matam os animais.

Nos anos 1950 e 1960, quando a industrialização se acelerou no Sudeste, muitas pessoas do Nordeste e do norte de Minas Gerais deixaram os lugares onde viviam em busca de melhores condições de vida.

Nessa época, cerca de 200 mil pessoas se deslocavam anualmente do Nordeste para o Sudeste e para o Sul.

Ao se estabelecerem na capital paulista e em outros grandes centros urbanos, essas pessoas enfrentaram muitas dificuldades, como o preço dos aluguéis, a distância entre o local de moradia e o trabalho, o alto custo de vida das cidades.

Na cidade de São Paulo, a construção do Metrô na década de 1970 atraía mais migrantes do Nordeste para o Sudeste. Foto de 1975.

Mesmo assim, o fluxo de migrantes aumentou nos anos 1970 e 1980, principalmente por causa da explosão da construção civil.

Mas a migração de pessoas não ocorreu somente para os centros industrializados. Nos anos 1950, quando a cidade de Brasília começou a ser construída, milhares de pessoas saíram de seus estados no Nordeste e se mudaram para o Planalto Central, empregando-se como operários da construção civil. Eram chamados candangos e em homenagem a eles um monumento foi erguido na cidade. Em 1960, quando Brasília foi inaugura, mais de 58 mil pessoas de origem dos estados do Nordeste compunham a população da capital federal, o que representava cerca de 41% da população da cidade naquele ano.

A busca por terras para cultivar sempre motivou o deslocamento de populações. Na década de 1940, começou a migração de

Os candangos (1960), de Bruno Giorgi. Escultura em bronze, 8 m. O monumento homenageia os operários que trabalharam na construção de Brasília. Praça dos Três Poderes, Brasília (DF).

185

pessoas do Rio Grande do Sul para o oeste de Santa Catarina. Anos depois, esse deslocamento se expandiu para a Região Centro-Oeste e Norte com colonos do Sul chegando em Mato Grosso do Sul, Mato Grosso e Rondônia.

É grande o número de habitantes que se deslocam do campo para a cidade, por isso a população da zona urbana (cidade) é maior que a da zona rural (campo).

A saída de pessoas da zona rural para a zona urbana chama-se êxodo rural.

Em geral, as cidades não estão preparadas para receber os migrantes. Por isso, ao chegarem às cidades, eles enfrentam muitos problemas.

ATIVIDADES

1 Assim como em Brasília, em São Paulo também tem um monumento que homenageia os migrantes. Observe a imagem, leia sua legenda e depois responda às perguntas.

Monumento do migrante nordestino (2010), de Marcos Cartum. Aço corten, 5 m x 10 m. Localizado no Largo da Concórdia, em São Paulo (SP).

a) Por que existe esse monumento em São Paulo?

_____

_____

b) A que remete a forma do monumento feito pelo artista Marcos Cartum?

_____

_____

c) Qual é o motivo da migração de pessoas do Nordeste para São Paulo?

_____

2 Agora, observe a foto a seguir, leia sua legenda e, depois, responda às perguntas.

Família Abegg que migrou para Gleba Arinos, em Porto dos Gaúchos (MT), 1956.

a) Em sua opinião, qual a origem do sobrenome Abegg?

_____

_____

_____

_____

b) Na imagem é possível identificar um traço característico da região de origem dos Abegg. Você consegue reconhecer o que é?

_____

c) Qual foi o motivo que levou os Abegg a migrar para o Mato Grosso?

_____

d) Qual traço cultural do estado de origem os Abegg levam para o novo lugar onde foram morar?

_____

A população atual do Brasil

A população brasileira estimada atualmente é de aproximadamente 215 milhões de pessoas. O Censo é um levantamento feito a cada 10 anos para saber o número de habitantes de um país – em 2020 não foi realizado por causa da pandemia do Coronavírus.

A seguir, observe os dados dos gráficos. Esse diagnóstico é feito pelo Instituto Brasileiro de Geografia e Estatística (IBGE).

Nesse levantamento, também são obtidos dados como: a proporção de homens e mulheres, onde vivem os brasileiros – se na zona urbana ou na rural –, faixa etária e características étnico-raciais, entre outros.

Veja os dados nos gráficos com dados da população do censo de 2010.

A população brasileira está distribuída de forma irregular pelo território. Enquanto há áreas com elevada concentração populacional, outras são pouco habitadas.

Veja ao lado o mapa da densidade demográfica do Brasil.

A densidade demográfica corresponde à quantidade média de habitantes por quilômetro quadrado.

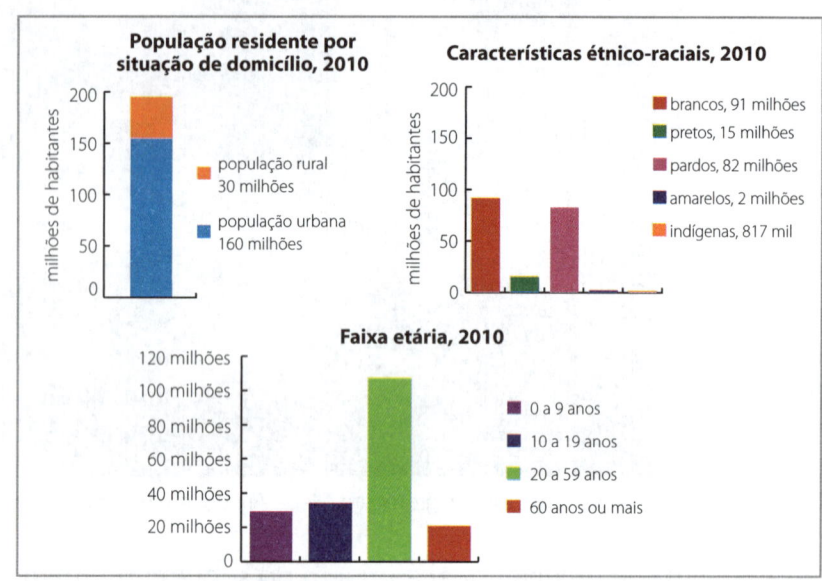

População residente por situação de domicílio, 2010
- população rural: 30 milhões
- população urbana: 160 milhões

Características étnico-raciais, 2010
- brancos, 91 milhões
- pretos, 15 milhões
- pardos, 82 milhões
- amarelos, 2 milhões
- indígenas, 817 mil

Faixa etária, 2010
- 0 a 9 anos
- 10 a 19 anos
- 20 a 59 anos
- 60 anos ou mais

Fonte: IBGE, Censo Demográfico 2010.

BRASIL: DENSIDADE DEMOGRÁFICA

Habitantes por km²:
- Menos de 1
- 1 a 5
- 5,1 a 20
- 20,1 a 50
- 50,1 a 100
- 100,1 a 250
- Acima de 250

Fonte: IBGE, Censo Demográfico 2010.

Atualmente, a densidade demográfica do Brasil é de aproximadamente 22,3 habitantes por quilômetro quadrado.

Embora a maior parte da população viva na área urbana, isso nem sempre foi assim. Veja o gráfico sobre a relação da população urbana e rural no Brasil entre 1950 e 2010.

POPULAÇÃO URBANA E RURAL DO BRASIL: 1950-2010

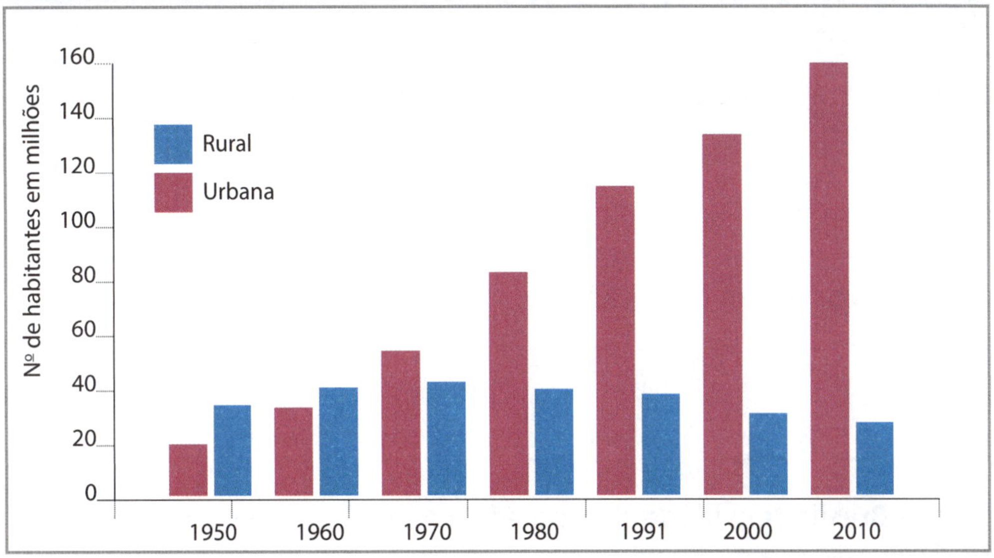

Fontes: *Anuário estatístico do Brasil* 1997 e Censo IBGE 2010. Disponível em: https://bit.ly/1Ll69td. Acesso em: 20 ago. 2022.

As condições de vida no campo e o acesso a empregos, serviços de saúde e educação para os jovens ajudam a explicar o movimento de saída do campo.

A mecanização no campo, que substituiu a mão de obra por máquinas, também ajuda a entender esse processo. Entre 1995 e 1997, desapareceu 1,8 milhão de empregos no campo e um número semelhante foi criado nas cidades, principalmente nas indústrias.

No entanto, apesar dos benefícios econômicos para o país e da melhoria de qualidade de vida das pessoas, a urbanização acelerada também contribuiu para a intensificação dos problemas das cidades, como a falta de serviços públicos de qualidade, a precariedade das moradias e a violência.

Precariedade de moradias e de serviços públicos básicos é um dos problemas dos grandes centros urbanos. Periferia de Salvador (BA).

Problemas no transporte público também afetam as grandes cidades. Terminal de ônibus em São Paulo, (SP).

ATIVIDADES

1 Observe o mapa **Brasil: densidade demográfica**.

a) No Brasil, há locais com baixa densidade demográfica? Em quais regiões?

_____

_____

b) Qual parte do Brasil apresenta a menor densidade demográfica?

_____

_____

c) E a maior densidade demográfica?

_____

_____

2 Volte ao mapa **Brasil: densidade demográfica** e localize seu estado. Agora responda: o seu estado é muito ou pouco habitado?

_____

_____

3 Pesquise a quantidade de habitantes que vive em seu estado.

_____

_____

4 Analisando o gráfico da população urbana e rural do Brasil nos últimos 60 anos, responda:

a) O que o gráfico mostra?

_____

_____

b) A população urbana sempre foi maior que a rural? Justifique sua resposta.

_____

_____

c) O que ocorre a partir de 1970?

_____

_____

d) Em 2010, qual era a quantidade de pessoas que vivia em cidades? E no campo?

_____

_____

e) Em sua opinião, por que as cidades atraem os moradores do campo?

_____

_____

_____

f) Você mora na área rural ou urbana?

_____

_____

5 Pesquise com seus familiares se tem algum parente ou conhecido que veio da região rural para a urbana nos últimos anos e qual foi o motivo desse deslocamento.

_____

_____

_____

6 O rápido e desordenado processo de urbanização ocorrido no Brasil trouxe problemas muito sérios para as cidades. Entre eles podemos destacar a favelização, a violência urbana, a poluição e as enchentes. Reúna-se em grupo e pesquisem sobre a presença desses problemas na cidade onde vocês vivem e se eles têm relação com o processo de urbanização. Em sala, relatem os dados coletados na pesquisa para os colegas dos outros grupos e ouça os dados deles. Com a ajuda do professor, organizem um texto coletivo com o material pesquisado e deixem-no em exposição na escola.

Imigrações atuais no Brasil

O processo de imigração não foi uma marca do passado, atualmente o Brasil recebe pessoas de diferentes países.

Leia o texto a seguir.

Brasil é o quinto país mais buscado por imigrantes venezuelanos

30/04/2022

Entre olhares desconfiados e cansados, crianças brincando e malas que se amontoam, filas se formam nas tendas da Operação Acolhida, com centenas de venezuelanos que ainda buscam no Brasil um local para recomeçar a vida. Na fronteira entre Santa Elena de Uairén e Pacaraima, cerca de 750 pessoas por dia, em média, atravessam para o lado brasileiro, carregando o que coube em malas e trazendo também expectativas: de encontrar parentes e amigos que já estão no país, de conseguir emprego e de uma nova vida.

Nas tendas da Operação Acolhida, criada em 2018, os atendimentos não param. Há guichês para pedidos de residência e refúgio, para emissão de documentos, como CPF e cartão SUS, para cadastro no sistema de emprego. Uma força-tarefa atua nesse primeiro contato do migrante com o Brasil para facilitar a entrada e interiorização dos venezuelanos.

O país é o quinto destino mais procurado por esses migrantes para viver. De janeiro de 2017 a março de 2022, o Brasil recebeu 325.763 venezuelanos que permaneceram aqui. [..]

Dourado, C. e Bittencourt, G. Brasil é o quinto país mais buscado por imigrantes venezuelanos. Agência Brasil. Disponível em: https://agenciabrasil.ebc.com.br/geral/noticia/2022-04/brasil-e-o-5o-pais-mais-buscado-por-imigrantes-venezuelanos. Acesso em: 31 jul. 2022.

O texto indica que muitas pessoas estão deixando a Venezuela, um país de fronteira com o Brasil, e entrando Pacaraima, município de Roraima. O motivo da vinda dos venezuelanos para cá nesse período tem a ver com a crise política e econômica que afeta o país vizinho, com falta empregos, alimentos, remédios e outros recursos básicos.

Essas pessoas imigram porque não conseguem mais ter condições dignas de vida no lugar onde moram e arriscam a sorte mesmo sem ter perspectivas futuras no novo país que buscam para viver. Além desses motivos, o fluxo de pessoas de um país para o outro tem a ver também com guerras e catástrofes naturais, como a que ocorreu no Haiti em 2010 e

Venezuelanos se abrigam no posto da Polícia Rodoviária Federal, em Pacaraima (RR), 2019.

trouxe para o Brasil, de 2010 a 2017, quase 93 mil haitianos, segundo dados oficiais do governo.

A população de imigrantes ao chegar em um novo país enfrenta diversos problemas, como o idioma diferente, a falta de local para se instalar e a busca por emprego.

Além de venezuelanos e haitianos, o Brasil também tem recebido nos últimos anos refugiados da guerra da Síria. Desde que começou o conflito no país, em 2011, o Brasil já acolheu aproximadamente 3,8 mil pessoas vindas desse país.

Imigrantes haitianos em busca de trabalho em evento organizado pela Missão da Paz, São Paulo (SP), 2017.

Refugiados sírios em posto de acolhimento de imigrantes em São Paulo (SP), 2015.

Imigrantes sírias em aula de português em São Paulo (SP), 2015.

ATIVIDADES

1 Você conhece ou convive com pessoas que vieram de outros países para o Brasil na atualidade?

_____

2 Por que as pessoas saem dos seus países para irem para outros?

_____

_____

3 Quais são os problemas que os imigrantes enfrentam ao chegar em um novo país?

_____

4 Quando um imigrante chega em um novo lugar o que ele traz na consigo?

_____

LIÇÃO 3

BRASIL: ASPECTOS ECONÔMICOS

O Brasil tem centenas de atividades econômicas. Nosso país tem fábricas dos mais variados produtos, fazendas com plantações de produtos agrícolas diversos e criação de gado, as quais produzem carne e leite. Para isso, há uma enorme rede comercial e de transportes ligando áreas urbanas e rurais do país.

No Brasil, portanto, a riqueza é produzida por milhares de pessoas que trabalham em setores econômicos bem diversificados.

Indústria

Agricultura.

Comércio.

Transporte.

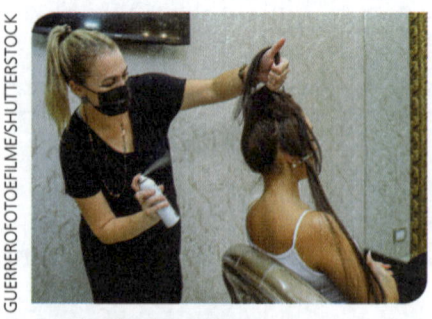

Prestação de serviços.

Turismo.

- Observe as imagens acima e indique as atividades econômicas que você identifica. Na sua moradia, os adultos trabalham em quais atividades econômicas? Conte para seus colegas e para o professor.

A agricultura

O trabalho de preparar a terra, plantar e colher chama-se **agricultura**.

Os principais produtos agrícolas do Brasil são: cana-de-açúcar, laranja, milho, soja, mandioca, arroz, café, tomate, batata e feijão.

As pessoas que trabalham com agricultura chamam-se agricultores, lavradores ou camponeses.

Alguns trabalhadores moram no campo. Outros moram nas cidades e se deslocam até o local de trabalho no campo. Entre eles há os boias-frias, que geralmente são contratados na época das colheitas e ganham por dia de trabalho.

Atualmente existem dois modelos de prática da agricultura: agricultura familiar e agronegócio.

A **agricultura familiar** é feita pelo agricultor e sua família com instrumentos simples em pequenas propriedades. A produção desse tipo de agricultura abastece a mesa do brasileiro com mandioca, feijão, milho, arroz, legumes e hortaliças. Na agricultura familiar pratica-se a **policultura**, isto é, o plantio de vários produtos. Mais de 80% dos estabelecimentos agropecuários são familiares. Eles respondem pela economia de 90% dos municípios com até 20 mil habitantes.

Produtor rural colhe pimentões em plantação, Brazlândia (DF), 2022.

Você conhece alguma propriedade agrícola? Ela fica próxima ao lugar onde você vive? O que é cultivado nessa propriedade?

No agronegócio pratica-se, em geral, a **monocultura**, isto é, o cultivo de um só tipo de produto agrícola. Os produtos são vendidos para as indústrias nacionais ou exportados. Os principais produtos brasileiros exportados são soja, açúcar, celulose, café, farelo de soja, suco de frutas.

Em algumas áreas, empregam-se métodos modernos de **cultivo**: sementes selecionadas, preparo da terra, orientação de agrônomos, uso de máquinas no plantio e na colheita. As grandes propriedades no campo são denominadas **latifúndios**. Seus proprietários são os latifundiários. As pequenas propriedades chamam-se **minifúndios**.

ATIVIDADES

1 Encontre no diagrama o nome de alguns dos principais produtos agrícolas brasileiros.

a	b	c	c	a	n	a	d	e	a	ç	ú	c	a	r	m
l	a	r	a	n	j	a	o	n	t	ã	o	a	r	o	s
c	d	ã	ú	m	a	n	d	i	o	c	a	f	r	e	o
ç	ú	ã	o	t	y	u	i	o	p	v	b	é	o	v	j
m	i	l	h	o	v	c	t	e	f	j	ã	o	z	b	a
q	e	r	t	o	m	a	t	e	a	f	e	i	j	ã	o
b	a	t	a	t	a	m	n	l	o	p	u	t	r	e	b

2 Pinte os quadrinhos com a cor correspondente aos tipos de agricultura.

- 🟦 Policultura
- 🟥 Monocultura
- 🟧 Agricultura familiar
- 🟩 Agronegócio

☐ Os agricultores plantam só um tipo de produto.

☐ O trabalho é feito pelo agricultor e sua família, em pequenas propriedades.

☐ Os agricultores plantam vários tipos de produto na mesma propriedade.

☐ Os produtos são vendidos para as indústrias nacionais ou para outros países.

☐ Usa-se instrumentos simples.

A pecuária

A Geografia também estuda as atividades rurais ligadas à **pecuária**, que é a criação e a reprodução de animais para o comércio e para abastecer o mercado consumidor de leite, carnes, couro etc.

A **pecuária** e a **agricultura** são atividades muito ligadas, pois costumam ser desenvolvidas em um mesmo local ou em locais próximos e há grande dependência de uma em relação à outra. Por exemplo, os animais necessitam de ração, de capim e outros itens de alimentação que vêm das plantações. As fezes dos animais podem ser usadas como adubo natural para diversos tipos de culturas.

Os donos de gado são chamados **pecuaristas** e as pessoas que trabalham com os rebanhos recebem denominações como **vaqueiros**, **boiadeiros**, **retireiros**, **peões**, **pastores**. **Rebanho** é um conjunto de muitos animais da mesma espécie.

Com a pecuária, obtêm-se matérias-primas para as atividades da **agroindústria**, como leite para os laticínios, para fabricar queijos e outros derivados; carnes para frigoríficos; couro para a indústria de calçados etc. O grande destaque econômico da **pecuária** é a produção de carne (bovina, suína, bufalina, ovina, caprina, galinácea ou de aves em geral), leite (bovino, bufalino, ovino e caprino) e ovos (galináceos). Também se criam animais de montaria, como os equinos, muares e asininos.

Conforme a especialização da **pecuária**, podemos classificá-la em:
- **apicultura** – criação de abelhas para a produção de mel, própolis e cera.
- **avicultura** – criação de aves para o aproveitamento da carne e dos ovos.
- **cunicultura** – criação de coelhos para o aproveitamento da carne e da pele.
- **equinocultura** – criação de cavalos, muares e asininos para montaria.
- **piscicultura** – criação de peixes para o aproveitamento da carne.
- **ranicultura** – criação de rãs para o aproveitamento da carne e da pele.
- **sericicultura** – criação de bichos-da-seda para a produção do fio de seda, usado na fabricação de tecidos.
- **suinocultura** – criação de porcos para a produção de carne.

Quando analisamos o modo de praticar a pecuária e a tecnologia empregada, podemos dividi-la ainda em **pecuária extensiva** ou **pecuária intensiva**.

A **pecuária extensiva** é aquela na qual os animais vivem soltos em extensas áreas, sem mais cuidados, e o índice de produtividade é baixo.

A **pecuária intensiva**, ao contrário, caracteriza-se por muitos cuidados, como animais vacinados e criados em cocheiras, além de se alimentarem de rações especiais e receberem cuidados veterinários. Todo esse cuidado tem o objetivo de aumentar a produção.

Na pecuária extensiva, o gado é criado solto e em grandes áreas.

Na pecuária intensiva, o gado é confinado em pequenas áreas e recebe acompanhamento constante.

O rebanho mais numeroso do Brasil é o bovino. O gado bovino é criado para produzir leite (gado leiteiro) ou para fornecer carne e couro (gado de corte).

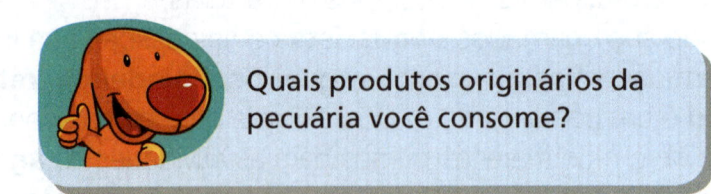

Quais produtos originários da pecuária você consome?

ATIVIDADES

1 Com base nas informações dos textos complete as frases.

a) Pecuária é _____.

b) Na pecuária _____ os animais são criados soltos e em grandes áreas, alimentando-se de pastagens naturais.

c) Na pecuária _____ os animais são criados em áreas menores, cercadas, com pastagens especiais, e recebem vacinas, cuidados veterinários e alimentação controlada.

d) No Brasil, o rebanho mais numeroso é o _____.

2 Analise os tipos de pecuária citados na página anterior e responda às perguntas a seguir.

a) Quais criações existem no lugar onde você vive?
_____
_____

b) Quais criações não existem no lugar onde você vive?
_____
_____

c) Quais animais você conhece, mas não são comuns no lugar onde você vive?
_____
_____
_____

3 Numere a segunda coluna de acordo com a primeira.

1	avicultura		criação de bichos-da-seda
2	sericicultura		criação de rãs
3	ranicultura		criação de abelhas
4	cunicultura		criação de aves
5	apicultura		criação de coelhos

4 Quais são os produtos agrícolas cultivados na região onde você vive.

_____

_____

_____

_____

5 Liste alguns alimentos originários da agricultura e da pecuária que fazem parte da sua alimentação.

Agricultura: _____

_____

_____

Pecuária: _____

_____

_____

A tecnologia no campo

Modernas tecnologias podem ser utilizadas no campo para aumentar a produção.

Na produção rural manual ou pouco mecanizada, com baixo uso de tecnologia, geralmente são empregados muitos trabalhadores e a produção é menor.

Na produção mecanizada, com alto uso de tecnologia, são empregados menos trabalhadores e eles precisam de mais **qualificação**, mas a produção é maior. Por exemplo: um trator ou uma colheitadeira fazem o trabalho muito mais rápido que vários trabalhadores juntos.

No lugar de vários empregados fazerem a ordenha das vacas, uma máquina pode executar essa tarefa com muita higiene, sem contato manual.

A utilização de tecnologia também tem ajudado os produtores rurais a superar dificuldades impostas pela natureza, como a irrigação de plantações em áreas muito secas ou mesmo o uso de vacinas no gado para evitar doenças no animal.

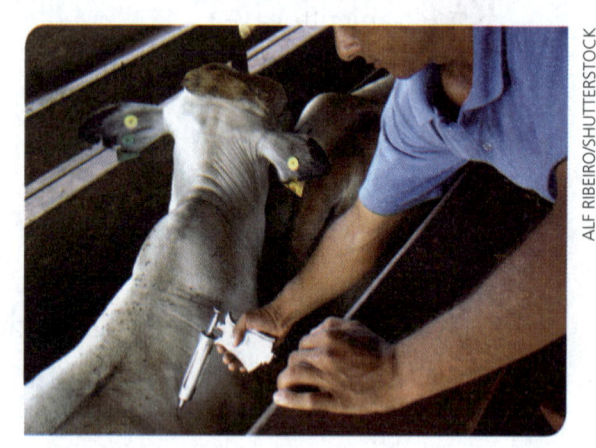

Vacinação de gado. Pirajui (SP).

Atualmente, as máquinas agrícolas já contam com mecanismos computadorizados que podem guiar um trator à distância, utilizando-se de geolocalização por satélites. Na pulverização de agrotóxicos contra pragas da lavoura, o uso de drones tem permitido aplicar o produto apenas onde é necessário e não mais na plantação inteira, como era o que ocorria com a pulverização por aviões.

No caso dos celulares, aplicativos ajudam a monitorar o clima e as condições do solo. Aplicativos ou *softwares* também permitem armazenar informações importantes para que os agricultores e os pecuaristas possam ter mais controle do momento de plantar, colher e irrigar as plantações, do peso do gado e da hora de vacinar os animais e muitas outras atividades.

A evolução tecnológica no campo tem garantido mais produção de alimentos, melhor administração do negócio e diminuição de custos.

A utilização de tecnologia tem contribuído muito para o aumento da produção no campo, mas a tecnologia custa caro e nem todos os proprietários podem pagar por ela. Geralmente, são os grandes proprietários rurais que têm mais recursos para comprar máquinas, instalar sistemas informatizados, acessar a internet etc.

Modelo de trator autônomo, que não necessita de tratorista para guiá-lo. Seu deslocamento é orientado por sistema de geolocalização por satélites (GPS).

ATIVIDADES

1 O que a tecnologia no campo proporciona?

_____

2 Quais são as inovações tecnológicas no campo?

_____

_____

3 Considerando o uso das novas tecnologias no agronegócio, qual é o perfil do trabalhador do campo.

_____

4 Como os aplicativos de celulares e *softwares* podem contribuir com o trabalho no campo?

_____

_____

A indústria

Indústria é a atividade de extrair **matérias-primas** da natureza para transformá-las em produtos de consumo.

As indústrias podem ser extrativas ou de transformação.

As indústrias extrativas retiram ou extraem a matéria-prima. Podem ser de três tipos:

VOCABULÁRIO

matéria-prima: produto fornecido diretamente pela natureza. Pode ser de origem vegetal, animal ou mineral.

- **indústria extrativa vegetal** – extrai raízes, madeiras, ervas e outros produtos de origem vegetal;

- **indústria extrativa animal** – extrai couro, carne, pele e outros produtos de origem animal;

Área de extração de madeira.

Extração de caranguejos.

- **indústria extrativa mineral** – extrai minérios, como ferro, petróleo, carvão, sal, ouro e outros produtos de origem mineral.

Área de extração de petróleo.

Quais produtos industrializados extrativos são usados pela sua família?

A agroindústria

Algumas indústrias se instalam no campo para ficar mais próximas da matéria-prima. São as agroindústrias. Veja alguns exemplos.
- Usina que se instala próxima ao cultivo da cana-de-açúcar para produzir açúcar refinado ou etanol.
- Usina de **pasteurização**, que se instala próxima às fazendas de gado leiteiro para produzir leite, manteiga, queijo, iogurte etc.
- Fábrica que se instala próxima a uma área onde se cultiva tomates para produzir massa de tomate, *ketchup* etc.
- Fábrica instalada na região de produção de frutas para a produção de sucos.
- Indústria frigorífica que produz linguiça, mortadela, presunto, toucinho, em uma área de pecuária.

O processo de produção do suco de laranja começa com a colheita da fruta e depois seu transporte até a fábrica, que extrai o suco da fruta e o envasa nas embalagens, que serão distribuídas aos pontos de venda, supermercados, padarias, lojas de conveniência e outros.

ATIVIDADES

1 Assinale **V** (verdadeiro) ou **F** (falso) nas frases a seguir.

☐ Modernas tecnologias são utilizadas no campo com o objetivo de empregar menos trabalhadores.

☐ Quando não existe muita utilização de tecnologia no campo, são necessários mais trabalhadores.

☐ Todos os proprietários rurais utilizam modernas tecnologias de produção.

☐ Agroindústrias são indústrias que se instalam no campo próximas à matéria-prima.

2 Numere as imagens das atividades agrícolas e de pecuária conforme o uso de tecnologia.

| 1 | processo manual | | 2 | processo tecnológico |

Colheita de frutas.

Inspeção da plantação de milho.

Colheita de milho.

Ordenha de vaca.

Colheita de algodão.

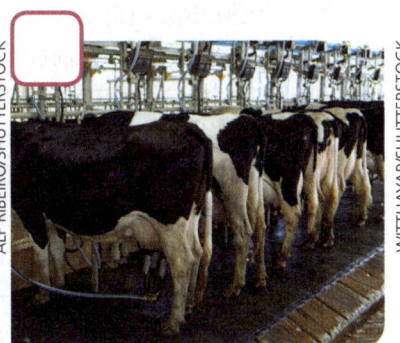

Ordenha de vaca.

3 O que a imagem a seguir mostra?

Usina de açúcar e álcool.

☐ uma paisagem rural.

☐ uma paisagem urbana.

☐ uma indústria.

☐ uma agroindústria.

Indústrias de transformação

Nas indústrias de transformação, a matéria-prima é transformada em produtos de consumo direto ou em produtos que serão utilizados por outras indústrias.

As indústrias de transformação podem ser de:
- **bens de produção** ou **indústrias de base** – preparam a matéria-prima para outra indústria usar na produção de um novo artigo. Exemplo: a indústria siderúrgica, que transforma o ferro em aço para a indústria metalúrgica empregar na fabricação de veículos e ferramentas;
- **bens de consumo** – fabricam produtos que são consumidos diretamente pelas pessoas, como alimentos, roupas, remédios, aparelhos elétricos etc.;
- **máquinas e equipamentos** – transformam os produtos da indústria de base em máquinas e equipamentos que serão usados em outras indústrias.

Para funcionar, uma indústria necessita de:
- **mão de obra especializada** – os trabalhadores;
- **matéria-prima** – produtos naturais;
- **energia** – para movimentar as máquinas;
- **capital** – dinheiro para comprar matérias-primas e máquinas e pagar os trabalhadores;
- **transporte** – para levar matérias-primas e produtos de um local para outro;
- **lojas** – para vender os produtos;
- **consumidores** – pessoas para comprar os produtos.

ATIVIDADES

1 Como as indústrias podem ser classificadas?

_____

_____

2 Associe as informações às definições correspondentes.

a) Retiram ou extraem os produtos naturais.

b) Transformam a matéria-prima em produtos de consumo direto ou em produtos que serão utilizados por outras indústrias.

☐ Indústrias de transformação.   ☐ Indústrias extrativas.

3 Escreva **V** para as informações verdadeiras e **F** para as informações falsas. Depois, corrija as frases erradas e reescreva-as corretamente no caderno.

☐ As indústrias de bens de consumo fabricam produtos que são consumidos diretamente pelas pessoas.

☐ As indústrias de bens de produção ou indústrias de base transformam os produtos da indústria de base em máquinas e equipamentos que serão usados em outras indústrias.

☐ As indústrias de máquinas e equipamentos preparam a matéria-prima para outra indústria usar na produção de um novo artigo.

4 Pesquise em livros, revistas e na internet informações sobre as indústrias que se preocupam com a conservação do meio ambiente. Registre no caderno o nome das indústrias que você encontrar e as ações que elas adotam para essa conservação.

5 Pinte no mapa os três estados brasileiros de maior concentração industrial. Use uma cor para cada estado e, depois, complete a legenda.

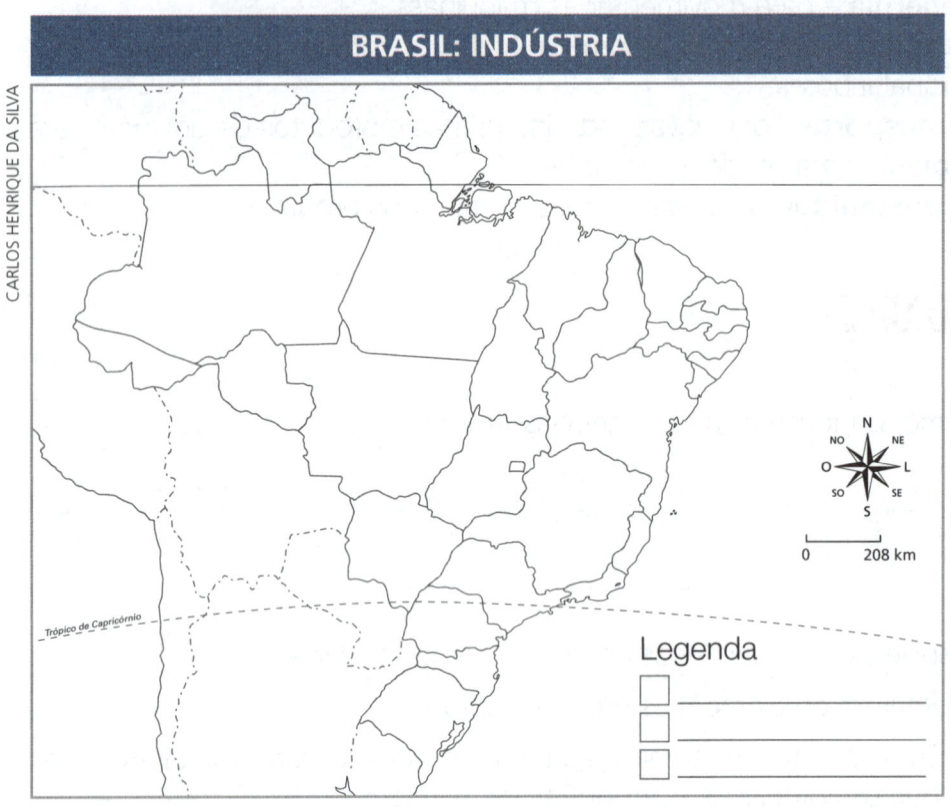

BRASIL: INDÚSTRIA

Legenda

☐ _____
☐ _____
☐ _____

Fonte: *Atlas geográfico escolar.* 5. ed. Rio de Janeiro: IBGE, 2009.

O comércio

A compra e a venda de produtos chama-se **comércio**.

Antigamente, trocava-se produto por produto, sem uso de dinheiro. Esse comércio direto, muito praticado entre os indígenas e os portugueses no começo da nossa história, era chamado **escambo**.

Atualmente, o uso do dinheiro facilita essas trocas.

A moeda representa o valor das mercadorias trocadas. O dólar americano, a libra esterlina, o euro, da União Europeia, e o real brasileiro são algumas das muitas moedas existentes no mundo.

As pessoas fazem comércio porque não conseguem produzir tudo aquilo de

O Mercado Municipal de São Paulo é um dos mais antigos da cidade e hoje é também considerado um ponto turístico.

que necessitam. Então elas compram os produtos que não conseguem produzir. Nas sociedades atuais, há muita publicidade e propaganda e algumas pessoas passam a comprar demais, até mesmo produtos de que não precisam. Por isso é importante refletir sobre o ato de consumir: será que aqueles objetos que tanto desejamos são realmente necessários para nossa vida ou são supérfluos?

Tipos de comércio

O comércio é responsável pela distribuição dos produtos da agricultura, da pecuária e da indústria.

Quando realizado dentro do próprio país, chama-se **comércio interno**. O comércio realizado entre dois ou mais países chama-se **comércio externo** e pode ser de **importação** ou de **exportação**.

A compra de produtos de outros países é chamada **importação**. O Brasil importa máquinas industriais, aparelhos hospitalares, produtos químicos e eletrônicos, trigo etc.

A venda de produtos para outros países denomina-se **exportação**. O Brasil exporta soja, café, calçados, papel e celulose, madeira, fumo, suco de laranja, açúcar, cacau, minérios, metais, peças e combustível para automóveis. Máquinas e ferramentas, automóveis e aparelhos elétricos também são produtos exportados pelo Brasil.

ATIVIDADES

1 Descreva o que é comércio.

_____

_____

2 Complete as frases a seguir.

a) O comércio interno é realizado _____ e o comércio externo é

realizado _____.

b) O comércio externo pode ser de _____, ou seja, quando há compra de

produtos de outros países, e de _____, quando há venda de produtos para outros países.

3 Liste alguns produtos consumidos em sua casa que sejam adquiridos no comércio.

_____

_____

4 Escolha um dos produtos que você listou na atividade 3 e responda às questões a seguir.

a) De onde veio esse produto?

_____

b) Para chegar até sua casa esse produto passou por alguns locais. Cite alguns deles.

_____

_____

c) Qual serviço foi utilizado para que esse produto fosse levado de um local para outro?

_____

5 Na sua opinião, o que é mais vantajoso para um país: importar ou exportar produtos?

_____

_____

_____

_____

6 Na sua cidade, existem espaços de comércio interno, como feiras, mercados ou supermercados? Escolha um desses espaços e descreva no caderno suas características, citando:

a) o nome do local;

b) os principais produtos comercializados;

c) com que frequência você ou sua família faz compras nesse local;

d) liste alguns produtos importados e outros produzidos no município ou na região onde você vive e sejam destinados à exportação, que são comercializados nesse local.

- Depois de fazer seu texto, compare-o com o de um colega, verificando se vocês descreveram o mesmo local ou se conhecem o comércio escolhido pelo outro.

Os serviços

O setor de **serviços** é aquele ligado às pessoas e às empresas que prestam serviços para outras pessoas ou mesmo para outras empresas. Entre os principais tipos de serviço prestados, podemos citar:

- **serviços na educação** – por professores, diretores de escola, funcionários de escolas etc.;
- **serviços de turismo** – por funcionários de agências de viagem, de hotéis, guias turísticos etc.;
- **serviços e assessoria jurídica** – por advogados;
- **serviços de engenharia** – por engenheiros;
- **serviços de saúde** – por médicos, enfermeiros, dentistas etc.

Esse setor da economia é também chamado **setor terciário** e é o que geralmente mais cresce quando um país se desenvolve.

Escolas.

Manutenção automotiva.

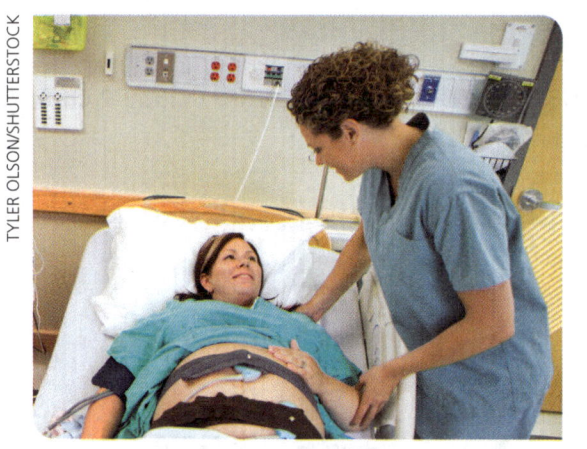

Atendimento médico.

Galeria de artes.

ATIVIDADES

1 Faça uma lista das atividades de serviços que você e sua família usam no dia a dia.

_____

2 Procure em revistas, jornais, internet ou outro material que o professor disponibilizar uma imagem de um trabalhador do setor de serviços, cole-a em uma folha avulsa, escreva uma legenda explicando do que se trata e exponha no mural da classe ou onde o professor indicar.

Interação campo e cidade

Existe uma troca entre o campo e a cidade: produtos do campo vão para a cidade e produtos da cidade vão para o campo. Além disso, muitas pessoas deixam o campo e vão morar nas cidades.

Vários produtos que consumimos em nosso dia a dia foram cultivados no campo, passam por transformações em agroindústrias ou na cidade, são transportados de um lugar para o outro e comercializados antes de chegar até nós.

O campo utiliza muitos produtos vindos da cidade, como roupas, móveis, alimentos industrializados, máquinas agrícolas, fertilizantes, agrotóxicos, produtos veterinários. Portanto, o campo depende principalmente de produtos industrializados que vêm da cidade.

A cidade também depende do campo. A grande maioria dos alimentos consumidos pelas pessoas que moram na cidade tem sua origem na área rural, como frutas, legumes, carnes etc. Muitas indústrias instaladas na cidade dependem da matéria-prima vinda do campo. Algumas indústrias se instalam no campo, as agroindústrias, e enviam seus produtos para a cidade, como açúcar, leite, papel.

ATIVIDADE

1 Complete o esquema com os produtos que são comercializados entre cidade e campo.

_____
_____

_____
_____

EU GOSTO DE APRENDER

Leia os principais itens que você estudou nesta lição.

- Agricultura é o trabalho de preparar a terra, plantar e colher. Os trabalhadores agrícolas são chamados agricultores, lavradores ou camponeses.
- Agricultura comercial é aquela feita para exportação ou para fornecer matéria-prima para empresas industriais.
- As grandes propriedades no campo têm o nome de latifúndios. As pequenas são minifúndios.
- As atividades da pecuária, ou seja, da criação de animais, relacionam-se com a agricultura, pois são desenvolvidas, às vezes, no mesmo local e a primeira depende da última.
- A pecuária extensiva é feita em locais amplos, com os rebanhos soltos se alimentando de pastagens naturais. A pecuária intensiva é feita em cocheiras e os rebanhos recebem cuidados especiais, para aumentar a produção.
- Cada tipo de criação animal recebe um nome diferente, como apicultura, avicultura, sericicultura, piscicultura, ranicultura, cunicultura, equinocultura etc.
- A inovação tecnológica no campo exige cada vez mais trabalhadores qualificados.
- A agroindústria é aquela que processa produtos de origem agrícola ou animal e podem estar instaladas no campo.
- Comércio é a venda e a troca de mercadorias e pode ser interno ou externo. O comércio externo divide-se em importação (compra de produtos de outros países) e exportação (venda de produtos para outros países).
- Em uma sociedade também se destacam as atividades industriais, as quais extraem matérias-primas da natureza para transformá-las em produtos de consumo.
- Indústrias extrativas retiram matéria-prima. Existe a indústria extrativa vegetal, a mineral e a animal.
- Indústrias de transformação convertem as matérias-primas em produtos para o consumo direto ou para serem utilizados em outras indústrias.
- Os elementos necessários para uma indústria funcionar são: mão de obra especializada (trabalhadores), energia (para movimentar as máquinas), capital (dinheiro para comprar máquinas e instalações e pagar os trabalhadores), transportes, lojas, consumidores.
- O setor econômico voltado para a prestação de serviços necessários ao funcionamento da sociedade chama-se setor de serviços ou setor terciário. Por exemplo: setor da educação, da saúde, dos serviços públicos, entre outros.
- Esses serviços podem ser prestados tanto para as pessoas como para as empresas.

ATIVIDADES

1 Escreva uma definição para os termos a seguir.

a) Agricultura: _____.

b) Pecuária: _____.

c) Indústria de transformação: _____
_____.

d) Comércio: _____
_____.

e) Setor terciário: _____.

2 Classifique as atividades da segunda coluna com as siglas da primeira coluna.

AF	Agricultura familiar	☐	Plantação de café para exportação.
AC	Agricultura comercial	☐	Criação de bois, vacas e bezerros em pastos naturais.
IB	Indústria de base	☐	Compra de produtos na China.
IC	Indústria de bens de consumo	☐	Produção de ferro e aço.
PE	Pecuária extensiva	☐	Produção de roupas e alimentos.
PI	Pecuária intensiva	☐	Venda de produtos para os Estados Unidos.
I	Importação	☐	Produção de milho e mandioca para consumo próprio.
E	Exportação	☐	Criação de porcos em chiqueiros higienizados e com assistência de veterinários.

EU GOSTO DE APRENDER MAIS

Processo de fabricação do lápis

As sementes (das árvores) são plantadas em um viveiro, onde são adubadas, regadas e tratadas.

Depois de 10 a 15 dias, germinam e continuam sendo cuidadas. Quatro meses depois, com mais ou menos 25 cm de altura, as mudas são plantadas.

Após 3 anos, com 4 metros de altura, para facilitar seu crescimento e evitar a formação de "nós", os galhos mais baixos são podados e deixados no solo, fertilizando a terra.

Faz-se então a colheita de parte das árvores. Não é feita a colheita total para não deixar o solo exposto. A colheita final ocorre aos 25 anos, quando outras mudas são plantadas em seus lugares.

Começa então o processo de industrialização da madeira: as toras são levadas da plantação para a fábrica, em uma área próxima de onde foi cultivada.

A madeira é cortada em tabuinhas e recebe um tratamento especial de secagem e tingimento.

Agora, o lápis começa a tomar forma. Uma máquina abre canaletas nas tabuinhas, onde são coladas as minas de grafite ou de cor. Depois, cola-se outra tabuinha com canaletas por cima, formando um "sanduíche", que é prensado.

O "sanduíche" é pintado e envernizado. Então, os lápis são separados e apontados. Depois de embalados, os lápis estão prontos para serem comercializados.

ATIVIDADES COMPLEMENTARES

1 A produção do lápis nesse exemplo é feita no campo ou na cidade?
_____

2 A indústria que produz lápis pode ser chamada agroindústria? Por quê?
_____

3 Por que a indústria de lápis se instala no campo?
_____

4 Qual é a relação entre campo e cidade retratada na produção de lápis?
_____
_____

LIÇÃO 4
BRASIL: REGIÃO NORTE

Como você viu na lição 1, o território brasileiro é dividido politicamente em estados e, também, em cinco regiões que agrupam várias características em comum e facilitam a implantação e gestão de políticas públicas para o desenvolvimento e melhoria da qualidade de vida de suas populações.

As cinco **regiões** definidas pelo IBGE são Norte, Nordeste, Centro-Oeste, Sudeste e Sul.

Vamos estudar cada uma delas a partir desta lição.

Divisão política da Região Norte

A Região Norte é a mais **extensa** do Brasil: corresponde a quase metade do território do país, com uma área de 3 853 327 km². Ela é formada por sete estados: Acre, Amazonas, Amapá, Pará, Roraima, Rondônia e Tocantins. Possui a menor densidade demográfica do país, isto é, nessa região a população é menor que nas outras quatro. Em 2021, a população estimada da Região Norte era de cerca de 18 906 962 habitantes, conforme o IBGE.

Manaus (AM).

Belém (PA).

Palmas (TO).

Rio Branco (AC).

Porto Velho (RO).

Macapá (AP).

O Amazonas é o maior estado em extensão territorial da Região Norte e o segundo em termos de população. Sua capital, Manaus, é o mais importante centro industrial, turístico e comercial de toda a região. Manaus está localizada na margem esquerda do Rio Negro, afluente do Rio Amazonas, o maior rio brasileiro.

O estado do Pará é o segundo em extensão territorial e o primeiro em densidade populacional, entre os estados que compõem a Região Norte. Sua capital, Belém, é uma cidade moderna e atrai turistas pelo grande número de museus, pelas belezas naturais de seu entorno e pelos locais populares, como o Mercado do Ver-o-Peso, o maior da América Latina, localizado às margens da Baía do Rio Guajará.

O estado de Tocantins, cujo território antes pertencia ao estado de Goiás, foi criado em 1988. Localizado a sudeste da Região Norte, sua maior cidade e capital é Palmas, banhada pelo Rio Tocantins. Os municípios de Palmas, Araguaína, Gurupi, Porto Nacional e Paraíso do Tocantins comportam o maior número de habitantes do estado.

Localizado no sudoeste da Região Norte, o estado do Acre faz limite com o estado do Amazonas ao norte e o de Rondônia a leste. Além disso, faz fronteira com dois países: a Bolívia, a sudeste, e o Peru, ao sul e a oeste. Sua capital, Rio Branco, é o centro administrativo, comercial e educacional mais importante do estado. O nome "Acre" tem origem indígena e veio do rio de mesmo nome existente na região.

Rondônia é o terceiro estado mais populoso da Região Norte. Sua capital, Porto Velho, é banhada pelo Rio Madeira. Outras cidades importantes são Ji-Paraná, Ariquemes, Cacoal, Guajará-Mirim, Jaru, Rolim de Moura e Vilhena. Rondônia tornou-se estado em 1982.

O estado do Amapá, cuja capital é Macapá, é também um estado criado em 1988. A capital está situada às margens do Rio Amazonas. É o menor estado da Região Norte em extensão territorial – possui 142 828 km². Mais de 50% do seu território é destinado a áreas preservadas para a proteção da fauna e da flora e terras indígenas e de comunidades quilombolas.

Boa Vista (RR).

Roraima também é um estado criado em 1988, cuja capital é Boa Vista, situada na margem direita do Rio Branco. Possui 224 300 506 km² de área, das quais, aproximadamente, 104 018 km² são indígenas, representando quase metade do território da unidade (46,37%). A área de preservação ambiental no estado também é extensa.

ATIVIDADES

1 Sobre a divisão política da Região Norte, responda às questões a seguir.

a) Qual é o estado de maior extensão territorial? _____.

b) Qual é o estado de menor extensão territorial? _____.

c) Quais são os dois estados mais populosos? _____.

2 Quais são os rios que banham as capitais dos estados da Região Norte?

_____
_____
_____
_____

3 Você conhece alguns estados que fazem parte dessa região? Se sim, escreva o nome deles.

☐ Sim.   ☐ Não.

_____
_____
_____

4 Você gostaria de conhecer algum estado dessa região?

☐ Sim.   ☐ Não.

Em caso positivo, escreva o nome dele e o que gostaria de conhecer nesse estado.

_____
_____
_____

5 Retorne ao mapa **Brasil: macrorregiões** da página 16 e identifique as respostas das questões a seguir em relação à Região Norte.

a) Região brasileira com a qual faz limite ao sul: _____
_____.

b) Região brasileira com a qual faz limite a leste: _____
_____.

c) Paralelo que corta a região: _____.

d) Território francês com o qual faz fronteira ao norte: _____
_____.

Aspectos físicos

Relevo e hidrografia

O **relevo** da Região Norte é constituído basicamente por terras baixas, que integram a chamada Planície Amazônica. Essas terras baixas podem ser classificadas como:

- **igapós** – áreas constantemente inundadas pelo Rio Amazonas.
- **tesos ou terraços fluviais (várzeas)** – terras com altitudes inferiores a 30 metros, inundadas pelas cheias mais fortes.
- **terra firme** – áreas altas e livres das inundações.

As porções mais elevadas estão localizadas ao norte, ao sul e na parte central desse território.

O Planalto das Guianas localiza-se ao norte da Planície Amazônica. Nessa região encontram-se os pontos mais elevados do relevo brasileiro: o Pico da Neblina e o Pico 31 de Março, na Serra do Imeri, no estado do Amazonas. A altitude deles é de 2 993 metros e 2 972 metros, respectivamente.

Já a área do Planalto Central está localizada no sul do Amazonas e do Pará e ocupa boa parte de Rondônia e do Tocantins.

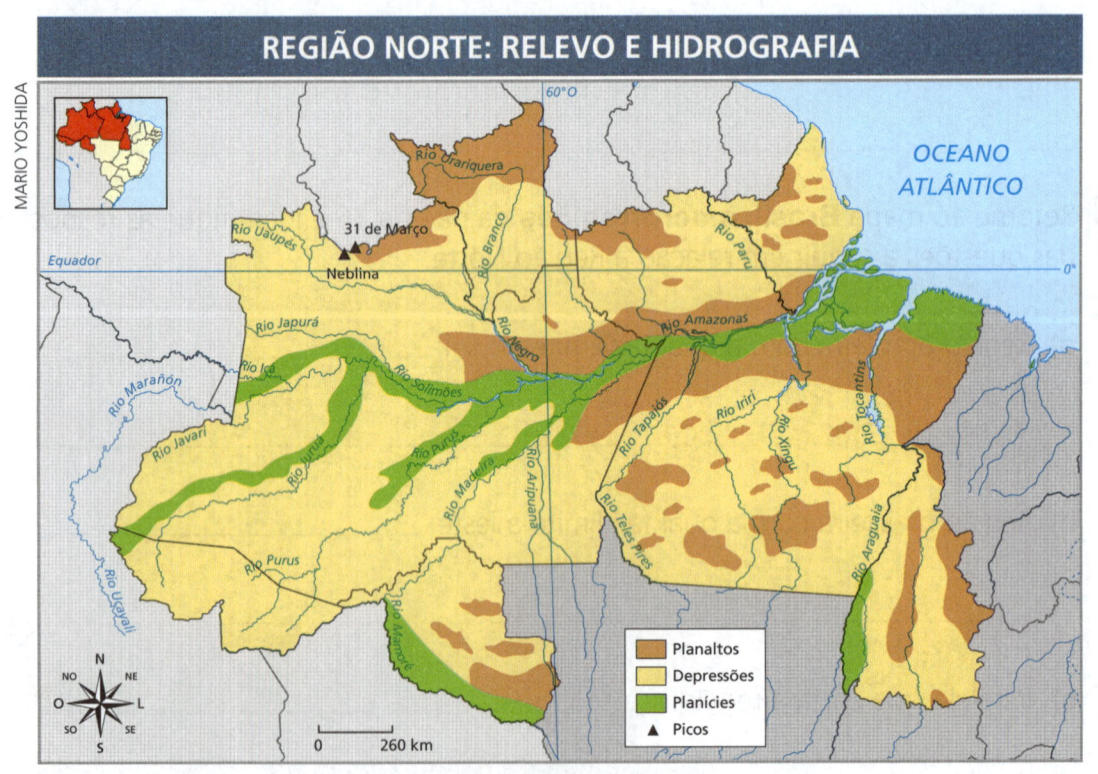

REGIÃO NORTE: RELEVO E HIDROGRAFIA

Fonte: Jurandyr L. S. Ross. *Geografia do Brasil*. São Paulo: Edusp, 2009. p. 53.

No litoral destacam-se a Ilha de Marajó e outras ilhas que formam o Arquipélago Amazônico, localizado na foz do Rio Amazonas.

É na Região Norte que se encontra a maior **bacia hidrográfica** do mundo, a Bacia Amazônica (Rio Amazonas e seus afluentes). Na Bacia Amazônica encontram-se importantes usinas geradoras de energia, como a Usina Hidrelétrica de Balbina (Rio Uamutã) e a Usina Hidrelétrica de Samuel (Rio Jamari), construída na Cachoeira de Samuel.

A foz do Rio Amazonas apresenta, na época das cheias, um fenômeno natural provocado pelo encontro das águas do rio com as águas do Oceano Atlântico: a formação de grandes ondas que chegam a alcançar cinco metros de altura. Esse fenômeno é chamado **pororoca** e costuma ser aproveitado por surfistas.

Encontro entre os rios Negro e Solimões, em Manaus (AM), 2014. Depois do encontro das águas, do afluente Rio Negro, o Solimões passa a ser chamado de Rio Amazonas.

A segunda maior bacia hidrográfica da região (e a maior inteiramente brasileira) é a Araguaia-Tocantins, na qual se destaca a Usina Hidrelétrica de Tucuruí. No estado do Tocantins, nos rios Araguaia e um de seus afluentes, o Rio Javaés, encontra-se a maior ilha fluvial do mundo, a Ilha do Bananal.

Clima e vegetação

O **clima** predominante na Região Norte é o equatorial úmido. Nesse tipo de clima, as temperaturas são elevadas e chove muito durante todo o ano. Entretanto, em algumas áreas, como no sudeste do Pará e em todo o estado do Tocantins, o clima é tropical, com duas estações bem definidas, uma chuvosa e uma seca.

No noroeste do Pará e a leste de Roraima, o clima que predomina é o equatorial semiúmido, com períodos curtos de seca e temperaturas sempre elevadas. Nessas áreas chove menos que nas áreas de clima equatorial úmido.

Na Região Norte ocorre um fenômeno climático chamado **friagem**, no qual, durante alguns dias do ano, a temperatura cai muito.

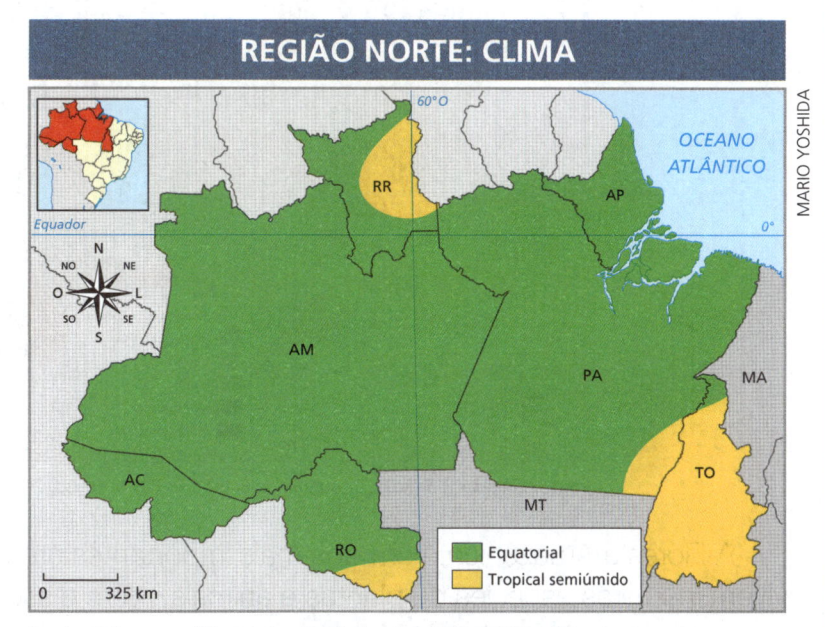

REGIÃO NORTE: CLIMA

Fonte: *Atlas geográfico escolar*. Rio de Janeiro: IBGE, 2012. p. 99.

Quanto à vegetação, existe grande relação entre ela e o clima: a quantidade de chuvas favorece a existência da floresta, cujas plantas são muito diversificadas. E a floresta também influencia o clima, pois favorece a formação de chuvas, graças ao processo de evaporação das plantas.

Grande parte dessa região é coberta pela Floresta Amazônica, a maior floresta equatorial do mundo, que cobre cerca de 80% da Região Norte. Existem ainda áreas de Cerrado, campos e vegetação litorânea.

A Floresta Amazônica não é homogênea, isto é, sua vegetação não é igual em toda sua extensão. Há uma grande variação dependendo da altitude, o que permite classificá-la em:

- **mata de igapó** – vegetação que aparece em áreas de baixo relevo, próximas a rios, permanecendo alagada. As plantas não ultrapassam 20 metros e há muitos cipós e plantas aquáticas.
- **mata de várzea** – aparece em áreas mais elevadas, mas ainda sujeitas a inundações nos períodos de cheias. As árvores têm com cerca de 20 metros de altura e são muito espinhosas, o que dificulta o acesso.
- **mata de terra firme** – em regiões onde não ocorrem cheias, as árvores atingem de 30 a 60 metros, crescendo muito próximas umas das outras, e, por isso, dificultam a passagem da luz. Como resultado, seu interior é escuro e não há muita vegetação baixa ou rasteira.
- **floresta semiúmida** – em áreas de transição da Floresta Amazônica para outros tipos de vegetação. As árvores têm alturas entre 15 e 20 metros e perdem suas folhas no período de seca.

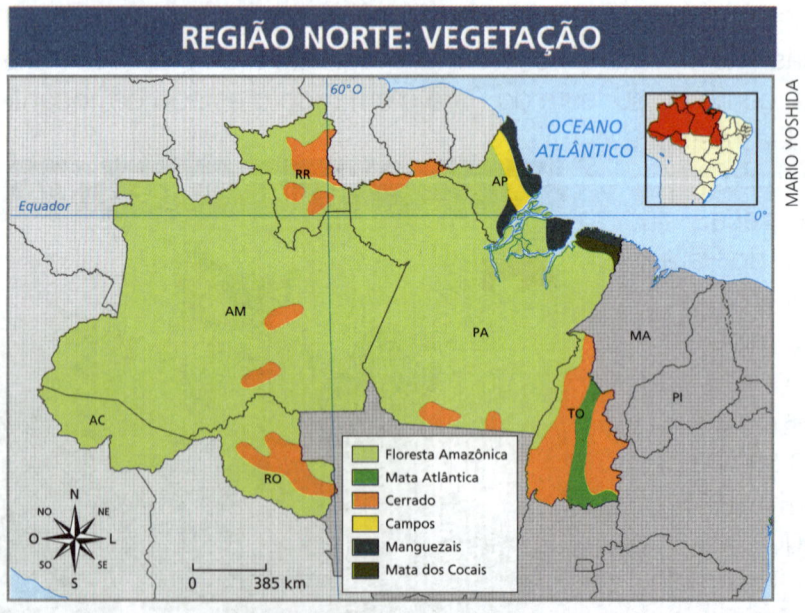

Fonte: Jurandyr L. S. Ross. *Geografia do Brasil*. São Paulo: Edusp, 2009. (Adaptado).

A Floresta Amazônica é um dos mais importantes áreas verdes do planeta. Nela vivem inúmeras espécies de plantas e animais. Além disso diversas populações ribeirinhas que dependem da floresta e dos rios para sua sobrevivência.

ATIVIDADES

1 Observe o mapa a seguir e faça o que se pede.

a) No seu caderno, reescreva as siglas, indicando a qual estado da Região Norte cada uma pertence.

b) Localize e circule esses rios da região: Amazonas, Xingu, Araguaia, Tocantins.

c) Pinte o estado banhado pelo maior número de rios.

REGIÃO NORTE: HIDROGRAFIA

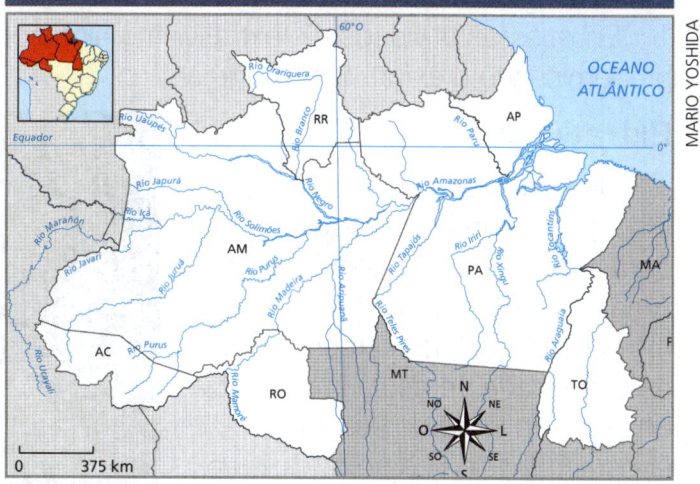

Fonte: *Atlas geográfico escolar.* 6. ed. Rio de Janeiro: IBGE, 2012. p. 105.

2 Complete o quadro com as informações solicitadas.

REGIÃO NORTE			
Estados	Relevo predominante	Clima predominante	Vegetação predominante

3 Analise a tabela que você completou e responda às questões a seguir no caderno.

a) Quais são o relevo, o clima e a vegetação predominantes nessa região?

b) Qual é o estado em que a vegetação e o clima predominantes diferem dos demais estados?

221

Aspectos econômicos

As atividades econômicas da Região Norte se desenvolvem em estreita ligação com as riquezas naturais de seus estados. Destacam-se os **extrativismos vegetal**, **mineral** e **animal**, a agropecuária e a exploração industrial e turística.

Entre essas atividades, o extrativismo ainda ocupa a posição de maior destaque, predominando o extrativismo vegetal.

Extrativismo vegetal

Da seringueira retira-se o látex, um líquido branco e leitoso, usado para a fabricação da borracha. O Amazonas é o estado em que há a maior produção de borracha, mas essa atividade perdeu a importância que teve no início do século XX, época conhecida como o "ciclo da borracha". Como resultado desse ciclo, atualmente encontramos construções ainda preservadas, como os palacetes ou o Teatro Amazonas, em Manaus, um dos mais belos da região.

Colheita da castanha-do-pará, Comunidade de Punã, Reserva de Desenvolvimento Sustentável Mamirauá, Uarini (AM), 2021.

A castanheira-do-pará fornece as castanhas que servem de alimento e são usadas para fabricar óleo, produtos farmacêuticos e sabão. Acre, Amazonas e Pará são os maiores produtores.

As madeiras, principalmente o mogno, o pau-marfim e o pau-roxo, são usadas para fabricar móveis. Apesar da existência de leis para conservar a floresta, a maior parte da madeira é retirada de forma ilegal pelas madeireiras. Grandes áreas têm sido destruídas por desmatamentos (para comércio da madeira) e queimadas (para atividade agrária e criação de gado).

Extrativismo animal

A principal extração animal acontece por meio da **pesca fluvial** e é utilizada para consumo dos próprios moradores da região. Destaca-se a pesca do peixe-boi, do pirarucu, da tartaruga e do tucunaré. Além desses, os jacarés, as aves e as onças são os animais mais caçados.

Embora também existam leis para a preservação dos animais, a pesca e a caça ainda são feitas com pouca fiscalização.

Extrativismo animal: barcos pesqueiros no porto de Manaus (AM), 2020.

Extrativismo mineral

Destaca-se a exploração de minérios metálicos: manganês, ferro, cassiterita, bauxita e ouro. Na Região Norte, destacam-se:
- a Serra dos Carajás, no Pará – a maior reserva de ferro do Brasil e de onde também se extrai o manganês;
- a Serra do Navio, no Amapá – possui grande reserva de manganês.

Rondônia é responsável pela maior parte da produção nacional de cassiterita, de onde se extrai o estanho, usado para a confecção do bronze e de materiais elétricos e químicos. A maior produção de bauxita é do Pará. Da bauxita produz-se alumínio.

Área de extração mineral em Carajás, no Pará.

Agricultura e pecuária

Durante muito tempo, alimentos como mandioca, arroz, feijão, milho e frutas eram cultivados apenas para o consumo próprio. Atualmente, pratica-se a agricultura comercial. Os principais produtos cultivados na região são soja e pimenta-do-reino.

Na pecuária, destaca-se a criação de bovinos, suínos e bufalinos. É na Ilha de Marajó, no Pará, que está o maior rebanho de búfalos do país.

Búfalos descansam na praia. Ilha de Marajó, 2020.

A criação de animais é grande nos estados de Pará, Rondônia e Tocantins. Com a pecuária, desenvolve-se a indústria de laticínios. Os três estados citados são também os maiores produtores de leite da Região Norte.

223

Indústria, comércio e transportes

Na Região Norte estão instaladas indústrias têxteis, alimentícias, madeireiras e de produtos minerais. A indústria desenvolveu-se principalmente em Manaus (AM) e Belém (PA).

No distrito industrial da Zona Franca de Manaus se localizam indústrias de aparelhos eletroeletrônicos. Nela também há um desenvolvido centro comercial, onde são negociados artigos fabricados na região e produtos importados de outros países.

O principal produto do comércio da região é a madeira. A cidade de Belém tem significativa influência comercial regional. Por seu porto é feita a exportação de borracha, madeira, castanha-do-pará, **juta**, manganês, ferro e outros produtos industrializados.

O tipo predominante de transporte é o fluvial, por causa da grande quantidade de rios de planície adequados à navegação existente na região.

A Estrada de Ferro Carajás leva minérios da Serra de Carajás (PA) ao Porto de Itaqui (MA). A Estrada de Ferro Amapá leva o manganês extraído da Serra do Navio ao Porto de Santana (AP). Os aeroportos mais movimentados são os de Manaus (AM) e de Belém (PA).

Distrito Industrial em Manuas (AM), 2022.

Turismo

O turismo é uma atividade que vem crescendo na região, principalmente o ligado à conservação da natureza e à pesca. As principais atrações são a Floresta Amazônica e o Rio Amazonas com seus **igarapés**; construções históricas em Manaus (AM), como o Teatro Amazonas; Parque Emílio Goeldi, em Belém (PA) e Centro de Preservação de Arte Indígena, em Santarém (PA); Rio Araguaia (TO), com a Ilha do Bananal e a pesca. As festas populares também são muito procuradas.

Cena do Festival folclórico de Parintins, Amazonas, 2019.

VOCABULÁRIO

juta: planta da qual se extrai uma fibra que é usada na confecção de roupas.
igarapé: rio pequeno que tem as mesmas características dos grandes e é geralmente navegável por embarcações pequenas ou canoas.

Uso sustentável dos recursos naturais da floresta

É utilizar os recursos da natureza para beneficiar o ser humano, mas sem destruí-la. Atualmente, essa postura tem levado o governo a aprovar leis para impedir a exploração intensa de áreas como a Floresta Amazônica e apoiar o aproveitamento sustentável dela. Existem diversas propostas de atividades integradas que visam a conservação do solo e da floresta. Leia o trecho a seguir, que trata disso:

Integração de lavoura-pecuária e floresta

"A integração lavoura-pecuária-floresta (iLPF) é uma das mais importantes estratégias para uma produção agropecuária sustentável, pois possibilita que as atividades agrícolas, pecuárias e florestais sejam integradas na mesma área.

Plantação de mandioca em sistema agroflorestal. Aldeia Apiwtxa - Terra Indígena Kampa do Rio Amônea - etnia Ashaninka. Marechal Thaumaturgo (AC), 2021.

Os benefícios dessa tecnologia são a redução da pressão por desmatamento, a diversificação na renda do produtor rural e a diminuição das emissões de gases de efeito estufa (GEE). A iLPF gera ainda melhorias no solo, equilibra a utilização dos recursos naturais e mantém a qualidade da água.

Estima-se que com a adoção da tecnologia é possível duplicar a produção de grãos e de produtos florestais e triplicar a produção pecuária nos próximos 20 anos, apenas com a recuperação de pastagens degradadas e sem a necessidade de desmatamento. Com seu uso, ganham a economia, o produtor e o planeta."

AGRON. Integração de lavoura-pecuária e floresta. Disponível em: https://agron.com.br/publicacoes/noticias/ecologia-agro-sustentavel/2014/04/09/039059/integracao-de-lavoura-pecuaria-e-floresta. Acesso em: 31 jul. 2022.

- Converse com os colegas e com o professor e responda:
a) O que você entendeu por "uso sustentável".
b) O que significa iLPF.
c) Quem sai ganhando com o uso sustentável dos recursos da floresta.

ATIVIDADES

1 Indique as palavras que completam melhor as informações sobre a Região Norte.

> Pará   búfalos   estanho   pimenta-do-reino
> Belém   jacaré   Amazonas   seringueira

a) De onde é extraído o látex: _____.

b) É extraído da cassiterita: _____.

c) Um dos animais mais caçados: _____.

d) Um dos principais produtos cultivados: _____.

e) Maior rebanho está na Ilha de Marajó: _____.

f) Município com importante centro comercial da região: _____.

g) Estados onde a indústria se desenvolveu: _____.

2 Imagine que você vai viajar para a Região Norte e está escolhendo os pontos turísticos para conhecer. Olhando o conjunto de fotos da Região Norte e outras referências que você puder obter, como revistas de viagem, responda às questões a seguir.

a) Quais pontos turísticos você gostaria de visitar? Justifique.

_____
_____
_____

b) Escreva seu roteiro de visita.

_____
_____
_____

Aspectos humanos

A população da Região Norte é pequena, superando apenas a da Região Centro-Oeste. O estado mais populoso é o Pará, e o que tem menos habitantes é Roraima.

A maior parte é formada por caboclos, ou seja, descendentes de brancos e indígenas. Embora o número de povos indígenas esteja bem reduzido, é na Região Norte que se concentra sua maior população. Também há muitos descendentes de migrantes de outras regiões, como do Sul e do Sudeste.

Formada a partir das relações históricas entre os diferentes povos, a população da região apresenta manifestações socioculturais diversas expressas na vida cotidiana, sejam nas relações de trabalho, educação, religião, cultura, hábitos alimentares e/ou familiares.

Como na Região Norte existem atividades econômicas específicas, alguns trabalhadores executam funções típicas da região:

- **seringueiro** – se dedica à extração do látex da seringueira e, com ele, prepara a borracha;
- **juticultor** – cultiva a juta para obtenção de fibras têxteis;
- **vaqueiro** – guarda ou condutor de gado. Na região, trabalha principalmente na Ilha de Marajó e no estado do Tocantins;
- **garimpeiro** – trabalha à procura de ouro e diamantes;
- **castanheiro** – trabalhador típico da região, responsável por colher/apanhar castanha-do-pará.

Garimpo de diamante.

A comunidade ribeirinha

Os ribeirinhos vivem à beira dos rios e sobrevivem de pesca artesanal, caça, roçado e extrativismo. Por influência dos aspectos geográficos do país, é na Amazônia que se concentra grande parte das comunidades ribeirinhas.

Seu modo de organização social é reconhecido por ser diretamente associado à dinâmica da natureza. A comunidade apresenta proximidade com os aspectos da fauna e da floresta da região, conhecendo o caminho das águas, os sons da mata, a terra etc. É uma comunidade que cuida do ambiente, preservando seus recursos naturais. Essa característica é uma estratégia de sobrevivência e, também, parte do desenvolvimento sustentável que alimenta a cultura e os saberes que são transmitidos de geração para geração.

A maioria das moradias são **palafitas** e não possuem energia elétrica, água encanada ou saneamento básico. Isso porque as comunidades ribeirinhas ficam à margem de uma série de políticas públicas.

Em alguns casos, a situação geográfica de muitas dessas comunidades é um dos principais fatores limitantes de acesso aos serviços básicos de saúde e educação.

Do mesmo modo que nos centros urbanos as pessoas fazem uso das ruas para se locomoverem, os ribeirinhos utilizam o rio para transitar. Também é no rio que eles realizam algumas atividades que lhes proporcionam renda. Duas dessas atividades são a pesca e o extrativismo. Muitos ribeirinhos trabalham na extração da malva, uma planta muito comum na Bacia do Rio Amazonas, que é matéria-prima utilizada pela indústria na produção de estofados e tecidos.

Vila de Boca de Valéria (AM) às margens do Rio Amazonas. O rio influencia na construção das casas do ribeirinho. Geralmente, essas casas são construídas de frente para o rio, o que evidencia a importância e o poder simbólico do rio para os ribeirinhos.

A comunidade ribeirinha também atua nas atividades agrícolas, plantando milho e mandioca, na produção da farinha e na coleta da castanha e do açaí.

VOCABULÁRIO

palafitas: é o conjunto de estacas que sustentam habitações construídas sobre a água; moradia construída em regiões alagadiças.

Aspectos culturais

A Região Norte tem uma cultura muito rica, relacionada à herança indígena, portuguesa e de outros grupos que para ali se deslocaram e fixaram. O folclore, a culinária, as tradições e os costumes da população da Região Norte a diferenciam do restante do Brasil e atraem turistas.

O folclore e a culinária

O folclore nortista foi muito influenciado pelos indígenas. As principais manifestações folclóricas da região são:

- **danças** – marujada, carimbó, cirandas, bumba meu boi;
- **artesanato** – máscaras, cestas e cocares indígenas, cerâmica marajoara, artigos feitos com palha, buriti, couro de búfalo, rendas de bilro;
- **lendas** – do Sumé, das Amazonas, da Mãe-d'água, do Curupira, da Vitória--Régia, da Mandioca, do Uirapuru;
- **festas** – do Círio de Nazaré, em Belém (PA), que ocorre no segundo domingo de outubro; boi-bumbá de Parintins (AM), que ocorre em junho.

A herança dos povos indígenas também pode ser percebida na culinária, que se baseia em iguarias feitas de mandioca e peixe. Entre os pratos típicos encontramos a caldeirada de tucunaré, tacacá, tapioca, pato no tucupi, carne de búfalo e peixes, como o pirarucu.

Há grande consumo de carne de sol no estado do Amapá. No Amazonas e no Pará, um prato muito apreciado é o tacacá, uma espécie de sopa em que os ingredientes são goma de mandioca, tucupi, camarão seco, uma erva chamada jambu e pimenta. O tacacá costuma ser tomado em cuias, um hábito que vem dos indígenas.

Já no Pará, um prato muito apreciado é o pato no tucupi. Tucupi é um caldo de mandioca cozida e espremida em uma peneira.

Na Ilha de Marajó, por causa da enorme criação de búfalos, há pratos especiais também, como o frito do vaqueiro (carne com pirão de leite). Também se usa muito a muçarela de búfala.

Quanto às frutas, a Região Norte apresenta grande variedade, pois a Floresta Amazônica possui inúmeras espécies, algumas pouco conhecidas no país, como pupunha, buriti, cupuaçu, bacuri, açaí, taperebá, graviola e tucumã.

> **VOCABULÁRIO**
>
> **cerâmica marajoara:** tipo de cerâmica produzida pelos povos indígenas que ocupavam a Ilha de Marajó durante o período de 400 a 1400 d.C.
> **buriti:** palmeira da qual se extraem fibras e óleo.
> **bilro:** peça de madeira utilizada para fazer renda.

ATIVIDADES

1 Por que há tantas queimadas na Região Norte? Elas são feitas com quais objetivos?

_____

_____

2 Quais são as consequências dessas queimadas?

_____

_____

3 Descreva o tipo de trabalho realizado pelos trabalhadores a seguir.

    a) Seringueiro: _____.

    b) Castanheiro: _____.

    c) Juticultor: _____.

    d) Vaqueiro: _____.

4 A pesca é uma prática que vem sendo desenvolvida por séculos na Amazônia e, agora, aprimorada pelo uso de utensílios adequados às necessidades da comunidade tradicional ribeirinha da Região Norte, para maior produção em tempo disponível. Em dupla, pesquisem quais os utensílios usados na pesca pelos ribeirinhos e produzam um texto sobre a influência indígena nessa atividade.

5 A dinâmica produtiva nas comunidades ribeirinhas guia-se pela relação homem-natureza. A população utiliza-se de saberes tradicionais acumulados de geração em geração. Com base na afirmação assinale as alternativas correspondentes.

    ☐ Utilizam a influência da Lua nas atividades de corte da madeira, da pesca, do roçado, os sistemas de manejo dos recursos naturais.

    ☐ Utilizam arpão na pesca.

    ☐ A natureza não é respeitada.

6 Reúna-se em dupla e pesquisem alguma festa tradicional, danças, lendas da Região Norte e pratos típicos. Em seguida, façam uma síntese.

    a) Festa popular: _____.

    b) Dança típica: _____.

    c) Lenda: _____.

    d) Prato típico: _____.

EU GOSTO DE APRENDER

Nesta lição, você estudou estes tópicos.

- A Região Norte, a mais extensa do Brasil, é formada por Acre, Amazonas, Amapá, Pará, Rondônia, Roraima e Tocantins.
- O relevo da Região Norte se caracteriza pela predominância de depressão. Na hidrografia destacam-se o Rio Amazonas e seus afluentes, mas a Bacia do Rio Tocantins também é importante. Nesse rio está instalada a Usina Hidrelétrica de Tucuruí.
- O clima predominante é o equatorial e a vegetação que mais aparece é a de Floresta Amazônica.
- As atividades econômicas são ligadas principalmente ao extrativismo vegetal (borracha das seringueiras, castanhas-do-pará, madeira etc.), extrativismo animal (pesca, caça) e extrativismo mineral (exploração de minerais metálicos). Destacam-se também atividades agrícolas comerciais (cultivo de arroz, feijão, soja, pimenta-do-reino) e criação de animais (bovinos, bufalinos, suínos).
- O turismo tem grande destaque, pela atração histórica e natural, com destaque para o Rio Amazonas e a Floresta Amazônica.
- A maior parte da população da Região Norte descende de brancos e indígenas (caboclos), com presença muito grande de diversos grupos indígenas.
- Um tipo comum de habitação é a moradia de palafita, construção sobre estacas dentro da água, própria para enfrentar a época das enchentes.
- A forte tradição indígena manifesta-se também na culinária, com o uso de pratos à base de mandioca, peixes e ervas regionais.
- A comunidade ribeirinha caracteriza-se por viver à beira dos rios e sobreviver da pesca artesanal, caça, roçado e extrativismo.

ATIVIDADES

1. No caderno, desenhe um mapa da Região Norte, indicando seus estados e suas capitais.

2. Associe corretamente as duas colunas a seguir.

   A. Manaus e Belém

   B. Serra de Carajás e Serra do Navio

   C. Ilha de Marajó

   ☐ Maior rebanho de búfalos do país.

   ☐ Indústria têxtil, indústria alimentícia, madeireiras.

   ☐ Atividades de extração de minério.

EU GOSTO DE APRENDER MAIS

Povos indígenas isolados da Amazônia

Ainda existem povos indígenas na Amazônia que nunca tiveram ou que tiveram pouquíssimo contato com os demais grupos de brasileiros.

[...]

De acordo com a Funai, ao todo há 114 registros de povos indígenas em situação de isolamento no Brasil e 20 considerados de recente contato. O Vale do Javari é ocupado hoje por seis povos em contato permanente e dois povos de recente contato, além de possuir treze registros de povos em isolamento voluntário. No caso dos korubo, há atualmente cerca de uma centena de indígenas em contato, nas aldeias que ficam no baixo rio Ituí. Outros subgrupos korubo, em população de tamanho ignorado, permanecem em isolamento voluntário, principalmente na fração oriental de seu território, onde sofrem os efeitos da invasão promovida por garimpeiros nos rios Jutaí e Jandiatuba.

Ministério Público Federal. Exposição "Índios Korubo – Vale do Javari. Disponível em: https://memorial.mpf.mp.br/nacional/programacao. Acesso em: 31 jul. 2022.

Indígenas do povo Korubo. Uma tradição entre os Korubo é o corte de cabelo: eles costumam raspar todo o crânio com um capim típico da região e deixam apenas uma espécie de franja, que desce do alto da cabeça até a testa.

ATIVIDADES COMPLEMENTARES

1 Marque a alternativa correta sobre o texto que você leu.

☐ Não existem mais povos indígenas isolados na Amazônia.

☐ Ainda existem grupos indígenas isolados na Amazônia e um deles é o dos Korubo.

☐ Os indígenas Korubo fizeram contato com os demais grupos não indígenas há mais de 200 anos.

☐ No vale do Rio Javari há grupos indígenas que mantêm isolamento voluntário.

2 De acordo com a Fundação Nacional do Índio (Funai), há quantos registros de povos indígenas isolados?

_____

3 De acordo com o texto e com a fotografia mostrada, os Korubo têm tradições? Você consegue descrever alguma?

_____

_____

_____

_____

4 Você conhece uma tradição de outro grupo indígena? Qual? Conte como é essa tradição para seus colegas.

LEIA MAIS

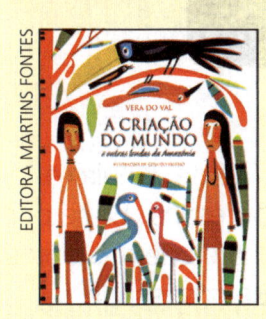

A criação do mundo e outras lendas da Amazônia

Vera do Val. São Paulo: Martins Fontes, 2008.

Contos selecionados da obra *O imaginário da floresta*, que falam das origens – da noite, das estrelas, da lua, dos rios, do mundo –, da qual a autora recolheu lendas e mitos dos povos amazônicos.

LIÇÃO 5

BRASIL: REGIÃO NORDESTE

Nesta lição, vamos estudar a Região Nordeste. Olhe com atenção a fotografia. Ela mostra algo que é típico dos estados do Nordeste e as pessoas apreciam muito. Você sabe o que é?

Quem respondeu "cordel" acertou! São livretos onde estão escritos poemas e histórias divertidas, que narram fatos importantes ou descrevem locais. É um tipo de literatura criado pelo povo nordestino. Os poetas do Nordeste costumam cantar esses versos, acompanhados de viola, em duplas. Há também cantores que desafiam o outro a fazer rimas e a inventar versos.

A seguir, aprecie outra fotografia e leia a legenda. Esse local fica no Nordeste?

Literatura de cordel à venda na Feira de São Cristóvão, Rio de Janeiro (RJ), 2014.

Loja de produtos típicos do Nordeste. Centro de Tradições Nordestinas, São Paulo (SP).

Como você leu nas legendas, os dois locais das imagens são Rio de Janeiro e São Paulo, onde existem locais específicos dedicados à cultura nordestina. Sabe por quê? A população carioca e paulistana é formada também por milhares de migrantes da Região Nordeste, que se deslocaram em busca de trabalho. Essas pessoas enriqueceram a cultura do Sudeste com suas tradições e costumes.

Agora, vamos estudar as características mais importantes da Região Nordeste.

Divisão política

O Nordeste é a **região** brasileira com maior número de estados: são nove: Maranhão, Piauí, Ceará, Rio Grande do Norte, Paraíba, Pernambuco, Alagoas, Sergipe e Bahia – todos banhados pelo mar.

Nessa região localiza-se quase metade do litoral brasileiro.

Em comparação com as outras regiões do Brasil, é a terceira maior em território e a segunda em tamanho da população.

Foi nesse **território** que os portugueses iniciaram a exploração das riquezas brasileiras, quando aqui chegaram no século XVI: eles introduziram o cultivo da cana-de-açúcar nas terras onde hoje é o estado de Pernambuco. A cana-de-açúcar foi a base econômica do Brasil por muitos séculos.

REGIÃO NORDESTE: DIVISÃO POLÍTICA

Fonte: Atlas geográfico escolar. 6. ed. Rio de Janeiro: IBGE, 2012. p. 94.

Estados	Siglas	Capitais	Área (km²)	População estimada
Maranhão	MA	São Luís	331 936,949	7 153 262
Piauí	PI	Teresina	251 611,929	3 289 290
Ceará	CE	Fortaleza	148 887,633	9 240 458
Rio Grande do Norte	RN	Natal	52 811,107	3 560 903
Paraíba	PB	João Pessoa	56 468,435	4 059 905
Pernambuco	PE	Recife	98 076,021	9 674 793
Alagoas	AL	Maceió	27 848,140	3 365 351
Sergipe	SE	Aracaju	21 918,443	2 338 474
Bahia	BA	Salvador	564 732,450	14 985 284

Fonte: Fonte: IBGE, 2021. Disponível em: https://ftp.ibge.gov.br/Estimativas_de_Populacao/Estimativas_2021/estimativa_dou_2021.pdf. Acesso em: 30 jul. 2022.

O estado do Maranhão localiza-se entre as regiões Norte e Nordeste e apresenta enorme diversidade de ecossistemas, isto é, de sistemas vivos que compõem a flora e a fauna. Em território maranhese são encontradas áreas de praias tropicais, Floresta Amazônica, Cerrados, mangues e deserto com milhares de lagoas de águas cristalinas. Por isso, o estado possui diversos polos turísticos. O principal é São Luís, a capital.

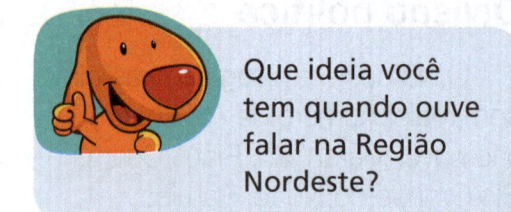

> Que ideia você tem quando ouve falar na Região Nordeste?

O Ceará é o décimo primeiro estado mais rico do país e o terceiro do Nordeste. Seu litoral tem belas praias, que atraem turistas do mundo inteiro. O símbolo da cultura e do povo cearense é a jangada, meio de transporte e de pesca ainda comum ao longo da costa.

Vista aérea da praia de Iracema. Fortaleza (CE), 2019.

O Piauí é um estado que possui uma população de mais de 3 milhões de pessoas. Nesse estado passa um importante rio, o Parnaíba, responsável pelo abastecimento de boa parte da população e cujas águas são utilizadas na agricultura. Além da agricultura e pecuária, o extrativismo se destaca como atividade econômica no estado.

O estado do Rio Grande do Norte localiza-se bem no vértice nordeste da América do Sul e, por essa posição, é chamado "uma das esquinas" da América. Além de se destacar pelas praias de rara beleza, o Rio Grande do Norte possui muitas salinas e produz 95% do sal brasileiro.

A Paraíba, cuja capital e cidade mais populosa é João Pessoa, destaca-se por diversas características culturais, entre elas o fato de ter sido o berço de vários poetas, escritores, músicos, pintores e políticos brasileiros, como Augusto dos Anjos, José Américo de Almeida, José

Vista de área de João Pessoa (PB), com a Ponta de Cabo Branco, 2019.

Lins do Rêgo, Pedro Américo (pintor de quadros históricos), Assis Chateaubriand (fundador dos *Diários Associados*, da TV Tupi e do Museu de Arte de São Paulo Assis Chateaubriand, o Masp), Ariano Suassuna, Celso Furtado, Luísa Erundina e muitos outros.

O território do estado de Pernambuco, cuja capital é Recife, possui dois arquipélagos: Fernando de Noronha e São Pedro e São Paulo. É uma das regiões de colonização mais antigas da América. Quando o Brasil era colônia portuguesa, Pernambuco foi a mais rica das capitanias, por causa da produção e da exportação de açúcar.

Vista da Ponte da Senhora Encantada e Rio Capibaribe, Recife (PE), 2022.

O estado de Alagoas é um dos menores do Brasil em extensão territorial, sendo maior apenas que Sergipe. É grande produtor de cana-de-açúcar e coco-da-baía, mas sua atividade econômica mais importante é a agropecuária. No passado teve forte presença indígena e foi destino de grandes levas de africanos escravizados. Sua tradição cultural é riquíssima, com destaque para o folclore.

O menor estado brasileiro em extensão territorial é o de Sergipe, cuja capital, Aracaju, é sede de um dos maiores eventos juninos do Nordeste do país, o Forró-caju: durante 14 noites há atrações e apresentações entre os mercados Albano Franco e Thales. Essa festa chega a atrair público de 1 milhão de pessoas.

O estado da Bahia, por ter sido no passado colonial uma rica capitania exportadora de açúcar, recebeu os maiores contingentes de africanos escravizados do Brasil. Por isso, sua cultura, tanto na capital Salvador como em outras cidades, é até hoje fortemente marcada pela tradição africana, o que pode ser percebido na música, na culinária, na religião e no modo de vida da população.

Vista do Elevador Lacerda para o Mercado Modelo (embaixo) e a Baía de Todos os Santos, Salvador (BA), 2020.

ATIVIDADES

1 Retome a tabela com dados dos estados da Região Nordeste e responda às questões. Escreva o nome e a respectiva sigla:

a) do estado de maior área, isto é, de maior extensão territorial.

_____.

b) do estado de menor área, isto é, de menor extensão territorial.

_____.

c) dos dois estados mais populosos.

_____.

d) do estado menos populoso.

_____.

2 Organize os estados da Região Nordeste, do maior para o menor, em área territorial. Liste-os a seguir.

_____

_____

3 Qual é a característica comum a todos os estados do Nordeste?

_____

_____

Aspectos físicos

Na Região Nordeste, o **relevo** é formado por planícies litorâneas e áreas de depressão e planalto. A hidrografia caracteriza-se por rios perenes e temporários e o clima é tropical, de temperaturas altas. A **vegetação** predominante é a Caatinga.

Relevo e hidrografia

O litoral nordestino é contornado por uma faixa de terras baixas onde aparecem as

Raízes do Mangue Vermelho na foz do Rio Preguiças em Barreirinhas (MA), 2013.

praias, as dunas, os **mangues**, as restingas e os **recifes**.

VOCABULÁRIO

mangue: tipo de vegetação que se forma junto às áreas alcançadas pelas marés, foz dos rios ou margem de rios e lagoas.
recife: rochedo ou série de rochedos situado próximo à costa, submerso ou a pequena altura do nível do mar.

Na área de planaltos, destacam-se o Borborema e a Bacia do Rio Parnaíba. Existem as chapadas, áreas altas e planas, como a Chapada Diamantina, na Bahia. Nas depressões localiza-se o sertão, uma sub-região de clima semiárido.

O **rio permanente** mais importante é o São Francisco. Ele liga as regiões Nordeste e Sudeste. Suas águas servem para abastecer as cidades, irrigar terras para agricultura, pescar e produzir energia. Nele se localizam as usinas hidrelétricas de Paulo Afonso, Itaparica, Apolônio Sales e Sobradinho. O **rio temporário** mais extenso é o Jaguaribe, no Ceará.

Vegetação e clima

Na Região Nordeste há quatro sub-regiões definidas de acordo com o clima, com a vegetação e com a exploração econômica. Nelas encontramos diferentes tipos de vegetação, conforme podemos ver no mapa ao lado.

Veja agora as sub-regiões e as características de cada uma delas.

Sertão

Interior do Nordeste, onde as chuvas são escassas e distribuídas irregularmente. A vegetação predominante é a Caatinga e os solos são rasos. Também é conhecida como a região do semiárido.

REGIÃO NORDESTE: RELEVO E HIDROGRAFIA

Planaltos
Depressões
Planícies

Fonte: ROSS, Jurandyr L. S. *Geografia do Brasil escolar*. São Paulo: Edusp, 2009. p. 53.

REGIÃO NORDESTE: VEGETAÇÃO

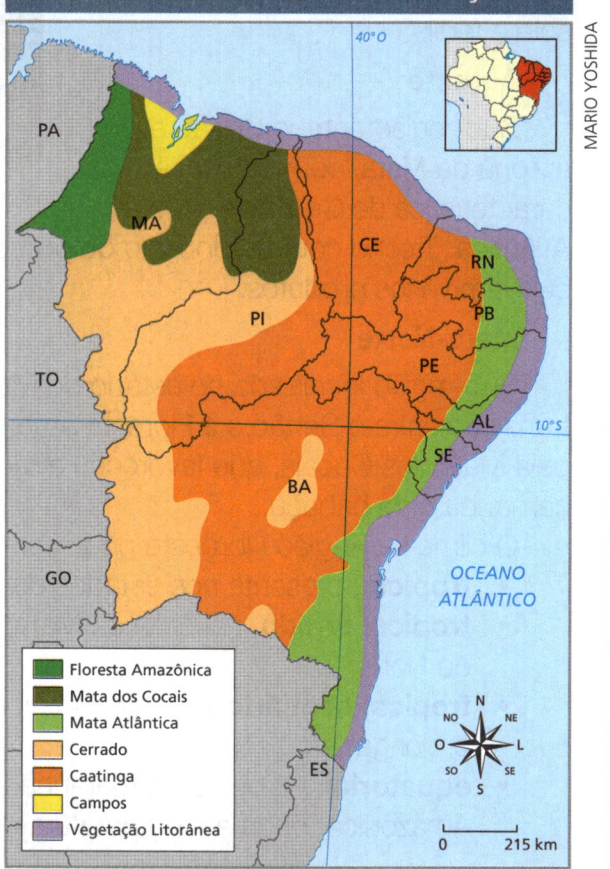

Floresta Amazônica
Mata dos Cocais
Mata Atlântica
Cerrado
Caatinga
Campos
Vegetação Litorânea

Fonte: SIMIELLI, Maria Elena. *Geoatlas*. São Paulo: Ática, 2012.

239

A pecuária extensiva e a agricultura comercial de alguns produtos são as principais atividades econômicas do Sertão.

Modernas técnicas de irrigação aliadas às condições do clima têm atraído empresas do Sul do país para essa sub-região.

Zona da Mata

Trecho que se estende do litoral do Rio Grande do Norte ao litoral da Bahia e originalmente era recoberto pela Mata Atlântica. A extração do pau-brasil, a ocupação humana e a exploração da cana-de-açúcar no período colonial destruíram a maior parte dessa vegetação original. É a sub-região mais industrializada e desenvolvida economicamente, onde as chuvas são bem distribuídas ao longo do ano e o solo é fértil.

Vegetação de Caatinga, localizada em Montairo (PB), 2020.

Agreste

Sub-região entre o Sertão e a Zona da Mata, com vegetação característica de Caatinga e Mata Atlântica. Trecho com predomínio de policultura, ou seja, pequenas propriedades que cultivam vários produtos.

Vegetação do Agreste alagoano, 2015.

Meio-Norte

Sub-região localizada no estado do Maranhão e parte do Piauí. É uma faixa de transição entre o Sertão e a Floresta Amazônica. A vegetação original era constituída pela Mata dos Cocais, que favoreceu atividades de extração das palmeiras de carnaúba e de babaçu.

O clima na Região Nordeste pode ser assim classificado:
- **tropical**, presente nos estados da Bahia, Ceará, Maranhão e Piauí;
- **tropical úmido**, na Zona da Mata; do litoral da Bahia ao litoral do Rio Grande do Norte;
- **tropical semiárido**, no Sertão, com temperaturas muito elevadas e secas prolongadas;
- **equatorial**, no oeste do Maranhão, onde se localiza parte da Floresta Amazônica, onde as temperaturas são altas e chove o ano todo.

ATIVIDADES

1 Complete corretamente as frases.

a) O clima na Região Nordeste varia entre o _____ e _____, _____ e _____.

b) Os tipos de relevo da Região Nordeste são _____, _____ e _____.

c) Rios permanentes são _____.

d) Rios temporários são os que _____.

2 Relacione o tipo de vegetação ao local onde ela ocorre no Nordeste.

| 1 | Caatinga | 3 | Mata Atlântica | 5 | Mata dos Cocais |

| 2 | Cerrado | 4 | Floresta Amazônica |

☐ Estados do Maranhão, Piauí e Bahia

☐ Estados do Maranhão e Piauí

☐ Sertão nordestino

☐ Pequenos trechos da Zona da Mata

☐ Meio-Norte

3 Cite o nome de dois principais rios da região.

_____

_____

_____

241

4 Com base nas informações sobre as sub-regiões, responda às atividades a seguir.

a) Escreva o nome da sub-região que tem atraído empresas do Sul do país.

_____

b) Em que sub-região a Mata Atlântica praticamente desapareceu em função do cultivo da cana-de-açúcar? _____

c) Qual é o tipo de agricultura predominante no Agreste?

_____

d) A atividade de extração da carnaúba e do babaçu é bastante desenvolvida em qual das sub-regiões? _____

5 Analise novamente os mapas das páginas 76 e 77 e complete com as informações sobre a Região Nordeste.

a) Relevo predominante: _____.

b) Estados onde esse relevo é encontrado: _____
_____.

c) Vegetação predominante: _____.

d) Estados onde essa vegetação é encontrada: _____
_____.

6 Reúna-se em grupo e escolham um dos temas a seguir para pesquisar.

a) A importância da cultura do algodão para o Agreste.

b) Cultura mecanizada da soja no Meio-Norte: importância para as pessoas dessa sub-região.

c) As subdivisões da Zona da Mata: nome e principais atividades desenvolvidas.

d) Babaçu e carnaúba: os principais produtos extraídos e utilização.

Vocês deverão montar um cartaz sobre o tema escolhido. Escrevam um pequeno texto e colem imagens que ilustrem a informação. Se possível, coloquem também um mapa da região. Cada grupo deverá expor seu cartaz, explicando aos colegas o que está retratado.

Aspectos econômicos

A Região Nordeste é uma das regiões que mais crescem economicamente no Brasil atual. Sua **economia** tem como base o extrativismo, a agropecuária, a indústria e o turismo, que tem atraído de volta milhares de nordestinos. É a chamada **migração de retorno**, que é o deslocamento das pessoas que haviam migrado para outros estados em busca de trabalho e estão de volta aos seus municípios de origem, onde podem trabalhar e viver.

Extrativismo vegetal

Na Região Nordeste, principalmente no Meio-Norte, exploram-se a carnaúba e o babaçu.

Da carnaúba aproveitam-se os frutos, as sementes, as folhas e as raízes. O Brasil é o maior produtor de cera de carnaúba do mundo. Grande parte da produção nacional é exportada.

Do babaçu são usados o caule, a folha, o palmito e o coco.

Palmeita babaçu, Piauí, 2020.

São extraídos também vegetais, como a oiticica, a juta, o caroá, usado na fabricação de linho, cordas e tapetes, o dendê e a piaçava.

Extrativismo animal

Pratica-se a pesca do camarão, do atum, da tainha, da lagosta e de moluscos. Modernos barcos pesqueiros têm substituído a tradicional jangada, embora jangadeiros ainda sejam uma presença marcante no litoral nordestino. Os estados que mais se destacam na atividade pesqueira são o Maranhão, o Ceará e a Bahia.

Mulheres no trabalho de extração de caranguejos em Cairú (BA), em 2017.

Extrativismo mineral

Destaca-se a exploração do petróleo no litoral da Bahia e de sal marinho no Rio Grande do Norte, que é o maior produtor desse minério no Brasil.

Outros recursos minerais da região são o calcário, o mármore, o chumbo e o cobre.

Agricultura e pecuária

A **agricultura** e a **pecuária** são as atividades mais importantes da região.

As principais culturas são as de cana-de-açúcar e cacau, desenvolvidas na Zona da Mata. Pernambuco e Alagoas são dois dos maiores produtores de cana-de-açúcar do Brasil. A Bahia é responsável por quase toda a produção de cacau no país. Na Zona da Mata também são plantados mandioca, milho, feijão, algodão, sisal, arroz e frutas.

No Agreste, a agricultura destina-se principalmente ao consumo da população. O milho, o café, o feijão, o arroz, a batata-doce, a mandioca e as frutas tropicais são os principais produtos cultivados.

Os únicos produtos cultivados para fins comerciais são o algodão e o agave – planta da qual se extrai fibra utilizada na fabricação de barbantes, cordas e tapetes.

Extensas áreas da Região Nordeste, próximas ao Rio São Francisco, são **irrigadas** e nelas cultivam-se frutas. No Meio-Norte cultivam-se algodão, arroz, milho e mandioca.

A atividade da pecuária se destaca em diversos estados da Região Nordeste. Os maiores rebanhos bovinos estão na Bahia, no Maranhão, no Ceará, em Pernambuco e no Piauí. No Sertão, onde a pecuária é uma atividade tradicional, os produtores enfrentam dificuldades por causa das constantes secas.

Eventos típicos no Nordeste são as feiras de gado, que ocorrem em cidades como Campina Grande, Feira de Santana e Caruaru.

Plantação de verduras, em Lagoa Seca (PB), 2020.

VOCABULÁRIO

irrigada: área que recebe água de rios por meio de canais, para molhar os terrenos onde é feito o plantio.

Criação de gado bovino no semiário Nodestino.

Você sabe qual é a fruta utilizada na produção do chocolate?

Indústria, comércio e transportes

As principais **indústrias** encontradas na Região Nordeste são: açucareira, de pescado, de fiação e tecelagem, petrolífera e de laticínios.

Os principais centros industriais estão localizados nas cidades de Recife (PE), Salvador (BA), Fortaleza (CE), Aratu (BA), Cabo de Santo Agostinho, Jaboatão dos Guararapes e Paulista (PE). Em Campina Grande (PB) também foram instalados centros industriais importantes.

Barco pesqueiro em Raposa (MA), 2022. A pesca é uma atividade econômica de vários municípios do Nordeste.

O comércio desenvolve-se principalmente nas capitais dos estados.

Os principais produtos comprados são industrializados: máquinas, equipamentos industriais e eletrônicos, combustíveis e veículos.

A rodovia é a via de transporte mais utilizada na região.

A navegação marítima é essencial para o transporte de mercadorias. Os principais portos marítimos são: Iltaqui (MA), Salvador (BA), Recife (PE), Cabedelo (PB), Fortaleza (CE).

O transporte aéreo é mais utilizado pelos passageiros que seguem para as áreas turísticas. Os aeroportos mais movimentados são os de Salvador (BA), Recife (PE) e Fortaleza (CE).

Os rios São Francisco e Parnaíba são importantes para o transporte fluvial.

Turismo

O **turismo** é uma atividade econômica muito desenvolvida no Nordeste. O extenso e bonito litoral é atrativo turístico da região, destacando-se praias como Arraial d'Ajuda e Morro de São Paulo, na Bahia; Atalaia e Pirambu, em Sergipe; Pajuçara e Maragogi, em Alagoas; Porto de Galinhas e Itamaracá, em Pernambuco; Cabedelo e Tambaba, na Paraíba; Genipabu e Pipa, no Rio Grande do Norte; Jericoacoara e Canoa Quebrada, no Ceará; Coqueiro e Pedra do Sal, no Piauí; e Curupu e Atins, no Maranhão.

Santuário de São Francisco das Chagas em Juazeiro do Norte (CE), 2015.

Outro local muito procurado é o arquipélago de Fernando de Noronha, onde a natureza é bastante preservada e apresenta uma diversificada fauna marinha, tendo até a presença de golfinhos saltadores.

O Carnaval é um dos grandes atrativos do Nordeste, principalmente na cidade de Salvador e Recife. Em Salvador, a festa atrai milhões de foliões.

ATIVIDADES

1 Descreva as principais atividades econômicas da Região Nordeste.

a) Extrativismo vegetal:

_____

b) Extrativismo animal:

_____

c) Extrativismo mineral:

_____

2 Junte as sílabas para formar o nome de alguns produtos agrícolas da Região Nordeste.

1	2	3	4	5	6
ca	de	man	fru	di	a

7	8	9	10	11	12
çú	tas	o	cau	na	car

a) A Bahia é responsável por quase toda a produção de _____ no país. (1, 10)

b) Pernambuco e Alagoas são dois dos maiores produtores de _____ do Brasil. (1, 11, 2, 6, 7, 12)

c) A _____ é plantada na Zona da Mata e no Agreste. (3, 5, 9, 1)

d) As _____ são cultivadas na Zona da Mata, no Agreste e nas áreas irrigadas. (4, 8)

3 Quais são os principais tipos de indústria da Região Nordeste?

_____

_____

_____

_____

Aspectos humanos e culturais

A Região Nordeste é a segunda região mais populosa do Brasil. Entretanto, a população está distribuída de forma desigual. A maior parte das pessoas vive nas capitais dos estados e nas cidades litorâneas.

No interior, a população é menos numerosa, por motivos históricos e por causa do clima semiárido e das secas.

Os trabalhadores típicos da Região Nordeste são:
- **vaqueiro** – guarda ou condutor de vacas, no Sertão;
- **jangadeiro** – dono ou patrão de embarcações chamadas jangadas; que conduz jangadas;
- **barranqueiro** – habitante ribeirinho do Rio São Francisco que percorre de barco esse rio, transportando pessoas e mercadorias;
- **baiana** – vendedora de comidas típicas da região, como acarajé e vatapá;
- **rendeira** – mulher que fabrica ou vende rendas;
- **coletor de coco** – retira os cocos dos coqueiros.

Renda de bilro, Aquiraz (CE), 2018.

Renda filé, Maceió (AL), 2020.

A riqueza cultural da Região Nordeste se expressa no folclore, na culinária, na música, nas danças e nas festas. Por ser uma das áreas de colonização mais antigas do Brasil, a enorme mistura de heranças e tradições de povos indígenas, africanos e europeus é muito presente.

Apresentação de capoeira, Salvador (BA), 2019.

Quilombolas

Assim como na Região Norte encontramos as comunidades tradicionais ribeirinhas, na Região Nordeste destacam-se os quilombolas.

Atualmente, no Brasil, encontram-se várias comunidades negras rurais em processo de mobilização para garantir direitos de acesso à terra. Elas reivindicam o uso legal de seus territórios, não apenas na dimensão física, mas, em especial, na dimensão simbólica, afirmando suas identidades étnicas por meio do autorreconhecimento enquanto comunidade quilombola.

Na história do Brasil, a presença da mão de obra africana escravizada e sua forma de resistência revelaram a formação de quilombos, a exemplo do Quilombo de Palmares. Mesmo após a abolição da escravatura, a discriminação, o preconceito e a falta de políticas públicas legaram aos afro-brasileiros a condição de inferioridade econômica e social, isolando-os dos principais centros urbanos. Os sertões nordestinos ilustram esse fato com a presença dessas comunidades, que lutam pela manutenção de suas culturas e pelo reconhecimento de suas comunidades.

Além dos quilombos constituídos no período da escravidão, muitos foram formados após a abolição, pois essa forma de organização comunitária continuava a ser, para muitos, uma possibilidade de preservar sua identidade.

As comunidades quilombolas têm uma organização parecida com a das aldeias africanas. Também há uma divisão de tarefas e todos trabalham. Os grupos vivem da agricultura e da pesca e, para manter sua identidade, conservam hábitos culturais e praticam cultos religiosos.

O batuque é uma dança afro-brasileira que é acompanhada por cantigas e instrumentos de percussão. O reisado é uma dança dramática popular com que se festeja a véspera e o Dia de Reis. A capoeira, arte praticada pelos jovens da Serra do Queimadão, na Bahia e outras manifestações da cultura negra estão presentes e atravessam os séculos, ecoando no sangue de cada morador das comunidades. Esses costumes revelam a importância da memória coletiva na construção da identidade de um povo.

As comunidades têm noção de terra coletiva e não as consideram propriedade de um só grupo, como ocorre entre outros povos.

Etapa da produção de farinha de mandioca por integrantes da comunidade do Quilombo Calenatiua, Alcântara (MA), 2019.

Folclore e culinária

No folclore da Região Nordeste, destacam-se:
- festas: o Carnaval de Salvador (BA), Olinda e Recife (PE) e as festas juninas de Caruaru (PE) e Campina Grande (PB) são as festas populares mais famosas do Nordeste. Há também a festa do Senhor do Bonfim, de Nossa Senhora da Conceição e de Iemanjá, na Bahia; a missa do Vaqueiro e a Paixão de Cristo (Nova Jerusalém), em Pernambuco.
- danças: o frevo, o bumba meu boi ou boi-bumbá, o maracatu, o baião, a capoeira, os caboclinhos, o bambolê, a congada, a cavalhada, o fandango e as cirandas.

- lendas: o saci-pererê, o curupira etc.
- artesanato: as rendas, os artigos de madeira, a corda, a palha e o buriti, os bordados, as redes, a cerâmica, as garrafas com areia colorida.

Na culinária, destacam-se os pratos típicos como: vatapá, caruru, acarajé, peixada, galinha à cabidela, carne de sol, sarapatel, buchada, frutos do mar, caranguejo, tapioca, cocada e quindim.

ATIVIDADES

1 Descreva como é formada a população da Região Nordeste.

_____

2 Encontre no diagrama alguns elementos do folclore nordestino.

Á	S	R	C	U	R	U	N	Q	U	I	N	D	I	M	R
V	A	T	A	P	Á	W	C	U	R	U	P	I	R	A	E
R	A	D	C	E	R	Â	M	I	C	A	A	N	Q	U	N
K	T	R	C	A	R	N	A	V	A	L	T	I	L	H	D
C	O	N	G	A	D	A	A	B	O	R	D	A	D	O	A

3 Escolha um trabalhador típico da Região Nordeste e pesquise sobre a atividade que ele realiza. Escreva no caderno uma síntese das informações obtidas, como a profissão e as tarefas realizadas no dia a dia.

4 Cite três danças típicas da Região Nordeste.

_____

5 Pesquise em livros ou na internet a receita de um prato típico da culinária da Região Nordeste. Registre em uma folha de papel sulfite e ilustre-a com fotos. Leve para a sala de aula e compartilhe com o professor e com os colegas. Entregue a folha ao professor para que, ao final do estudo das regiões brasileiras, seja montado um livro de receitas dos pratos típicos de cada região.

6 As comunidades quilombolas preservam sua identidade por meio de manifestações da cultura negra. Pesquise sobre uma dessas manifestações e, com seus colegas, produzam cartazes ilustrados com os resultados da pesquisa da turma.

EU GOSTO DE APRENDER

Nesta lição, você estudou estes itens.

- A Região Nordeste é a que tem maior número de estados: Alagoas, Aracaju, Bahia, Ceará, Maranhão, Paraíba, Pernambuco, Piauí e Rio Grande do Norte.
- De acordo com o clima, a vegetação e a exploração econômica, a Região Nordeste pode ser subdividida em: Sertão, Zona da Mata, Agreste e Meio-Norte. O relevo caracteriza-se por planície litorânea, depressão e planalto.
- O clima tropical apresenta as variações: tropical, tropical úmido na Zona da Mata, semiárido no Sertão e equatorial no oeste do Maranhão.
- Economicamente, a Região Nordeste tem como destaques o extrativismo (vegetal, mineral e animal), a prática de agricultura comercial e de pecuária; e industrialização, como no setor açucareiro, de pescado, de fiação, tecelagem, petrolífera e laticínios.
- A população nordestina é formada, predominantemente, por brancos, pardos e mestiços e vive mais nas capitais dos estados e nas cidades do litoral, por razões históricas e porque no interior o clima semiárido e as secas dificultam as condições de sobrevivência.
- Entre os trabalhadores do Nordeste destacam-se vaqueiros, jangadeiros, barranqueiros, baianas, rendeiras, coletores de coco etc.
- As tradições culturais da Região Nordeste são riquíssimas, com festas como Carnaval (Olinda, Recife, Salvador), Juninas (Caruaru), de Nosso Senhor do Bonfim, de Iemanjá (Salvador) e outras. As danças, a culinária, o folclore e o artesanato também se destacam, com forte influência africana.
- As comunidades quilombolas consideram a terra como um bem de todos da comunidade.

ATIVIDADES

1 Assinale características climáticas que podem ser encontradas na Região Nordeste:

☐ Chuvas bem distribuídas.   ☐ Temperaturas elevadas.

☐ Chuvas escassas.   ☐ Temperaturas muito baixas.

☐ Secas.

2 Complete as frases a seguir.

a) A Região Nordeste apresenta sub-regiões que são: _____

_____

b) Do ponto de vista econômico, encontramos no Nordeste tanto a pecuária

_____ como indústrias, em cidades como _____.

c) Entre as atrações turísticas do Nordeste, tem grande destaque o _____, com belas praias. Os turistas usam como principal meio de transporte o

_____.

d) Nas tradições culturais do Nordeste há uma forte influência _____.

3 Sobre o Nordeste, escreva o nome de:

a) Uma comida típica: _____.

b) Uma dança típica: _____.

c) Um tipo de profissional: _____.

d) Uma festa regional: _____.

4 Escolha um estado da Região Nordeste e complete as informações pedidas a seguir.

Nome do Estado: _____

a) Sigla: _____

b) Área: _____

c) Capital: _____

d) População: _____

e) Estados com que faz limites: _____

251

LIÇÃO 6 — BRASIL: REGIÃO CENTRO-OESTE

A Região Centro-Oeste, que vamos estudar nesta lição, é onde nasceu e morreu o grande poeta brasileiro Manoel de Barros (1916-2014). Em quase tudo que escreveu, ele fez alguma referência ao lugar onde viveu. Leia o trecho a seguir e tente descobrir sobre que aspecto do lugar o poeta está falando.

"Nem folha se move de árvore. Nenhum vento. Nessa hora até anta quer sombrear. Peru derrubou a crista. Ruminam algumas reses, deitadas na aba do mato. Cachorro produziu chão fresco na beira do rancho e deitou-se. Arichiguana foi dormir na serra. Rãs se ajuntam detrás do pote. Galinhas abrem o bico. Frango-d'água vai sestear no sarã. O zinco do galpão estala de sol. Pula o cancã na areia quente. Jaracambeva encurta o veneno. Baratas escondem filhotes albinos. E a voz de certos peixes fica azul."

BARROS, Manoel de. "Vespral de chuva". In: *Poesia completa*. São Paulo: Leya, 2013. p. 204.

Boiadeiro conduzindo gado em Aquidauana (MS), 2014.

VOCABULÁRIO

sestear: fazer a sesta, dormir depois do almoço.
sarã: ou Sarandi, pequena árvore frutífera.
cancã: uma dança em que os bailarinos pulam erguendo as pernas.
jaracambeva: um tipo de cobra.
albino: que é totalmente sem cor, porque não tem pigmentação.

Divisão política

A Região Centro-Oeste é a segunda mais extensa do Brasil. É formada por Goiás, Mato Grosso, Mato Grosso do Sul e Distrito Federal, onde está Brasília, sede de governo federal.

Essa região se limita com todas as outras regiões e com dois países da América do Sul: Bolívia e Paraguai. É a única região brasileira em que nenhum estado é banhado pelo mar.

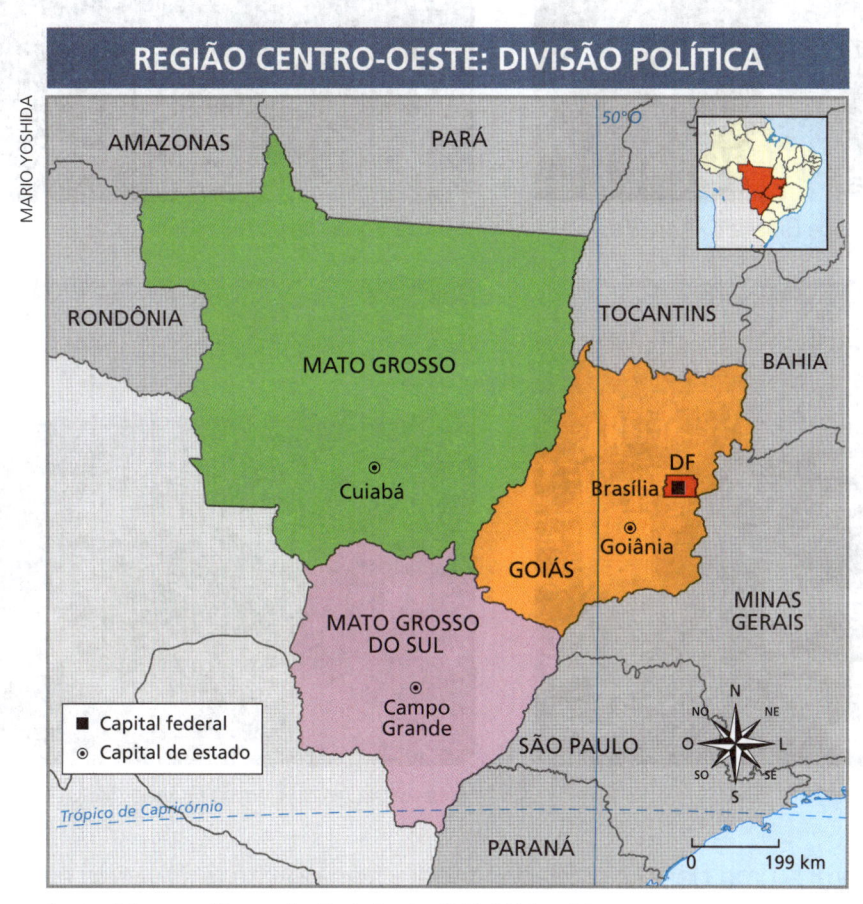

REGIÃO CENTRO-OESTE: DIVISÃO POLÍTICA

Fonte: *Atlas geográfico escolar*. Rio de Janeiro: IBGE, 2012. p. 94.

Estados/ Unidade da federação	Siglas	Capitais	Área (km²)	População estimada
Distrito Federal	DF	Brasília	5 779,997	3 094 325
Goiás	GO	Goiânia	340 106,492	7 206 589
Mato Grosso	MT	Cuiabá	903 202,446	3 567 234
Mato Grosso do Sul	MS	Campo Grande	357 145,531	2 839 188

Fonte: IBGE, 2017. Disponível em: https://ftp.ibge.gov.br/Estimativas_de_Populacao/Estimativas_2021/estimativa_dou_2021.pdf. Acesso em: 30 jul. 2022.

Avenida do eixo norte-sul de Brasília (DF), 2020.

Vista de trecho de Goiânia (GO), 2022.

Vista de trecho de Cuiabá (MT), 2020.

Vista de trecho de Campo Grande (MS), 2020.

O Distrito Federal é uma das 27 unidades federativas do Brasil. Dividido em 31 regiões administrativas, é a menor unidade federativa e a única que não tem municípios. Nele está localizada Brasília, que é a capital do Brasil. Nela trabalham as figuras políticas mais importantes do Brasil, como o presidente e os ministros.

Goiás é o estado de maior população da Região Centro-Oeste e se concentra na capital Goiânia e em outras cidades importantes, como Anápolis, Rio Verde, Itumbiara, Santa Helena, Catalão, Luziânia, Formosa, Jataí, Porangatu, Caldas Novas, Goianésia, Mineiros, Cristalina, Quirinópolis e Niquelândia.

O estado de Mato Grosso tem municípios populosos, como Cuiabá, sua capital, Várzea Grande, Rondonópolis, Sinop, Tangará da Serra, Cáceres, Sorriso, Primavera do Leste, Barra do Garças, Alta Floresta, Campo Novo do Parecis, Pontes e Lacerda, Juína, Primavera do Leste, Campo Verde, Lucas do Rio Verde, Barra do Bugres e outras.

Mato Grosso do Sul é o estado mais recente da Região Centro-Oeste e foi criado em 1979. Sua cidade mais populosa é a capital, Campo Grande.

ATIVIDADES

1 Retome a tabela com dados dos estados da Região Centro-Oeste na página anterior e complete as frases.

a) _____ é o estado de maior área.

b) _____ é o estado menos populoso.

c) O _____ é a menor unidade federativa do Brasil.

d) _____ é a sede do governo federal.

2 Escreva o nome dos estados e unidade federativa da Região Centro-Oeste, do mais populoso para o menos populoso, indicando as populações estimadas.

_____

_____

_____

_____

_____

Aspectos físicos

Relevo e hidrografia

O relevo da Região-Centro Oeste caracteriza-se por elevações suaves, que raramente ultrapassam mil metros de altitude. Podem ser destacadas três formações: Planalto Central, Planalto Meridional e Planície do Pantanal.

O **Planalto Central**, formado por um grande bloco rochoso, apresenta algumas áreas de topos planos e encostas (serras). Esses topos planos são chamados chapadas ou chapadões. No Mato Grosso, temos a Chapada dos Parecis, a oeste. Em Goiás, existe a Chapada dos Veadeiros, ao norte. Também se destaca o Espigão Mestre, na porção que se limita com o Nordeste.

Os solos mais férteis da região (a terra roxa) encontram-se no **Planalto Meridional**, que ocupa áreas da Região Sul até os estados de Mato Grosso do Sul e Goiás.

A principal forma de relevo da Região Centro-Oeste é a **Planície do Pantanal Mato-Grossense**, que se situa no Mato Grosso e no Mato Grosso do Sul, ao longo do Rio Paraguai. A Planície do Pantanal é uma das áreas de maior biodiversidade (fauna e flora) do planeta, reconhecida pela Organização das Nações Unidas para a Educação, a Ciência e a Cultura (Unesco) como Patrimônio Natural da Humanidade.

Periodicamente, a Planície do Pantanal é inundada pelo Rio Paraguai e seus afluentes.

Muitos rios nascem nessas áreas e deságuam no Rio Paraguai, como Cuiabá, Taquari e Miranda. O regime de cheias desses rios dá origem a diferentes ambientes, compostos de áreas que nunca se alagam, áreas que permanecem constantemente alagadas e áreas que se alagam durante um período. Os principais rios, com seus afluentes, que banham a região são Xingu, Tocantins, Araguaia, Paraguai e Paraná.

Os rios da Bacia do Rio Paraná são utilizados tanto para geração de energia como para navegação.

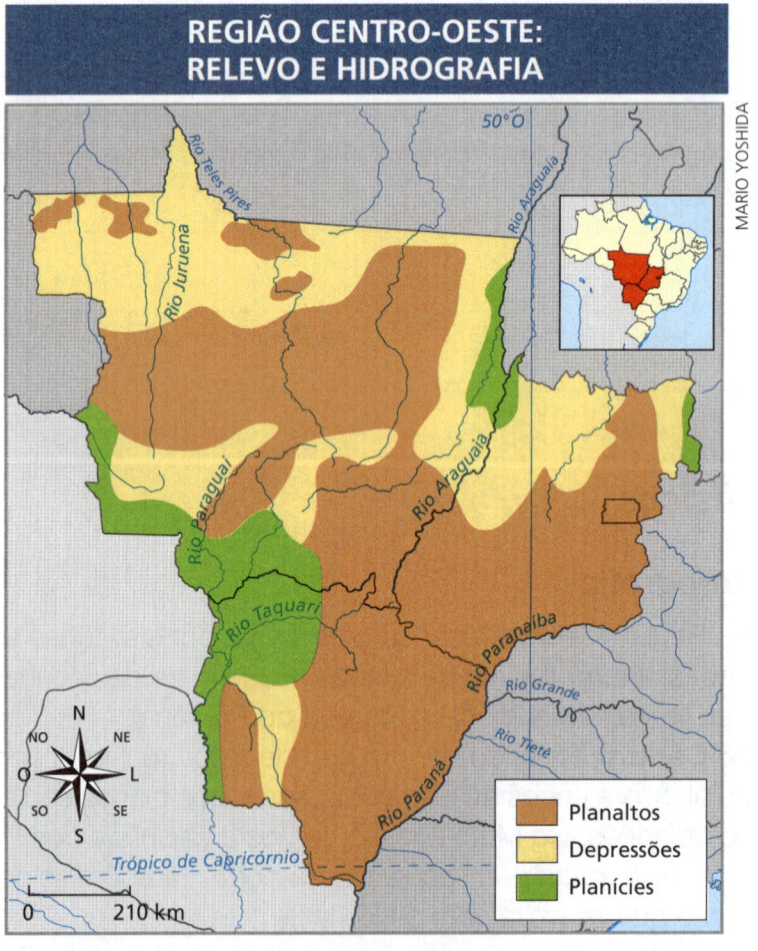

REGIÃO CENTRO-OESTE: RELEVO E HIDROGRAFIA

Planaltos
Depressões
Planícies

Fonte: ROSS, Jurandyr L. S. *Geografia do Brasil*. São Paulo: Edusp, 2009. p. 53

Clima e vegetação

O clima predominante da Região Centro-Oeste é o tropical semiúmido, com temperaturas elevadas e duas estações bem definidas: uma seca e outra chuvosa.

Ao norte da região, onde há a Floresta Amazônica, o clima é equatorial, quente e úmido. As chuvas são abundantes durante todo o ano e a temperatura é elevada.

Ao sul da região, o clima é o tropical de altitude, onde ocorrem temperaturas mais baixas, até mesmo com geadas. O verão é úmido e, nessa época, a Planície do Pantanal destaca-se como uma das áreas mais quentes da América do Sul.

REGIÃO CENTRO-OESTE: CLIMA

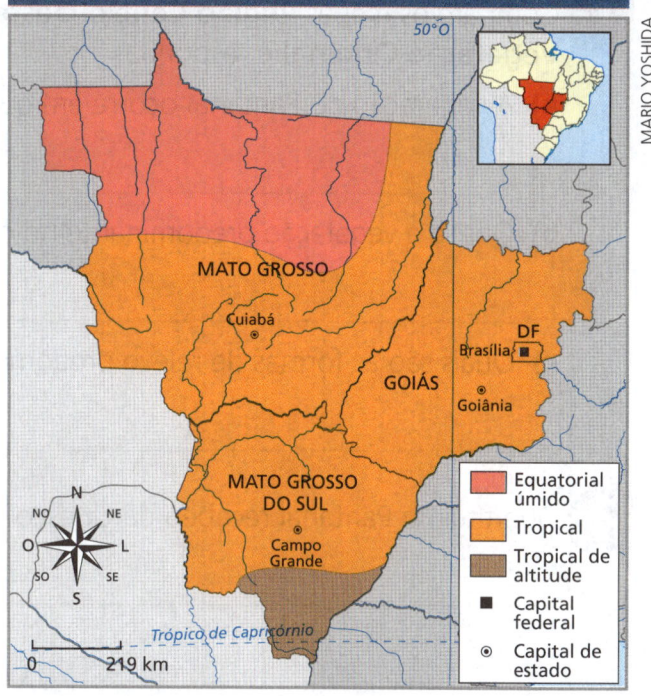

Fonte: *Atlas geográfico escolar*. 6. ed. Rio de Janeiro: IBGE, 2012. p. 99.

Qual clima predomina na capital do Brasil?

Os principais tipos de vegetação na Região Centro-Oeste são:
- **Mata Amazônica** – aparece ao norte do estado do Mato Grosso. Foi muito devastada.
- **Mata Atlântica** – localiza-se ao sul dos estados de Goiás, Mato Grosso e Mato Grosso do Sul.
- **Cerrado** – é a vegetação característica da região e constitui a maior pastagem natural do Brasil.
- **Vegetação do Pantanal** – é a vegetação típica da Planície do Pantanal Mato-Grossense.

REGIÃO CENTRO-OESTE: VEGETAÇÃO ORIGINAL

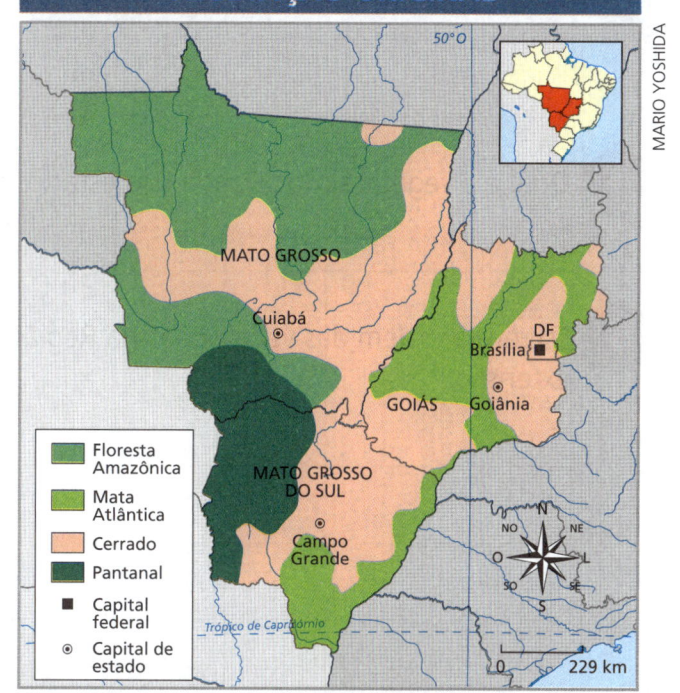

Fonte: ROSS, Jurandyr L. S. (Org.). *Geografia do Brasil*. São Paulo: Edusp, 2009. (Adaptado).

ATIVIDADES

1 Compare os mapas **Região Centro-Oeste: Relevo e Hidrografia; Clima; e Vegetação Original** e responda:

a) A vegetação do Pantanal ocorre em que tipo de clima?

_____

b) Qual é a vegetação predominante no clima tropical semiúmido?

_____

c) Quais são as formas de relevo predominantes no clima equatorial?

_____

2 Que título o Pantanal recebeu da Unesco?

_____

_____

3 Quais são os principais rios que banham a Planície do Pantanal?

_____

_____

_____

4 Qual é a vegetação localizada nos estados do Mato Grosso e Mato Grosso do Sul?

_____

5 Escreva a ordem das vegetações na Região Centro-Oeste de acordo com sua extensão.

_____

_____

_____

_____

Aspectos econômicos

Na Região Centro-Oeste, a economia destaca-se por apresentar a pecuária extensiva como uma das atividades mais importantes, mas vem crescendo a agricultura comercial. Também há extrativismos mineral e vegetal e atividades industriais, ainda pouco desenvolvidas.

Extrativismo vegetal

Essa atividade tem grande destaque principalmente na região da Floresta Amazônica: dela extraem-se borracha e madeiras de lei, como mogno, cedro e imbuia.

Outros produtos são a erva-mate, que aparece junto aos vales dos rios; o babaçu; e a castanha-do-pará. No Mato Grosso, há extração de angico e poaia, plantas usadas na indústria farmacêutica. No Pantanal, para curtir couro, usa-se o tanino, extraído da planta quebracho.

Extrativismo mineral

Destaca-se a extração de ferro e manganês no Maciço do Urucum, um morro localizado no Mato Grosso do Sul.

No Mato Grosso, exploram-se diamante e ouro. Goiás produz amianto, cristais de rocha e níquel.

A extração mineral vem causando impactos negativos na natureza, como a destruição de morros e a poluição de rios. Isso ocorre, principalmente, por causa dos produtos empregados nos garimpos, usados na procura de ouro e pedras preciosas.

Extrativismo animal

Na Região Centro-Oeste, principalmente no estado de Mato Grosso, os jacarés são criados em cativeiro para o comércio de carne e pele. Porém, a caça e a pesca sem fiscalização são ainda praticadas em algumas áreas do Pantanal e ameaçam a fauna.

O tamanduá-bandeira, o cervo-do-pantanal e a onça-pintada são espécies pantaneiras ameaçadas de extinção.

Os jacarés e algumas espécies de aves também podem desaparecer devido à caça indiscriminada. A pesca ilegal também ameaça espécies de peixes do Pantanal.

Agricultura e pecuária

A agricultura desenvolveu-se principalmente no estado de Goiás e no sul do estado de Mato Grosso do Sul.

A soja é o principal produto agrícola da região e destina-se principalmente à exportação. O cultivo da soja também compromete o solo das áreas onde é plantada, por causa da necessidade de se utilizar fertilizantes para tornar o solo preparado para o cultivo. Muitos desses produtos químicos são carregados para as águas dos rios, causando sua contaminação.

VOCABULÁRIO

madeira de lei: madeira dura, de boa qualidade, usada na fabricação de móveis e construções de edifícios.
cativeiro: local onde um animal é criado preso com objetivo comercial.
indiscriminada: que não tem controle adequado.

Cultivam-se também milho, feijão, arroz, café, trigo, mandioca e algodão.

A pecuária é a principal atividade econômica no Centro-Oeste, onde há excelentes áreas de pastagem. A região possui o maior número de cabeças de gado do país. A maior parte do rebanho é de gado para corte. O gado é abatido em grandes frigoríficos e a carne é vendida para os centros mais populosos de outras regiões. Uma parte também é exportada. Outra atividade em crescimento é a criação de ovinos.

Gado no pasto em pecuária extensiva, Mato Grosso do Sul.

Área de cultivo de soja, Luziania (GO).

Indústria, comércio e transportes

A atividade industrial na região é pouco desenvolvida. As indústrias destinam-se principalmente ao beneficiamento de produtos agrícolas, alimentícios, minerais e de madeiras.

Tem crescido também a indústria farmacêutica. As indústrias têm ido para a Região Centro-Oeste atraídas pelas inúmeras usinas hidrelétricas que garantem fornecimento abundante e mais barato de energia elétrica.

Os principais centros industriais são Goiânia e Anápolis (GO), Campo Grande e Corumbá (MS) e Brasília (DF). O comércio desenvolve-se nas capitais dos estados e nas principais cidades. A região vende arroz, ferro, manganês, cristais de rocha, borracha, erva-mate, carnes e derivados. Compra veículos, combustíveis, trigo, açúcar e máquinas.

VOCABULÁRIO

beneficiamento: tratamento de matérias-primas agrícolas para torná-las apropriadas ao consumo.

O sistema de transportes não é muito desenvolvido e chega a prejudicar o comércio da região. O transporte rodoviário é o tipo predominante. As principais rodovias são:

- Belém-Brasília, que liga a Região Centro-Oeste à Região Norte;
- Transpantaneira, que atravessa o Mato Grosso e o Mato Grosso do Sul;
- Cuiabá-Santarém, que liga a capital de Mato Grosso ao interior do Pará.

Vista aérea da Rodovia Transpantaneira em Poconé (MT), 2021.

A ferrovia mais importante é a Estrada de Ferro Noroeste do Brasil, que liga Corumbá (MS) a Bauru (SP).

A navegação fluvial é muito utilizada no transporte de mercadorias. Ela é feita no Rio Paraguai, nos seus afluentes e em um pequeno trecho do Rio Paraná.

O transporte aéreo de passageiros desempenha papel importantíssimo, em razão das grandes distâncias e pelo pequeno número de rodovias e ferrovias. O aeroporto de Brasília (DF) é um dos mais movimentados do país.

Questões ambientais no Centro-Oeste

Atualmente, a Região Centro-Oeste é uma das que apresentam as maiores áreas de desmatamento. Todos os tipos de vegetação estão sendo afetados. No norte do estado de Mato Grosso é a Floresta Amazônica, que perde espaço para as plantações de soja. Em toda a região, a área de Cerrado está diminuindo. Até o Pantanal está sendo atingido.

ATIVIDADES

1 Leia o texto a seguir e responda às atividades.

O Pantanal está vulnerável

O Ministério do Meio Ambiente (MMA) divulgou [...] números oficiais sobre o desmatamento do Pantanal, o que permitiu ao governo constatar que essa formação vegetal e o cerrado estão mais vulneráveis à devastação do que a Amazônia.

Área devastada para produção de pastagem em Araguaiana (MT), 2014.

[...] Com 18,7 mil km² devastados até 2002, o Pantanal continuou perdendo mata nativa nos seis anos seguintes: foram desmatados mais 4.279 km² – 2,82% da área total.

Uma análise preliminar do Ministério do Meio Ambiente identifica como principais razões do desmatamento do Pantanal o fornecimento de carvão vegetal para um novo parque siderúrgico em Mato Grosso do Sul e a abertura de novas áreas para pastagens.

Mais de 15% da planície pantaneira já foi devastada. O desmatamento foi maior em Mato Grosso do Sul do que em Mato Grosso. Corumbá (MS), a cidade que mais desmatou, responde por 32% de todas as perdas de vegetação. Em seguida aparecem Aquidauana (MS) e Cáceres (MT).

SASSINE, Vinicius. *Correio Braziliense*, 8 jun. 2010. Disponível em: http://www2.senado.leg.br/bdsf/bitstream/handle/id/45907/noticia.htm?sequence=1. Acesso em: 30 jul. 2022.

- Com seu professor e seus colegas, escreva no caderno um texto sintetizando os aspectos relacionados à fauna, à flora e à vida humana da região Centro-Oeste.

2 Identifique no quadro alguns extrativismos que ocorrem na Região Centro-Oeste, classificando-os de acordo com a origem.

Produto	Extrativismo vegetal	Extrativismo animal	Extrativismo mineral
Manganês			
Látex			
Jacaré			
Amianto			
Ave			
Ouro e diamante			
Castanha-do-pará			
Babaçu			
Pesca			
Ferro			

3 Escreva o nome do principal rebanho da Região Centro-Oeste.

_____

4 Por que a pecuária é a atividade econômica mais importante da Região Centro-Oeste?

_____
_____
_____

5 Quais são os principais centros industriais da Região Centro-Oeste?

_____
_____
_____

Aspectos humanos

A construção de Brasília, no Distrito Federal, contribuiu bastante para o aumento da população regional, pois atraiu muitas pessoas de outras regiões do país. Em 1960, quando a capital federal foi transferida do Rio de Janeiro para Brasília, pessoas de várias partes do Brasil também se dirigiram para a região. Apesar disso, a Região Centro-Oeste é pouco povoada. A maior parte da população é constituída de brancos e caboclos (mestiços de brancos e indígenas).

No sul do Mato Grosso do Sul há muitos sulistas (gaúchos, catarinenses, paranaenses) que se deslocaram para trabalhar na agricultura. Além deles, a Região Centro-Oeste apresenta muitos outros grupos de migrantes, caracterizando-se pela forte heterogeneidade humana.

Boiadeiro conduzindo o gado. Aquidauana (MS), 2021.

A presença indígena é muito marcante, existindo ainda grupos na Floresta Amazônica e outros concentrados em reservas e parques nacionais.

Algumas profissões comuns do Centro-Oeste são:
- **boiadeiro** – tocador de boiada;
- **garimpeiro** – aquele que anda à procura de metais e pedras preciosas;
- **ervateiro** – aquele que negocia com erva-mate ou faz colheita e preparação desse vegetal;
- **seringueiro** – indivíduo que se dedica à extração do látex da seringueira.

Aspectos culturais

Por causa da heterogeneidade de sua população, a cultura da Região Centro-Oeste é uma das mais diversificadas do Brasil, com forte influência indígena.

O folclore e a culinária

No folclore destacam-se:
- **danças** – congada, folia de reis, roda de São Gonçalo, moçambique;
- **festas** – cavalhada, rodeios, Festa do Divino;
- **lendas** – do Pé de Garrafa, do lobisomem, do Romãozinho;
- **artesanato** – cerâmica, objetos de madeira, artigos de prata com pedras semipreciosas, cristais.

Na **culinária**, destacam-se pratos como peixes, empadão goiano, galinhada, arroz de carreteiro, pamonha de milho-verde e muitos outros.

Grupo de congo, durante a festa de São Benedito, Vila Bela da Santíssima Trindade (MT), 2018.

É nítida a forte influência paraguaia e boliviana na culinária desses estados. Do Paraguai, por exemplo, vem o hábito de apreciar o tererê (ou mate gelado). Também se come sopa paraguaia e se consomem *chipas*, um tipo de pão de queijo. Da Bolívia as pessoas adotaram o costume de comer *salteñas*, que são pastéis de frango assados.

Povos indígenas

A população indígena, em sua grande maioria, enfrenta uma complexa e acelerada transformação social. E, por esse motivo, necessita de novos meios para sua sobrevivência física e cultural. Entre os problemas que os povos indígenas enfrentam estão as invasões e degradações territoriais e ambientais, a exploração sexual, o aliciamento e o uso de drogas, a exploração de trabalho – incluindo o infantil –, a mendicância, o êxodo desordenado, causando grande concentração de indígenas nas cidades, entre outros.

Em geral, os indígenas dedicam-se a atividades como agricultura, pecuária, artesanato, garimpagem, caça e pesca. Nos povos, há divisão do trabalho de acordo com o gênero e com a idade. Geralmente, as mulheres cuidam das roças e fazem objetos de cerâmica e cestos de palha, enquanto os homens caçam, pescam, constroem objetos como arcos, flechas e canoas. Os indígenas idosos possuem papel fundamental, pois representam o conhecimento, que é passado de geração para geração.

Muitos costumes dos povos indígenas, atualmente, estão relacionados a práticas dos seus antepassados. Viver em grupo, em aldeias que reúnem várias famílias, considerar a terra um bem de todos e viver em harmonia com a natureza são alguns exemplos de práticas que vêm dos antepassados. Por isso, a maioria deles luta por viver em suas aldeias e ensinar as tradições para suas crianças.

Da mesma forma se dá a relação dos povos indígenas com a natureza. Muitos povos indígenas estudam alternativas para, cada vez mais, utilizar os recursos naturais e, ao mesmo tempo, preservar os elementos que compõem a natureza, isto é, todos os outros seres vivos, a água, o solo e o ar. Para isso, utilizam os conhecimentos que detêm e foram transmitidos por seus antepassados. Além disso, aprendem outras formas de preservar a natureza desenvolvidas por povos não indígenas.

Ainda hoje, algumas pessoas pensam que os povos indígenas são todos iguais e vivem da mesma maneira, se vestem e alimentam-se do mesmo modo e falam a mesma língua. Entretanto, esse pensamento não está de acordo com a realidade.

A Região Centro-Oeste é a terceira com maior concentração de indígenas. Na região, os povos

Desfile de guerreiros indígenas que disputam a luta marcial Huka-Huka durante cerimônia do Kuarup, Aldeia Afukuri da etnia Kuikuro, Parque Indígena do Xingu, Querência (MT), 2021.

habitam em reservas e parques indígenas, como no Parque Indígena do Xingu, no Parque Indígena do Araguaia, na Ilha do Bananal, na Reserva Indígena Xavante e na Reserva Indígena Parecis.

Em muitas cidades, as aldeias estão localizadas nas chamadas terras indígenas, que pertencem a todos os membros da aldeia. Nelas, os indígenas produzem os alimentos necessários à sua sobrevivência e são responsáveis pela preservação do meio ambiente, por construir escolas para as crianças e viver de acordo com seus costumes e tradições. A demarcação de suas terras é uma conquista dos povos indígenas brasileiros assegurada na Constituição. No nordeste do Mato Grosso, encontra-se uma das mais conhecidas reservas indígenas do Brasil – o Parque Indígena do Xingu, criado em 1961. No parque, encontram-se 16 grupos indígenas, como kamayurás, yawalapitis, waurás, kalapalos, awetis e ikpengs, distribuídos em uma área de 27 000 km², em áreas de Floresta Amazônica e Cerrado.

Embora os povos indígenas falem idiomas diferentes, em alguns grupos são bastante semelhantes e há, entre eles, o esforço de uma boa convivência, que se manifesta nas trocas de produtos, nos casamentos intergrupais, nas festas e cerimônias compartilhadas e na preferência pela carne de peixe à de caça. A cerimônia mais importante entre os indígenas do Alto Xingu é o kuarup, uma celebração em homenagem aos mortos da aldeia.

> Você sabia que o Brasil tem 240 povos indígenas, 150 línguas diferentes e somente 818 000 indígenas que vivem em cidades rurais e urbanas de quase todo o território brasileiro?

ATIVIDADES

1 Relate características da população da Região Centro-Oeste.

_____

_____

2 Explique o que cada profissional a seguir desenvolve em sua atividade.

a) Boiadeiro: _____ .

b) Garimpeiro: _____ .

c) Ervateiro: _____ .

d) Seringueiro: _____ .

3 Ligue cada elemento do folclore da Região Centro-Oeste à sua categoria.

- danças
- festas
- artesanatos
- lendas
- culinária

- cerâmica
- lobisomem
- galinhada
- congada
- cavalhada
- Romãozinho
- Moçambique

4 Pesquise em livros ou na internet a receita de um prato típico da culinária da Região Centro-Oeste. Registre em uma folha de papel sulfite e ilustre-a com fotos. Leve para a sala de aula e apresente-a ao professor e aos colegas.
Entregue a folha ao professor para que seja montado, posteriormente, o livro de receitas dos pratos típicos das regiões brasileiras.

5 Existe diversidade entre os povos indígenas, isto é, os povos indígenas brasileiros não são iguais. Com base nessa afirmação, em dupla, escolham um dos povos que vive na Região Centro-Oeste do Brasil, façam uma pesquisa e incluam a resposta aos itens a seguir.

Diversidade dos povos que vivem na Região Centro-Oeste do Brasil			
• População:	• Região onde vive:	• Língua falada:	• Tradições:

Agora, compare sua ficha com as dos seus colegas e estabeleça um paralelo entre a diversidade dos povos indígenas. Organize essas informações em cartazes.

267

6 Leia o texto a seguir e responda às questões.

Brasília: a cidade planejada

A maioria das cidades brasileiras surgiu e se desenvolveu a partir de pequenos povoamentos, fortes militares, aldeamentos de indígenas ou arraiais de mineração. Mas em Brasília foi diferente. Ela é uma cidade planejada, isto é, foi totalmente pensada antes de sua construção começar.

Antes de Brasília, Salvador e Rio de Janeiro já haviam sido capitais do Brasil. Em 1955, Juscelino Kubitschek foi eleito presidente do Brasil. Ele governou de 1956 a 1961.

O novo presidente havia prometido concretizar o projeto de transferência da capital, iniciado em 7 de setembro de 1922, quando foi construído um marco no local onde hoje Brasília está instalada.

E assim se realizou. O lago do Paranoá e as asas norte e sul mostram que a capital foi exatamente pensada a partir de um eixo que ligava as partes da cidade.

Oscar Niemeyer desenhou o projeto dos principais edifícios.

Brasília foi inaugurada em 21 de abril de 1960. Muitas pessoas de outros estados do Brasil, principalmente funcionários do governo da antiga capital, foram para lá viver e trabalhar.

A instalação da nova capital atraiu pessoas de vários estados para viver na Região Centro-Oeste.

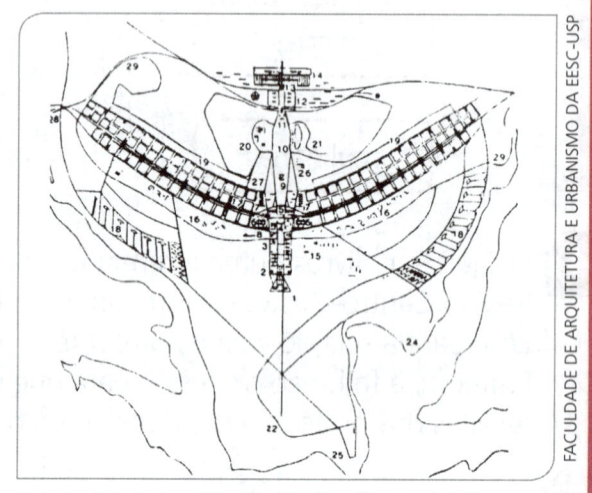

O trabalho da construção de Brasília levou três anos e meio. Lúcio Costa organizou o espaço da cidade, partindo de um desenho em cruz. O projeto assemelhava-se à asa de um avião com um lago artificial no centro.

FACULDADE DE ARQUITETURA E URBANISMO DA EESC-USP

a) Você conhece Brasília? Se ainda não, imagine uma viagem turística para a capital do Brasil. Para isso, prepare no caderno uma ficha com os dados sobre a capital.

- Data de inauguração.
- Nome do presidente que construiu a nova capital.
- Tempo de duração da construção.
- Característica básica do projeto arquitetônico.
- Motivos da construção.
- Resultados da instalação de Brasília.

EU GOSTO DE APRENDER

Leia alguns itens que você estudou nesta lição.

- Segunda região mais extensa do Brasil, o Centro-Oeste é formado por: Distrito Federal, Goiás, Mato Grosso e Mato Grosso do Sul.
- A principal forma de relevo é a Planície do Pantanal, área de grande biodiversidade que se localiza em Mato Grosso e Mato Grosso do Sul e ao redor da qual se estendem chapadas e serras.
- O clima da região é principalmente tropical semiúmido. Ao norte, na região da Floresta Amazônica, o clima é equatorial quente e úmido.
- Quanto à vegetação, existem Cerrado, Mata Amazônica, Mata Tropical e vegetação do Pantanal.
- Economicamente, destaca-se a pecuária extensiva, havendo também atividades extrativistas, agricultura comercial e atividades industriais em desenvolvimento.
- Os transportes rodoviários predominam, com algumas rodovias importantes como Belém-Brasília e Transpantaneira.
- Culturalmente, a Região Centro-Oeste tem forte influência indígena, branca católica e africana em suas danças, festas, lendas, culinária e artesanato.
- Muitos costumes dos povos indígenas, atualmente, estão relacionados a práticas dos seus antepassados. A maioria deles luta por viver em suas aldeias e ensinar as tradições para suas crianças.

ATIVIDADES

1 Em termos de extensão territorial, que lugar ocupa a Região Centro-Oeste entre as regiões brasileiras?

_____

2 Coloque **F** para o que for falso e **V** para o que for verdadeiro, nas seguintes frases sobre o clima, o relevo e a vegetação da Região Centro-Oeste.

- ☐ É uma região onde as quatro estações do ano são bem definidas, fazendo muito frio no inverno.
- ☐ Existe grande variedade de vegetação e de Floresta Tropical.
- ☐ As temperaturas são sempre elevadas, porque predominam os climas tropical semiúmido e equatorial.

LIÇÃO 7

BRASIL: REGIÃO SUDESTE

Observe com atenção a foto ao lado e leia a legenda.

Você conseguiu descobrir onde fica essa rua? Ela fica na cidade de São Paulo, uma das mais populosas do país.

Por que será que essa cidade abriga tantas pessoas?

Será que são todas nascidas nessa cidade? Se não são, de onde saíram? Por que escolheram o estado de São Paulo?

E nos outros estados da Região Sudeste, será que também há tanta gente?

Rua de comércio na região central de São Paulo (SP).

Divisão política

A Região Sudeste é formada por quatro estados: Espírito Santo, Rio de Janeiro, Minas Gerais e São Paulo.

Os estados da Região Sudeste são banhados pelo Oceano Atlântico, com exceção de Minas Gerais.

A Região Sudeste só é maior em extensão que a Região Sul. Entretanto, é a mais populosa do país. No município de São Paulo e na sua Região Metropolitana habitam quase 20 milhões de pessoas. A população estimada da Região Sudeste, em 2014, era de 85 115 623 habitantes.

Fonte: *Atlas geográfico escolar.* Rio de Janeiro: IBGE, 2012. p. 94.

Estado	Sigla	Capital	Área (km²)	População estimada
Espírito Santo	ES	Vitória	46 086,907	4 108 508
Rio de Janeiro	RJ	Rio de Janeiro	43 781,588	17 463 349
Minas Gerais	MG	Belo Horizonte	586 520,732	21 411 923
São Paulo	SP	São Paulo	248 219,627	46 649 132

Fonte: IBGE, 2021. Disponível em: https://ftp.ibge.gov.br/Estimativas_de_Populacao/Estimativas_2021/estimativa_dou_2021.pdf. Acesso em: 30 jul. 2022.

O estado de Minas Gerais, único da Região Sudeste que não faz divisa com o Oceano Atlântico, é o segundo mais populoso da região. Seu relevo é bastante irregular, localizando-se ali alguns dos picos mais altos do país. É também em Minas Gerais que nascem alguns dos rios mais importantes do Brasil, que abastecem centenas de cidades.

A capital do Espírito Santo, Vitória, não é a mais populosa do estado – o município mais populoso é Serra. Entretanto, é em Vitória que se localiza um dos portos brasileiros mais importantes, de onde se exporta, principalmente, o minério de ferro.

Vista aérea de Belo Horizonte (MG), 2020.

Vista aérea de Vitória (ES), 2020.

O estado do Rio de Janeiro é um dos mais conhecidos internacionalmente. Isso porque sua capital, a cidade do Rio de Janeiro, é considerada uma das mais belas do mundo, com praias e montanhas se alternando na Baía da Guanabara.

Vista aérea do Rio de Janeiro (RJ), 2020.

O estado de São Paulo é um polo industrial e comercial do Brasil e o mais populoso do país. A capital, São Paulo, com mais de 12 milhões de habitantes, abriga migrantes de todas as outras regiões.

Vista aérea de São Paulo (SP), 2020.

Aspectos físicos

Relevo e hidrografia

Nessa região predominam os planaltos. Destacam-se, na altitude e na extensão, os planaltos e as serras de Paranapiacaba (SP), do Mar (SP e RJ), da Mantiqueira (SP, RJ e MG), do Caparaó (ES e MG) e do Espinhaço (MG).

No litoral aparecem os trechos das planícies e tabuleiros litorâneos, representados pelas baixadas Fluminense (RJ) e Santista (SP).

Plantação de café em Carmo de Minas (MG), 2021.

Os rios da Bacia do São Francisco e da Bacia do Paraná banham essa região. São rios de planalto aproveitados para a construção de usinas hidrelétricas. A Região Sudeste também é banhada por bacias fluviais do Atlântico Sul, destacando-se os rios Jequitinhonha, Doce, Paraíba do Sul e Ribeira.

As principais usinas hidrelétricas da região são Usina Hidrelétrica de Três Marias, no Rio São Francisco; Complexo Hidrelétrico de Urubupungá, formado pelas usinas hidrelétricas de Ilha Solteira e Engenheiro Sousa Dias, no Rio Paraná.

Clima e vegetação

Na Região Sudeste, encontramos variações nos tipos de clima tropical: existem o tropical, o tropical de altitude, o subtropical e o litorâneo úmido.

O clima tropical, de temperaturas elevadas e duas estações definidas (chuvosa e seca), predomina nas baixadas litorâneas do Espírito Santo e Rio de Janeiro, no norte de Minas Gerais e no oeste paulista.

No norte de Minas Gerais, o clima é semiárido, com chuvas escassas. Essa área faz limite com o Polígono das Secas, no Sertão nordestino.

O clima tropical de altitude, com temperaturas menos elevadas, aparece nos pontos mais altos, como em Campos do Jordão, Ouro Preto e Petrópolis.

O clima subtropical caracteriza o sul do estado de São Paulo, com temperaturas mais amenas e chuvas bem distribuídas durante o ano.

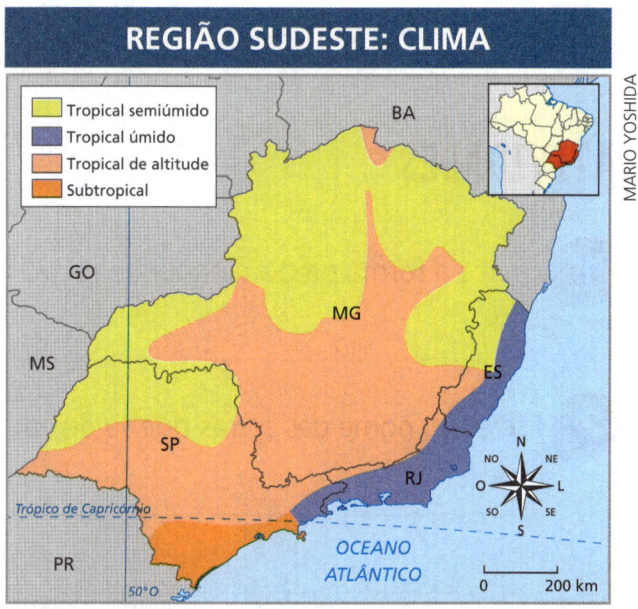

O litorâneo úmido, como diz o nome, predomina nas cidades do litoral, sendo mais úmido por causa da influência oceânica.

Por que os rios de planalto são usados para a produção de energia elétrica?

A **Mata Atlântica**, que cobria uma extensa área da região, atualmente está reduzida a apenas alguns trechos no Espírito Santo, no Rio de Janeiro e em São Paulo (principalmente na Serra do Mar). Essa vegetação foi devastada para dar lugar às cidades, com suas estradas, plantações e indústrias, entre outras construções humanas.

Faz parte da Mata Atlântica a Mata dos Pinhais, também chamada Mata das Araucárias. A Mata dos Pinhais, entretanto, ocupa mais a Região Sul. Na Região Sudeste, localiza-se em pequena área na divisa de São Paulo com o Paraná.

O **Cerrado** ocupa grande parte do estado de Minas Gerais e parte de São Paulo.

A **Caatinga** aparece nas áreas de clima semiárido, no norte de Minas Gerais.

A **Vegetação Litorânea** ocupa toda a costa da Região Sudeste, com manguezais nos terrenos alagados.

Os **Campos** aparecem nas terras mais altas dos estados de São Paulo e de Minas Gerais.

REGIÃO SUDESTE: VEGETAÇÃO

Fonte: SIMIELLI, Maria Elena. *Geoatlas*. São Paulo: Ática, 2012.

ATIVIDADES

1 Qual é a forma predominante de relevo na Região Sudeste?

_____

2 Escreva o nome das serras que se destacam por sua altitude e extensão.

_____

3 Complete as frases.

a) No estado de _____ está localizada a Baixada Santista.

b) No estado do _____ está localizada a Baixada Fluminense.

4 Qual é o principal uso dos rios da Região Sudeste? Por quê?

_____
_____
_____
_____

5 Quais são as principais usinas hidrelétricas da região? Onde se localizam?

_____
_____
_____
_____
_____

6 Escolha a palavra que completa as frases adequadamente.

| equatorial   tropical   subtropical |

a) O clima _____ predomina na Região Sudeste.

| altas   médias   baixas   constantes   bem distribuídas |

b) O clima apresenta temperaturas _____ e _____.

275

Aspectos econômicos

O Sudeste tem a economia mais desenvolvida do país. Há enorme diversificação em todos os setores, com grande destaque para a agricultura e para a pecuária comerciais.

Extrativismo vegetal

O extrativismo vegetal é pouco significativo economicamente e não se pratica mais a extração legal de madeiras na Mata Atlântica. Resta apenas grupos de exploração no Cerrado para obter lenha, em Minas Gerais.

Extrativismo animal

Destaca-se a pesca marinha, praticada principalmente nos estados de São Paulo e Rio de Janeiro, em escala comercial, isto é, praticada por grandes empresas. A pesca artesanal (praticada por pescadores independentes) tem diminuído mediante a concorrência de companhias de pesca mais aparelhadas.

Extrativismo mineral

É o tipo de extrativismo mais praticado. O estado mais rico do país em recursos minerais é Minas Gerais. A área conhecida como **Quadrilátero Ferrífero**, próxima a Belo Horizonte, extrai ferro, manganês, ouro e bauxita.

Também são extraídos nesse estado cassiterita, urânio, calcário, mármore, pedras preciosas e água mineral.

Nos estados do Rio de Janeiro e Espírito Santo explora-se o petróleo. A Bacia de Campos, no litoral do Rio de Janeiro, é uma das maiores produtoras de petróleo do Brasil. Outra importante bacia localiza-se no mar do litoral do estado de São Paulo. Chama-se Bacia de Santos e o petróleo dessa área situa-se a milhares de metros de profundidade. Em São Paulo é encontrado o chumbo; no litoral do Espírito Santo destaca-se a areia monazítica; e, no litoral do Rio de Janeiro, o sal marinho.

Extração de minério de ferro para indústria siderúrgica. Congonhas (MG), 2020.

Plataforma de extração de petróleo em alto-mar, na Bacia de Campos, Rio de Janeiro.

VOCABULÁRIO

areia monazítica: areia que contém monazeto, mineral que pode ser utilizado para inúmeras aplicações tecnológicas.

Agricultura e pecuária

A **agricultura** é praticada em todos os estados da região. A agricultura comercial é o tipo predominante. A agricultura e a pecuária estão hoje reunidas na agropecuária, principalmente nas áreas de maior desenvolvimento da Região Sudeste.

Na agropecuária, especialmente nas atividades de cultivo, utilizam-se máquinas, fertilizantes, sementes selecionadas e modificadas. Na pecuária, destaca-se a pecuária intensiva, com o gado confinado em currais e submetido a técnicas de criação especializadas. Mas também existe em larga escala a pecuária extensiva, isto é, o gado criado solto nas pastagens.

Os principais produtos agrícolas são: café, cana-de-açúcar, milho, arroz, feijão, algodão, mandioca, laranja, soja, frutas e verduras.

Os principais rebanhos são bovinos e suínos.

Indústria, comércio e transportes

A Região Sudeste é a mais industrializada do país, e a **indústria de transformação** é a principal atividade econômica. São Paulo tem o maior conjunto de indústrias da América Latina.

As principais indústrias da Região Sudeste são automobilística, localizada principalmente em São Paulo; petroquímica, representada por refinarias de petróleo em São Paulo, Rio de Janeiro e Minas Gerais; siderúrgica, em todos os estados da região; naval, no Rio de Janeiro.

Há também nessa região indústrias de produtos alimentícios, têxteis, de artefatos de couro, de papel, de alumínio, de bebidas, de móveis e de aparelhos eletrodomésticos.

A agroindústria também tem forte presença na região, com a produção de etanol, suco de laranja, laticínios, entre outros.

O **comércio** é muito desenvolvido na Região Sudeste. O maior movimento ocorre nas capitais dos estados e nas principais cidades. Os principais produtos vendidos são café, sal, açúcar, alimentos, calçados, tecidos, couro, matérias-primas em geral, automóveis etc.

A Região Sudeste compra combustíveis, produtos industrializados, produtos químicos, máquinas etc.

Essa região tem a mais extensa e bem cuidada rede de transportes do país.

A maioria das ferrovias do Sudeste está ligada aos portos da região e é usada para transporte de cargas. Destaca-se a Estrada de Ferro Vitória-Minas, a ferrovia do minério de ferro, que liga o Quadrilátero Ferrífero (MG) aos portos de Tubarão e Vitória (ES).

Há importantes portos marítimos, como Santos (SP), Rio de Janeiro (RJ), Vitória e Tubarão (ES). O Porto de São Sebastião (SP) é especializado no transporte de petróleo.

A região conta com os aeroportos de maior movimentação de passageiros no Brasil: Cumbica, Congonhas e Viracopos (SP), Galeão e Santos Dumont (RJ) e Tancredo Neves e Pampulha (MG).

ATIVIDADES

1 Explique por que a Região Sudeste é considerada a mais populosa do país.

_____

_____

_____

2 Na Região Sudeste estão localizadas algumas cidades de maior importância do país. Escreva o nome de algumas delas.

_____

3 Leia o texto a seguir, que traz informações sobre um dos aspectos econômicos da Região Sudeste.

> ### Aspectos econômicos da Região Sudeste
>
> Os serviços e o comércio são o principal ramo de atividade e representam maior parte da riqueza da Região Sudeste. […] também possui riqueza mineral.
>
> No estado de Minas Gerais destaca-se a exploração de minérios – em especial as reservas de ferro e manganês na Serra do Espinhaço.
>
> *Almanaque Abril 2010*. São Paulo: Abril, 2010. p. 662.

De acordo com informações do texto e desta lição, responda às questões.

a) Quais são as atividades econômicas responsáveis pela riqueza da região?

_____

b) Em qual estado da região destaca-se a extração de reservas de ferro?

_____

c) Na Bacia de Santos há um importante mineral para a economia brasileira. Qual é esse mineral e qual é a área que a bacia abrange?

_____

_____

_____

4 Leia o texto a seguir e responda às questões.

Poluentes no ar de SP superam níveis recomendados pela OMS

O paulistano deve dar mais atenção ao ar a partir do dia 21 deste mês, quando começa o inverno. A estação é marcada pela maior concentração de poluentes na atmosfera, pois há menos chuvas e ventos.

A qualidade do que os pulmões dos moradores da metrópole recebem não é das melhores.

No dia 7 do mês passado, a OMS (Organização Mundial de Saúde) e a Cetesb (Companhia Ambiental do Estado de São Paulo) divulgaram que níveis de poluição na cidade superam padrões recomendados como mais seguros para o ser humano. [...]

O médico Paulo Saldiva, pesquisador do Laboratório de Poluição Atmosférica da Faculdade de Medicina da USP, diz que se trata do poluente mais associado à redução de expectativa de vida e ao surgimento de doenças, como o câncer.

Faixa de poluição sobre São Paulo (SP), 2014.

Ao entrar em casa você pensa estar livre da poluição do ar?
Como essa poluição pode ser prejudicial à sociedade?
Que medidas poderiam ser adotadas?

PEREIRA, Elvis. *Folha de S.Paulo*, 1 jun. 2014. Disponível em: https://www1.folha.uol.com.br/saopaulo/2014/06/1462595-poluentes-no-ar-de-sp-superam-niveis-recomendados-pela-oms.shtml. Acesso em: 30 jul. 2022.

a) Imagine que você se encontra em uma grande cidade do Sudeste.

- Que problemas você observa?

_____

_____

- Faça no caderno um painel com imagens retratando a situação que considera mais grave.

b) O desenvolvimento industrial e na área de serviços é marcante na Região Sudeste. Por ser a mais populosa e a mais desenvolvida do país, ela apresenta grande variedade produtiva. Crie desenhos no caderno que identifiquem as principais atividades econômicas dessa região.

Aspectos humanos

São Paulo, Minas Gerais e Rio de Janeiro são os estados mais populosos do país.
O Sudeste recebe muitos habitantes de outras regiões que procuram melhores condições de vida e oportunidades de trabalho. Parte da população das grandes cidades do Sudeste têm origens diversas, inclusive descendentes dos imigrantes italianos, portugueses e japoneses que vieram para o Brasil no final do século XIX até a metade do século XX.

Trabalhadores comuns do Sudeste:
- **garimpeiro** – aquele que anda à procura de metais e pedras preciosas;
- **colono** – cultivador de terra pertencente a outrem; trabalhador agrícola;
- **boia-fria** – trabalha no campo, geralmente nas colheitas, em uma jornada diária e leva sua refeição/marmita para o local no qual exerce a atividade;
- **peão** – amansador de cavalos, burros e bestas.
- **operário** – trabalhador da indústria;
- **comerciários** – trabalhador do comércio.

Boias-frias na colheita de cana-de-açúcar. Bariri (SP).

Aspectos culturais

Na Região Sudeste existe muita influência cultural dos tupi-guarani, que eram os indígenas que habitavam o litoral e o interior de São Paulo na época da colonização. Além dessa influência, ressaltam-se as contribuições de povos africanos, trazidos como escravizados, e dos imigrantes, principalmente italianos, que vieram em grande número a partir do século XIX.

O folclore e a culinária

O **folclore** da região é muito diversificado, tem influência portuguesa e italiana, e destaca-se nas festas e danças religiosas, mas também apresenta características herdadas de povos indígenas e africanos.

Na culinária destacam-se alguns pratos típicos como tutu de feijão, feijoada, feijão tropeiro, peixes, ostras, virado à paulista.

Há muitos pratos que vieram da época dos bandeirantes, quando paulistas se embrenhavam nas matas em direção ao interior, procurando jazidas de pedras preciosas.

A influência dos **imigrantes** na culinária também é enorme. Por exemplo, o consumo de massas (como macarrão e *pizza*) em São Paulo é quase tão grande quanto na Itália.

ATIVIDADES

1 São Paulo é um dos estados mais populosos do Brasil, para o qual ainda migram muitas pessoas de outras regiões. O que os migrantes buscam nesse estado?

_____

_____

2 Descreva como a população da Região Sudeste é formada.

_____

_____

_____

3 Procure no diagrama as palavras a seguir.

garimpeiro   colono   boia-fria   peão   caiçara
carnaval   samba   fandango   cerâmica   batuque

A	S	R	C	U	R	U	N	P	E	Ã	O	D	I	M	G
B	A	D	F	A	N	D	A	N	G	O	A	N	F	U	A
R	O	R	C	A	R	N	A	V	A	L	T	I	E	H	R
I	C	I	Ã	A	D	A	A	B	R	O	D	E	I	O	I
M	S	A	A	U	B	A	T	U	Q	U	E	D	J	M	M
M	B	R	A	F	A	C	A	I	Ç	A	R	A	O	A	P
E	A	A	C	E	R	Â	M	I	C	A	A	N	A	U	E
Ã	I	R	O	A	R	I	A	V	A	L	T	I	D	H	I
R	Z	O	A	A	D	A	A	B	S	A	M	B	A	O	R
O	A	D	V	E	R	Â	M	T	C	C	O	L	O	N	O
K	R	R	N	A	R	N	A	V	A	L	T	I	L	H	D
G	C	O	E	A	D	A	A	B	E	R	C	O	V	O	A

4 Pesquise em livros ou na internet a receita de um prato típico da culinária da Região Sudeste. Registre em uma folha de papel sulfite e ilustre-a com imagens. Leve para a sala de aula e compartilhe com o professor e com os colegas. Entregue a folha ao professor para que seja montado, posteriormente, um livro de receitas dos pratos típicos das regiões brasileiras.

5 Leia o texto a seguir e responda às questões.

O desenvolvimento da Região Sudeste

No início da colonização do Brasil por Portugal, a primeira vila fundada foi São Vicente, que ficava nas terras do atual estado de São Paulo. Nesse local teve início o plantio da cana-de-açúcar, para a produção do açúcar. Os portugueses colonizadores queriam encontrar ouro. Só no século XVII é que isso foi possível.

Fundação de São Vicente (1900), de Benedito Calixto. Óleo sobre tela, 192 cm × 385 cm.

Nas terras do atual estado de Minas Gerais, principalmente em Vila Rica, hoje Ouro Preto, o ouro foi explorado em grande quantidade.

No final do século XVIII e início do XIX, os plantadores de cana-de-açúcar dos estados do Nordeste do Brasil decidiram expandir o cultivo desse vegetal nas áreas do atual estado do Rio de Janeiro, na região da Baixada Fluminense.

Após o sucesso do plantio, a região prosperou. Em seguida, foram instaladas também as fazendas de café na região. Essas propriedades expandiram-se para as terras do atual estado de São Paulo.

Os **fazendeiros** vendiam o café para a Europa. A cada ano, esse produto era vendido em maior quantidade, o que transformou o estado de São Paulo no maior produtor de café e com maiores chances de enriquecimento para seus produtores. O dinheiro recebido com as vendas de café foi utilizado para a instalação das primeiras fábricas, que deram origem às indústrias paulistas.

O crescimento das indústrias não parou. Até os nossos dias, é grande o número de estabelecimentos instalados no estado.

a) Escreva em seu caderno, com suas palavras, a história do desenvolvimento da Região Sudeste: que fatores foram importantes para que isso acontecesse?

b) Você mora ou conhece algum município da Região Sudeste? Que atividade econômica se desenvolve nele? Escreva no caderno.

A cultura caiçara

Uma das mais antigas culturas brasileiras, os caiçaras apresentam um forte elo entre o ser humano e os recursos naturais, uma comunidade que vive em harmonia com seu ambiente.

Atualmente é uma das poucas culturas relativamente preservadas na Região Sudeste, embora seja influenciada por contatos com o espaço urbano. No passado, no período da colonização do Brasil, vários povos indígenas foram gradativamente sendo exterminados do litoral brasileiro, deixando heranças que ainda permanecem na memória de algumas comunidades. Os caiçaras são um exemplo vivo dessa convivência índio-colono, terra-mar, que se estabeleceram nos costões rochosos, restingas, mangues e encosta da Mata Atlântica.

As comunidades caiçaras, ainda hoje, com muito esforço, tentam preservar seus valores de grupo e culturais, com traços da herança indígena e portuguesa. Vivem em praias e enseadas, geralmente de difícil acesso. Algumas delas são protegidas por Unidades de Conservação.

No passado, a comunidade tinha como principal atividade a lavoura, mas aos poucos inseriu a pesca, que passou, com o tempo, a ser a principal atividade dos caiçaras.

Na pesca de arrasto, os caiçaras seguem uma prática de distribuição dos peixes que estão na rede: um terço é dado ao dono da rede e os outros dois terços são divididos entre os que ajudaram na pescaria, até crianças.

O arrasto da rede de pesca representa um momento de congregação da comunidade: todos trabalham para o grupo. Praia do Xodó, Marataízes (ES). Foto de 2016.

A agricultura caiçara é praticada para complementar a alimentação dos pescadores. Nas hortas, cultivam mandioca, milho, cana, feijão, inhame, entre outras plantas. Entretanto, a prática agrícola vem sendo abandonada em várias comunidades que suprem a mesa com produtos comprados nas cidades mais próximas.

Ainda como tradição caiçara aparece o artesanato feito de trançado de fibras, em madeira e até conchas do mar.

O povo caiçara no litoral do Sudeste guarda preciosas tradições. A dança da fita, congada, festa do divino, chiba, dança de São Gonçalo, entre diversas outras, são expressões culturais ainda comumente praticadas. No repertório de músicas caiçaras destaca-se o fandango.

ATIVIDADES

1. Você leu um pouco sobre a comunidade caiçara. Agora, é sua vez de pesquisar em quais cidades litorâneas da Região Sudeste podemos encontrar essas comunidades.

2. Os hábitos e as tradições mantidos pelos caiçaras se parecem com o de outras comunidades que você conhece? Qual?

EU GOSTO DE APRENDER

Nesta lição, você estudou diversas questões.

- A Região Sudeste tem a maior população do país. Ela é formada por São Paulo, Minas Gerais, Rio de Janeiro e Espírito Santo. Com exceção de Minas Gerais, esses outros estados são banhados pelo Oceano Atlântico.
- Nessa região predominam planaltos.
- Bacias hidrográficas importantes são as do São Francisco, do Paraná, Paraíba do Sul, Ribeira e outros.
- O clima do Sudeste é predominantemente tropical de altitude, com temperaturas médias e chuvas bem distribuídas nos planaltos.
- A vegetação do Sudeste apresenta: Mata Atlântica, Cerrado, Caatinga, Vegetação Litorânea e Campos.
- No Rio de Janeiro e no Espírito Santo explora-se petróleo, com destaque para a Bacia de Campos, no litoral do Rio de Janeiro.
- A agropecuária se destaca pelo uso de modernos equipamentos, tanto no cultivo de produtos agrícolas como nos cuidados com o gado, que é principalmente de bovinos e suínos.
- A Região Sudeste é a mais industrializada do país, destacando-se a indústria de transformação.
- O Sudeste também apresenta comércio altamente desenvolvido, complexa rede de transportes, com destaque para rodovias (Presidente Dutra) e também aeroportos (Cumbica, Galeão etc.).
- As comunidades caiçaras, ainda hoje, com muito esforço, tentam preservar seus valores de grupo e culturais, com traços da herança indígena e portuguesa.

ATIVIDADES

1 Complete as frases a seguir.

a) A Região Sudeste tem o _____ número de habitantes do país. Seus estados são _____, _____, _____ e _____. Desses estados, apenas _____ não é banhado pelo Oceano _____.

b) O clima da região é principalmente _____ e o semiárido no _____.

c) Na vegetação destaca-se a _____, hoje em dia muito reduzida e presente apenas em algumas áreas de _____.

Sua diminuição ocorreu por causa do _____ ao longo dos séculos.

2 Coloque **F** para falso e **V** para verdadeiro.

☐ A Região Sudeste, economicamente, é a mais desenvolvida do país.

☐ A indústria do Sudeste é principalmente de transformação.

☐ No extrativismo, destaca-se a exploração de petróleo.

☐ A pecuária e a agricultura, ou a agropecuária, já são altamente modernizadas e voltadas para a exportação e o comércio em larga escala.

☐ Não existe industrialização no campo, nem ligada às atividades agrícolas.

3 Explique o que é agroindústria.

_____

_____

_____

4 Em relação à Região Sudeste, escreva o nome:

a) de um grande porto: _____.

b) de um aeroporto: _____.

c) de uma estrada de rodagem: _____.

d) de uma cidade histórica: _____.

e) de uma festa típica: _____.

EU GOSTO DE APRENDER MAIS

Questões ambientais do Sudeste

De acordo com pesquisas, a Região Sudeste, e principalmente as grandes cidades, como São Paulo, enfrentam grandes problemas de poluição do ar. Essa poluição é causada pela emissão de gases tóxicos de veículos e indústrias.

Outro problema é a poluição dos rios, como ocorre com o Tietê e o Paraíba do Sul, os Rio Doce e Rio das Velhas, que, nos trechos urbanos, isto é, nos trechos em que atravessam as cidades, nem oferecem mais condições para a vida de peixes e plantas. A poluição dos rios é causada por indústrias que despejam produtos químicos e lixo nas águas. Existe atualmente uma campanha para que isso não aconteça mais.

Rio Tietê poluído em Salto, SP, 2014.

Rio Tâmisa em Londres, que foi despoluído.

Há também a extração de minérios, que, além da enorme modificação da paisagem, provoca a contaminação das águas com seus resíduos.

Muitos rios do Sudeste já são considerados mortos. Isso significa que apenas organismos que não dependem de oxigênio, como as bactérias, conseguem sobreviver em suas águas.

Será que há solução para isso?

Há, sim! Algumas cidades do mundo conseguiram despoluir seus rios, como Londres (Rio Tamisa), Paris (Rio Sena), Lisboa (Rio Tejo) e outros.

ATIVIDADES COMPLEMENTARES

1 Esse texto fala de um grave problema da Região Sudeste:

☐ Falta de emprego nas capitais dos estados.

☐ Poluição do ar e dos rios.

☐ Aparecimento de favelas e condições precárias de saúde.

☐ Enchentes e caos no trânsito nas grandes cidades.

2 De acordo com o texto, o problema da poluição dos rios tem solução? Explique.

_____

_____

3 Quais exemplos o texto dá de rios que foram recuperados?

_____

_____

4 Faça uma pesquisa em livros, jornais ou na internet, sobre outro rio do mundo que era poluído e foi recuperado. Registre as informações no caderno.

LEIA MAIS

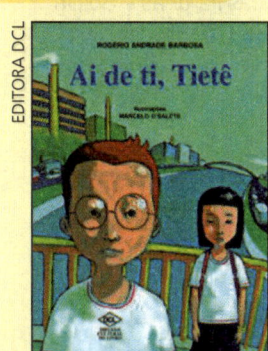

Ai de ti, Tietê

Rogério Andrade Barbosa. São Paulo: DCL, 2010.

Um garoto precisa fazer uma pesquisa sobre o Tietê e surpreende-se com o que descobre sobre esse rio. Ao mesmo tempo, ele vive um romance com uma colega, que está pesquisando sobre imigração italiana na Região Sudeste. As ilustrações têm como referência os quadros do pintor Almeida Junior sobre as monções.

LIÇÃO 8
BRASIL: REGIÃO SUL

Nesta lição, vamos estudar muitos aspectos da Região Sul. Você conhece algum dos estados que a compõem? Conhece histórias, lendas ou tradições do Sul? Observe estas fotos, que mostram festas tradicionais da região que vamos estudar.

Grupo de danças Xiru, do Centro de Pesquisas Folclóricas em Santa Maria (RS).

A Expo Japão, que acontece no Paraná, é uma feira que promove e divulga a cultura japonesa.

Grupo de danças folclóricas italianas – Socitá Amici D'Italia – de São João do Polêsine (SC) em apresentação em Agudo (RS).

ATIVIDADES

Responda no caderno.

- Quais festas essas fotos mostram? Leia as legendas para descobrir.
- Em quais estados cada uma delas acontece?
- Na região onde você mora, há festas tradicionais? Você se lembra de alguma?

Divisão política

A Região Sul é a menor região brasileira.

Ela é formada por três estados: Paraná, Santa Catarina e Rio Grande do Sul.

Como essa região se localiza fora da zona tropical, a variação entre estações do ano são mais intensas. No inverno, por exemplo, costuma gear e até mesmo nevar.

É uma região colonizada por muitos europeus (portugueses, alemães, italianos) e há forte presença de japoneses.

Atualmente a Região Sul apresenta grande desenvolvimento econômico, com atividades industriais, comerciais e agropecuárias.

REGIÃO SUL: DIVISÃO POLÍTICA

Fonte: Atlas geográfico escolar. 6. ed. Rio de Janeiro: IBGE, 2012. p. 94.

Estados	Siglas	Capitais	Área (km²)	População estimada
Paraná	PR	Curitiba	199 307,939	11 597 484
Santa Catarina	SC	Florianópolis	95 737,954	7 338 473
Rio Grande do Sul	RS	Porto Alegre	281 737,888	11 466 630

Fonte: IBGE. Disponível em: https://ftp.ibge.gov.br/Estimativas_de_Populacao/Estimativas_2021/estimativa_dou_2021.pdf. Acesso em: 30 jul. 2022.

O estado do Paraná conta com rios importantes do Brasil, como o Paraná, o Iguaçu, o Ivaí, o Tibagi, o Paranapanema, o Itararé e o Piquiri. Seu relevo também se destaca por ter áreas com grandes altitudes. Além do clima temperado, esse estado apresenta pequena parte do território com altitude inferior a 300 metros.

Santa Catarina, colonizada por açorianos, alemães e italianos, é um estado de clima subtropical. Em seu planalto serrano costuma gear e nevar, mas o litoral apresenta

Vista de Curitiba (PR), 2022.

289

clima mais quente, de altas temperaturas no verão. A capital, Florianópolis, localiza-se em uma ilha.

Com uma economia bastante industrializada e com grande destaque para a agropecuária, o Rio Grande do Sul é o quinto estado mais populoso do Brasil, sendo as suas maiores cidades: a capital, Porto Alegre, Caxias do Sul, Pelotas, Canoas e Santa Maria.

Vista de Florianópolis (SC), 2022.

Vista aérea de Porto Alegre (RS), 2020.

ATIVIDADE

1 Retome a tabela com dados dos estados da Região Sul da página anterior e responda às questões.

a) Qual é o estado de maior área?

_____

b) Qual é o estado que faz fronteira com outra região do país?

_____

c) Qual é o estado menos populoso?

_____

d) Siglas dos estados da Região Sul.

_____

e) Capitais da Região Sul.

_____

Aspectos físicos

Relevo e hidrografia

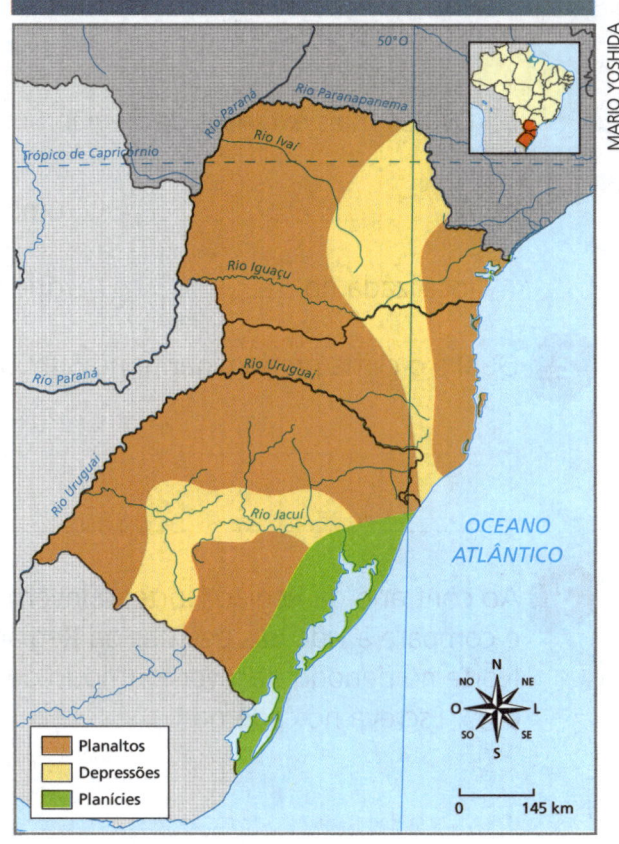

No **relevo** dessa região predominam planaltos e chapadas da Bacia do Paraná, na porção oeste de todos os estados. Há grande área com solos de terra roxa, que são muito férteis.

As menores altitudes desse relevo estão localizadas na planície das lagoas dos Patos e Mirim, no Rio Grande do Sul.

Os rios mais extensos da região são o Rio Paraná e o Rio Uruguai.

No Rio Paraná, um rio de planalto, foram construídas usinas hidrelétricas. Nele está localizada a maior usina do país: a Usina Hidrelétrica de Itaipu, que também é uma das maiores do mundo. Ela pertence ao Brasil e ao Paraguai.

Os rios Itajaí, Jacuí, Capivari, Pelotas, Camaquã e Jaguarão são utilizados para a navegação.

Clima e vegetação

O Sul é a região mais fria do Brasil. O **clima** predominante é o subtropical, com inverno rigoroso. As chuvas são bem distribuídas durante todo o ano.

Fonte: ROSS, Jurandyr L. S. *Geografia do Brasil*. São Paulo: Edusp, 2009. p. 53.

No inverno, podem ocorrer geadas e até mesmo nevar em cidades de maior altitude.

O norte do Paraná apresenta o clima tropical de altitude, com duas estações: verão ameno e chuvoso e inverno seco.

A vegetação da Região Sul apresenta:
- **Mata dos Pinhais (ou de Araucária)** – principal tipo de vegetação da região. É formada por pinheiros. Muito devastada, foi nela que se iniciou o reflorestamento no Brasil.
- **Mata Atlântica** – nas encostas da Serra do Mar e da Serra Geral, já bastante devastada, assim como sua porção no Sudeste.
- **Vegetação litorânea** – mangues e vegetação de restinga nas áreas baixas do litoral.
- **Campos limpos ou campinas** – aparecem principalmente na região dos pampas. Constituem excelentes pastagens para o gado e neles cultivam-se cereais, como o trigo e o milho. Campos limpos são formados exclusivamente por vegetação rasteira. Quando têm arbustos, são chamados campos sujos.

ATIVIDADES

1 Complete as frases com informações sobre a Região Sul.

a) No relevo predominam _____ e _____.

b) Os rios mais extensos da Região Sul são _____ e _____.

c) A _____, uma das maiores hidrelétricas do mundo, está localizada no _____, que é um rio de _____.

2 Qual é o clima predominante no Sul? Descreva suas características.

_____

_____

3 Ao contrário da Região Norte, o inverno na Região Sul é mais rigoroso. Pesquise e compare a vida das pessoas da Região Sul com a vida dos habitantes da Região Norte no período de inverno (modo de vestir, alimentação, adaptação de casas etc.). Escreva no caderno.

4 Leia o texto a seguir e depois responda.

Juntos em prol do Rio Iguaçu

O Rio Iguaçu – o mais importante curso fluvial do Paraná, que atravessa o estado de leste a oeste, gera cerca de 7 % de toda a energia elétrica produzida no Brasil e ainda abastece diversas cidades paranaenses [...]

Poluição

O mesmo Iguaçu capaz de produzir espetáculos da natureza, como as cataratas, também sofre com a poluição, principalmente na região de Curitiba. Nessa área, conhecida como Bacia do Alto Iguaçu, ficam as nascentes do rio, de onde se tira boa parte da água que os curitibanos bebem. Principalmente por conta do **adensamento populacional**, o Iguaçu se transforma em um rio praticamente morto ao atravessar a capital paranaense: trata-se de um dos rios mais poluídos do Brasil, segundo relatório da ANA (Agência Nacional das Águas).

> **VOCABULÁRIO**
>
> **adensamento populacional**: grande concentração de pessoas.

Mudar esse panorama é justamente o desafio do Águas do Amanhã, que pretende sensibilizar e mobilizar a sociedade paranaense na busca por soluções conjuntas em prol do rio. "Seguramente, uma população mais bem informada é uma forte aliada na solução destes problemas. Ela poderá cobrar mais das autoridades, avaliar melhor as propostas dos candidatos a cargos políticos, contribuir fazendo as ligações corretas de suas casas na rede de esgoto, bem como diminuir a produção de lixo", argumenta o engenheiro ambiental Eduardo Felga Gobbi, professor da UFPR. […]

MARONI, João Rodrigo. *Gazeta do povo*, 14 jun. 2010. Disponível em: https://www.gazetadopovo.com.br/vida-e-cidadania/juntos-em-prol-do-rio-iguacu-0i6277ctrw78wd20rypg6i2j2/#:~:text=O%20Rio%20Igua%C3%A7u%20E2%80%93%20o%20mais,%C3%A0%20polui%C3%A7%C3%A3o%20de%20suas%20%C3%A1guas. Acesso em: 30 jul. 2022..

a) Qual é o assunto do texto?

b) O rio apresenta as mesmas características descritas no texto em toda sua extensão? Justifique.

c) Em que o adensamento populacional afetou o rio descrito?

d) Localize no texto as medidas sugeridas à sociedade paranaense sobre o rio.

e) Comente com suas palavras a frase: "O mesmo Iguaçu capaz de produzir espetáculos da natureza, como as cataratas, também sofre com a poluição".

Aspectos econômicos

A **economia** da Região Sul apresenta grande desenvolvimento. Na agricultura, a produção de grãos abastece mais da metade do mercado brasileiro. Na indústria, destacam-se as têxteis, de automóveis, calçados, alimentos e outras. A pecuária apresenta grandes rebanhos. O extrativismo vegetal é expressivo, com a erva-mate e as madeiras provenientes de pinheiros.

Extrativismo vegetal

Destaca-se a exploração de madeira da Mata dos Pinhais. Os pinheiros fornecem madeira para fabricação de material de construção e móveis e celulose para a produção de papel. A erva-mate, também retirada da Mata dos Pinhais, é usada para fazer chá-mate e chimarrão.

Extrativismo animal

A pesca é uma atividade econômica importante na região. Santa Catarina e Rio Grande do Sul produzem principalmente crustáceos, como camarão, caranguejo, lagosta e moluscos, além de ostras.

Barco de pesca em Camboriú (SC), 2019.

Extrativismo mineral

O produto mais explorado nessa região é o carvão mineral, utilizado para a obtenção de energia e para a fabricação do aço. É extraído principalmente em Santa Catarina, mas também é encontrado no Rio Grande do Sul. O cobre e o xisto betuminoso também são minerais extraídos na região.

Agricultura e pecuária

A **agricultura** e a **pecuária** são as principais atividades econômicas. Nessa região, a agricultura tem excelente produção por causa do solo fértil e às modernas técnicas de cultivo.

O Sul é responsável por mais da metade da produção nacional de trigo, soja, uva, milho, centeio, cevada, aveia e fumo. A região também é grande produtora de café, arroz, feijão, **sorgo** e algodão.

A pecuária também é uma atividade bastante desenvolvida e conta com excelentes pastagens nessa região. Os principais rebanhos são os de bovinos para corte (RS) e de suínos (SC). A criação de ovinos e de aves também é uma das maiores do Brasil. Santa Catarina tem a maior produção nacional de mel. E o Paraná é o estado que mais produz **casulos** de seda no Brasil.

VOCABULÁRIO

sorgo: planta semelhante ao milho, muito utilizada para a produção de farinha.

casulo: revestimento construído pela larva do bicho-da-seda, a partir do qual se fabrica a seda.

Criação de carneiros, Cascavel (PR), 2019.

Indústria, comércio e transportes

A **indústria** da Região Sul é a segunda mais desenvolvida do Brasil.

As indústrias de produtos alimentícios, papel, bebidas, madeira e móveis, calçados, fumo, têxteis, química e petroquímica são as principais da região.

A agroindústria também é bem desenvolvida na região, especialmente a ligada à produção de carnes, laticínios e soja.

O comércio da região é muito ativo. Seus principais produtos são carne, lã, madeira, celulose, carvão, cereais, produtos têxteis e alimentícios.

Os produtos comprados são máquinas e acessórios industriais, produtos químicos e veículos.

A Região Sul é bem servida por uma moderna rede de transportes. O transporte rodoviário é o mais utilizado.

As ferrovias são utilizadas principalmente para o transporte de produtos até os portos.

A Ferrovia Teresa Cristina liga a região produtora de carvão de Criciúma (SC) ao Porto de Imbituba, no mesmo estado.

A **navegação marítima** é muito importante para o comércio de exportação. Os principais portos são: Porto Alegre (RS), Paranaguá (PR), São Francisco e Itajaí (SC) e Rio Grande (RS).

A **navegação fluvial** é feita principalmente nos rios Paraná, Itajaí, Jacuí, Ibijaú e Ibicuí.

A **navegação lacustre** acontece basicamente na Lagoa dos Patos (RS).

Os aeroportos mais importantes são os das capitais: Curitiba (PR), Florianópolis (SC) e Porto Alegre (RS).

Ponte Anita Garibaldi sobre o canal das Laranjeiras em Laguna (SC). No primeiro plano, trilhos da Ferrovia Teresa Cristina, 2022.

Turismo

O turismo tem um papel econômico importante na Região Sul. As Cataratas do Iguaçu e a Usina Hidrelétrica de Itaipu (no Paraná) são muito visitadas. Também se destacam:

- as praias de Santa Catarina, do Paraná e do Rio Grande do Sul;
- as cidades da Serra Gaúcha;
- a Reserva Biológica Marinha do Arvoredo (em Florinópolis, SC) e o Parque Nacional Aparados da Serra (em Santa Catarina e Rio Grande do Sul);
- o Parque Nacional de Vila Velha e a Ilha do Mel, no Paraná.
- Cidades de tradição alemã e italiana da serra gaúcha.
- Festival de Cinema de Gramado (RS).
- Cidades que registram neve no inverno, como São Joaquim e Urubici, em Santa Catarina.
- Festival de Dança de Joinville (SC).

ATIVIDADES

1 Complete.

a) As principais atividades econômicas da Região Sul são a _____ e

a _____, por causa do _____ e ao _____

_____.

b) A navegação marítima é importante porque transporta os produtos que

serão _____.

c) As ferrovias são utilizadas para _____.

2 O que é, o que é? Descubra e escreva o nome.

  a) Produto agrícola cultivado no Sul e utilizado na indústria têxtil.

  _____

  b) Os principais rebanhos da Região Sul.

  _____

  c) Minério mais extraído no Sul.

  _____

3 Associe os produtos com os respectivos tipos de atividades extrativistas:

  a vegetal   b animal   c mineral

  ☐ erva-mate   ☐ carvão
  ☐ cobre   ☐ crustáceos
  ☐ madeira   ☐ xisto

4 No inverno, para onde um turista poderia ir na Região Sul? O que haveria de atrativo nesses locais?

_____

_____

Aspectos humanos

Muitos descendentes de imigrantes europeus vivem na Região Sul. Imigrantes açorianos (da Ilha dos Açores, Portugal), alemães e italianos foram se estabelecendo em diversos pontos dos três estados, dedicando-se à agricultura e ocupando o território. No Paraná houve também a fixação de colônias japonesas, que desenvolveram atividades agrícolas.

O litoral e as capitais são as áreas mais povoadas.

Alguns trabalhadores típicos no Sul:

- **gaúcho** – primitivamente, essa palavra significava o habitante do campo, descendente, na maioria, de indígenas, de portugueses e de espanhóis. Também significava dizer aquele que era natural do interior do Uruguai e de parte da Argentina ou peão de estância; cavaleiro hábil. Atualmente a palavra designa o nascido (gentílico) no Rio Grande do Sul, mas também pode se referir ao cavaleiro ou peão.

- **ervateiro** – aquele que negocia com erva-mate ou se dedica à colheita e preparação desse vegetal;
- **madeireiro** – negociante de madeira; cortador de madeira nas matas; aquele que trabalha com madeira;
- **pescador** – se dedica à pesca.

Ervateiro colhendo as folhas da erva-mate, Concórdia (SC), 2012.

Aspectos culturais

As trocas culturais entre os diversos grupos de imigrantes que povoaram a Região Sul deram origem a uma cultura típica do sul do Brasil, com influência na língua, nos costumes, nas festas, na arquitetura etc.

As marcas da presença dos imigrantes aparecem em cidades originárias de colônias alemãs como São Leopoldo e Novo Hamburgo, no Rio Grande do Sul, e Pomodore, Blumenau, Itajaí, Brusque e Joinville, em Santa Catarina. A imigração italiana também está presente em cidades como Bento Gonçalves, Caxias do Sul e Garibaldi, no Rio Grande do Sul, e Treviso, em Santa Catarina, por exemplo.

Mas há marcas de outros grupos como ucranianos, poloneses, russos e japoneses que ocuparam algumas partes do estado do Paraná.

A manutenção dessas colônias interferiu nas características arquitetônicas e culturais de algumas cidades. Em Santa Catarina, cidades como Blumenau concedem descontos em impostos obrigatórios para as construções de casas em estilo enxaimel, um modelo de arquitetura europeia.

Centro comercial em Blumenau (SC), com arquitetura típica da alemanha, 2020.

Leia os dois textos a seguir que caracterizam dois modos de vida de áreas de colonização por imigrantes.

Memórias da colônia alemã de Pomerode

A cidade de Pomerode, que teve sua emancipação recentemente, em 1959, foi desde cedo uma comunidade diferente, seus fundadores e colonizadores foram imigrantes germânicos da região norte da Alemanha e da região da Pomerânia, o que fez da cidade uma pequena Alemanha no Brasil.

Atualmente conservam as tradições do país de origem de seus pais, avós e bisavós; tradições essas que aprenderam dentro de casa, no convívio diário e na igreja. É uma cidade brasileira com traços típicos germânicos, onde o português é a língua oficial, mas o alemão e o *pommersch* (espécie de dialeto) se aprendem em casa. Em Pomerode 85% dos moradores falam a língua alemã.

A população valoriza suas tradições culturais e a memória dos seus antepassados como forma de referência e identidade sem abdicarem de suas condições de brasileiros.

Portal da cidade de Pomerode (SC). Foto de 2017.

Fonte: ROCHA, Andreia Rezende; IOST, Patricia. Memórias da Colônia Alemã de Pomerode. Disponível em: http://www.inicepg.univap.br/cd/INIC_2008/anais/arquivosINIC/INIC0705_01_A.pdf. Acesso em: 30 jul. 2022.

Colônia Muricy

Localizada na área rural em São José dos Pinhais, no Paraná, essa colônia é formada por pessoas de origem polonesa e italiana. A população dedica-se a plantios de hortaliças, criação de aves, bovinos e suínos. A produção de leite é a segunda fonte de renda das famílias. Boa parte do que é produzido na Colônia Muricy serve para abastecer Curitiba.

Todos os anos, em fevereiro, a população organiza a festa da colheita, uma tradição do povo polonês. Na festa, misturam-se aspectos religiosos, culturais e sociais, com uma procissão dos agricultores, um desfile de carroças, tratores, caminhões e cavalos com as pessoas em trajes típicos da Polônia, em uma representação dos primeiros imigrantes poloneses que vieram para o Brasil em 1878. Na festa há comidas típicas e apresentação de músicas e danças tradicionais do povo polonês.

Foto da festa da colheita na Colônia Muricy (PR). Participante degustando suco de uva.

Fonte: ROHDENL, Júlia. Para voltar no tempo: um roteiro pela arquitetura tipicamente polonesa da Colônia Murici. Gazeta do Povo. Disponível em: https://www.gazetadopovo.com.br/haus/estilo-cultura/conheca-arquitetura-tipicamente-polonesa-da-colonia-murici/. Acesso em: 31 jul. 2022..

ATIVIDADES

1. Nas diferentes regiões do Brasil estão presentes comunidades que mantêm hábitos e costumes de geração para geração e se manifestam nos aspectos culturais e sociais, por meia da língua, da música, da dança folclórica, nas comidas típicas, na forma como organizam a economia local, nas relações humanas e nos estilos das construções.

Agora, é sua vez de organizar um texto abordando qual comunidade, da região onde você vive, influencia os hábitos e costumes dos moradores de sua cidade. Qual desses hábitos e costumes, herança acumulada ao longo dos anos, você considera que devem ser preservados. Justifique sua resposta.

O folclore e a culinária

O folclore foi muito influenciado pelos europeus que foram morar na região. Destacam-se:

- **danças** – congada, cateretê, chula, chimarrita, jardineira, marujada, balaio, boi de mamão, pau de fita. Essas danças são de origem açoriana, portuguesa ou indígena.
- **festas** – de Nossa Senhora dos Navegantes, em Porto Alegre (RS), de influência portuguesa; da Uva, em Caxias do Sul (RS), de influência italiana; festas juninas; rodeios (portugueses).
- **lendas** – do negrinho do pastoreio, do Sepé-tiaraju, do boitatá, do boiguaçu, do curupira, do saci-pererê etc. Um escritor gaúcho chamado João Simões Lopes Neto (1895-1916) registrou em sua obra a maioria das lendas tradicionais do Sul. Essas lendas possuem tradição portuguesa, indígena e africana.
- **artesanato** – cerâmica, artigos em couro e lã. Essas práticas foram levadas à região pelos imigrantes europeus e mescladas às práticas dos povos indígenas que ali viviam.

Artesanato de palha em Fliorianóplois (SC), 2018.

Na culinária encontramos pratos típicos como: churrasco, arroz de carreteiro, marreco, galeto, barreado, bijajica (bolinho feito com polvilho, ovos e açúcar, frito em banha, típico da região serrana) e outros.

O barreado é mais comum no Paraná, preparado com carne de vaca, toucinho e temperos, em uma panela de barro que fica enterrada sob uma fogueira por 12 horas.

Em Santa Catarina são mais comuns pratos à base de peixe e de camarões, enquanto no Rio Grande do Sul são famosos os churrascos e o preparo de carnes com sal grosso.

A bebida típica, em especial no Rio Grande do Sul, é o chimarrão, um tipo de chá quente preparado com erva-mate e consumido em uma cuia.

ATIVIDADES

1 Descreva como é formada a população da Região Sul e onde ela se concentra.

_____
_____
_____

2 No Paraná, além da imigração de europeus, que outro povo migrou para lá e se dedicou às atividades agrícolas?

_____

3 As danças e as festas no Sul têm forte influência europeia, principalmente de açorianos, italianos e alemães. Cite duas festas típicas e o povo que trouxe essa tradição.

_____
_____
_____

4 As lendas da Região Sul foram registradas por um famoso escritor gaúcho? Qual o nome dele?

_____

5 Cite três lendas sulistas. Você as conhece? Se não conhece, pesquise na internet e registre em seu caderno as histórias.

6 Pesquise em livros ou na internet a receita de um prato típico da culinária da Região Sul. Registre em uma folha de papel sulfite e ilustre-a com fotos. Em sala de aula, socialize-a com o professor e com os colegas. Juntos, reúnam todas as receitas coletadas das demais regiões brasileiras e finalizem o livro de receitas. Elaborem uma capa e deixem o livro na biblioteca da escola para consultas de outros alunos e demais pessoas da comunidade.

EU GOSTO DE APRENDER

Leia o que você estudou nesta lição.

- O Sul é a menor região brasileira e é formada por Rio Grande do Sul, Santa Catarina e Paraná, onde predominam planaltos e chapadas. Destacam-se solos de terra roxa, muito férteis.
- Rio Paraná e Rio Uruguai são os mais extensos da região. No Paraná há diversas usinas hidrelétricas, incluindo a Itaipu.
- As menores temperaturas ocorrem no Sul. O clima é subtropical com inverno rigoroso e chuvas bem distribuídas durante o ano.
- Quanto à vegetação, destacam-se: Mata dos Pinhais ou das Araucárias, Mata Atlântica, Vegetação Litorânea e Campos Limpos ou Campinas (vegetação rasteira).
- Na Mata dos Pinhais destaca-se o extrativismo vegetal. No extrativismo animal destaca-se a pesca. No extrativismo mineral, temos a predominância do carvão mineral, extraído em Santa Catarina e Rio Grande do Sul. O cobre e o xisto também são explorados.
- As principais atividades econômicas são a pecuária e a agricultura. O comércio é muito forte, e o transporte rodoviário é o mais utilizado. Já as ferrovias escoam produtos para os portos.
- A navegação é marítima, fluvial e lacustre, e é importante para o comércio.
- A população do Sul é descendente, principalmente, de europeus e habita mais o litoral e as capitais. Em menor número há descendentes de africanos, indígenas e mestiços.

ATIVIDADES

1 Escreva o que se pede.

a) Tipo de relevo que predomina a oeste dos estados do Sul: _____
_____.

b) Tipo de relevo no entorno das lagoas dos Patos e Imirim: _____.
_____

c) Tipo de solo existente na região que é bom para a agricultura _____

_____.

d) Rio de planalto onde se encontram usinas hidrelétricas: _____

_____.

e) Maior hidrelétrica do Brasil, também pertence ao Paraguai, que está na

Região Sul: _____.

2 Quanto à vegetação, sublinhe o que se destaca no Sul:

> Floresta Amazônica   Mata Atlântica   Cerrado   Caatinga
> Campos Limpos   Mata dos Pinhais ou de Araucária   campos sujos

3 Marque a frase correta sobre o clima da Região Sul.

☐ Nessa região ocorrem temperaturas baixas, podendo até nevar em alguns locais.

☐ Nessa região os invernos são muito chuvosos, com inundações frequentes.

☐ Os três estados encontram-se em área de clima tropical úmido.

☐ Por causa da localização, a Região Sul é seca, com clima parecido ao de desertos.

4 O que se pode destacar sobre a industrialização da Região Sul?

_____

_____

_____

_____

Adesivos para colar na página 159.

Zumbi dos Palmares (1927), de Antonio Parreiras.

Escravos no porão do navio (1835), de Johann Moritz Rugendas.

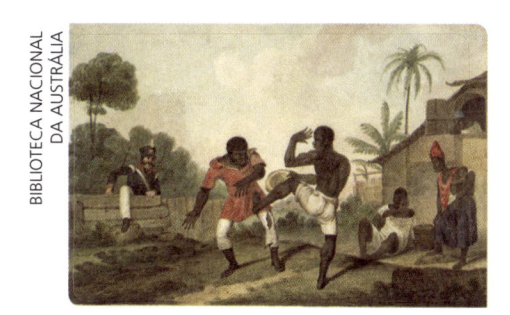

Negros lutando (1822), de Augustus Earle.